应用型本科院校英语学习者心理资本与学业幸福研究

付丽萍 ◎著

中国书籍出版社
China Book Press

图书在版编目(CIP)数据

应用型本科院校英语学习者心理资本与学业幸福研究 / 付丽萍著. -- 北京 : 中国书籍出版社, 2024. 10.
ISBN 978-7-5241-0055-3

Ⅰ. H319.3

中国国家版本馆CIP数据核字第2024VP6150号

应用型本科院校英语学习者心理资本与学业幸福研究

付丽萍　著

丛书策划	谭　鹏　武　斌
责任编辑	张　娟　成晓春
责任印制	孙马飞　马　芝
封面设计	守正文化
出版发行	中国书籍出版社
地　　址	北京市丰台区三路居路97号(邮编：100073)
电　　话	（10）52257143（总编室）　（10）52257140（发行部）
电子邮箱	eo@chinabp.com.cn
经　　销	全国新华书店
印　　厂	三河市德贤弘印务有限公司
开　　本	710毫米×1000毫米 1/16
字　　数	261千字
印　　张	16.5
版　　次	2025年5月第1版
印　　次	2025年5月第1次印刷
书　　号	ISBN 978-7-5241-0055-3
定　　价	98.00元

版权所有　翻印必究

目 录

第一章　绪论　1
　　第一节　研究背景　1
　　第二节　国内外研究现状综述　4
　　第三节　研究目的、内容与方法　11
　　第四节　研究意义　14

第二章　文献综述　22
　　第一节　心理资本　22
　　第二节　英语学习倦怠　36
　　第三节　英语学习投入　42
　　第四节　英语学业复原力　51
　　第五节　感知师生支持　58

第三章　理论基础与研究假设　100
　　第一节　理论基础　100
　　第二节　研究假设　114

第四章　研究方法　140
　　第一节　研究对象　140
　　第二节　抽样方法　141

第三节	问卷设计	141
第四节	量表选择	142
第五节	控制变量	150
第六节	统计分析方法	152

第五章　数据分析与假设检验　160

第一节	预调查	160
第二节	数据收集	162
第三节	样本描述	162
第四节	正态分布检验	165
第五节	测量模型	167
第六节	研究变量描述性分析	176
第七节	结构模型	179

第六章　讨论与启示　202

第一节	研究结果讨论	202
第二节	研究启示	213

第七章　心理资本干预实验　227

第一节	干预实验模型	227
第二节	干预实验设计	229
第三节	干预实验实施	230
第四节	干预实验结果评估	230
第五节	干预实验结果	232
第六节	干预实验结论	236

第八章　结论与展望　238

第一节	研究结论	238

目 录

第二节　理论价值	239
第三节　对高校英语教育的建议	240
第四节　研究不足与展望	250

第一章 绪论

第一节 研究背景

外语教育教学历来与国家利益、国家战略紧密相关,与时代发展同向同行。文秋芳和常小玲(2021)[1]梳理和总结了不同历史时期的外语教育教学培养目标:中国共产党成立初期,旨在提高赴俄留学革命青年的俄语水平,培养"救国济民"的革命骨干和领袖。抗日战争时期,旨在提高抗日将士和革命青年的日语水平,促进抗战全面胜利;继续为延安解放区培养俄语人才,深化马列主义思想学习。解放战争时期,旨在培养多种外语人才,服务解放战争,储备外事干部。中华人民共和国成立初期,百废待兴且历经中苏关系跌宕、朝鲜内战爆发等事件,政府旨在调整外语专业结构,压缩俄语教育规模,扩大英语和其他语种教育,拓展新中国外交、树立新国际形象。改革开放初期,旨在推动外语教育改革,服务全面改革开放。党的十八大以来,中国进入全面建成社会主义现代化强国的新时代;党的二十大报告更是明确指出要"坚持教育优先发展、科技自立自强""加快建设教育强国、科技强国、人才强国""坚持为党育人、为国育才""全面提高人才自主培养质量"。报告赋予了教育新的战略地位、历史使命和发展格局,为新时代高等外语教育指明了方向。

一、高质量发展对高等英语教育的要求

新时代的国家发展战略及当今的世界格局凸显了英语的独特地位。在全球化日趋激烈的时代背景下,英语因其长期以来独特的国际地位成为当今世

界应用最为广泛的语言。在科技交流方面，英语不仅是国际科技合作与交流的主要语言，也是获取和分享全球科技资源的重要工具。与此同时，为服务"一带一路"和中国梦的发展战略，履行在全球范围内构建人类命运共同体的时代使命，作为全球通用语的英语也成为连接世界各国的桥梁和纽带。随着中国的政治、经济、军事实力的不断增强，中国逐步走向世界舞台的中心，向世界讲好中国故事，参与全球治理，贡献中国智慧，英语成为无可取代的语言媒介。为人民谋幸福、为民族谋复兴、为世界谋大同的国家发展战略为我国的外语教育教学提出了新的要求。

顺应不同时代的发展需求，我国的外语教育内涵随之不断发展。常俊跃（2022）[2]用外语培训、外语教学、外语教育概括了中国本土外语教育理念的演变发展过程。早期的外语教育理念实则为"外语培训"，认为外语教育的主要任务就是教师对学生进行外语语音、词汇和语法等知识传授，以及外语听、说、读、写、译等基本技能训练。教师主导、技能为先、认知独大可谓是这个阶段外语教育理念的显著特征。中期的外语教育理念实则为"外语教学"，认为外语教育的主要任务是通过教师和学生双方的共同参与帮助学生获取外语学科知识、外语综合表达能力和跨文化交际能力等。师生共建、知识与能力并重成为这个阶段外语教育的主要特征。最新的外语教育理念名副其实地被称作"外语教育"，认为外语教育是教育的组成部分，是"借助对外语的教学或通过以外语为媒介的教学，按照一定的社会要求，对受教育者的身心施以影响的一种有目的的、有计划的活动"（常俊跃，2022，P3）[2]。以生为本、语言知识辅助个体身心全面发展成为这个阶段外语教育理念的核心特征。

通过追溯我国外语教育内涵的演变与发展，可以看出：为了全面贯彻和落实党的二十大精神和高质量发展指导思想，高等英语教育应当与时俱进更新外语教育理念，坚持以学生为中心，超越语言的工具性和交际性，突出高等英语教育的思想性、人文性，拓展学生的心智空间，促进学生的思想品德修养、家国情怀、人格塑造（孙有中、王卓，2021；张文忠，2021）[3-4]，为实现由建设"本土型"国家到建设"国际型"国家，由"洋为中用"过渡到"文明交流互鉴"的国家发展战略格局作出贡献（李宇明，2010；文秋芳、常小玲，2021）[5][1]。对于应用型定位的本科院校，孙有中（2024）[6]进一步强调其英语教育更应当主动适应国家经济发展的新常态，主动融入地方经济社会发展和创新发展，应当超越等级应试为导向的英语教学，关注学生的多元综合能力及就业创业能力，以培养中国式现代化建设所需要的高素质应用型人才为核心目标。

二、积极心理学对外语教育教学的影响

以"外语培训"和"外语教学"为核心内涵的外语教育一度占据了外语教育的主导地位。学习词汇、语法知识，通过模仿、重复、背诵强化应对外语考试的听、说、读、写、译等技能很久以来是外语教育的主要内容。外语学习者如同学习外语的工具，在机械式的强化训练中习得语言知识技能，但外语学习者作为人的情感需求和幸福追求却长期未被足够重视。一直到积极心理学的异军突起这一局面才逐步得以扭转。

1997年，时任美国心理学会主席的Seligman提出了"积极心理学"的思想，倡导在探索以往心理学一贯秉持的缺陷取向的同时，更应探索人类的积极品质，进而帮助人类通过创建、发展优势取得成功、实现自我。2000年，在《美国心理学家》第一次"积极心理学"专刊，Seligman将积极的主观体验、积极的个体特征和积极的组织环境设定为积极心理学的三大核心支柱。随后，Seligman进一步提出了幸福感理论，认为人类的终极目标是获得幸福，并构建了幸福感模型。自此，积极心理学应运而生，在心理学领域发起了划时代的革命，如星星之火迅速蔓延至各个学科领域（江桂英、李成陈，2017）[7]。

2012年前后，积极心理学被引入外语教育教学领域，掀起了一场"积极转向"的浪潮（徐锦芬、龙在波，2021）[8]。随之，外语教育教学的根本目标不仅要关注学习者的语言技能等语言结果，还要关注学习者的情感体验、人际关系、幸福追求等非语言结果。换言之，外语教育的语言与非语言结果的"双聚焦"突出了外语学习者在语言技能习得过程中的情感体验和自我发展，强调了学习者在取得外语学业进步过程中的幸福感（徐锦芬，2020）[9]。

观照新时代世界格局之变幻，顺应新时代国家发展战略对高等英语教育之要求，参照积极心理学对外语教育教学之影响，本研究认为：作为应用型

本科院校英语教学与科研之实践者，关注英语学习者的学业幸福、探讨促进英语学业幸福的重要因素和作用机制、促进积极心理学与应用型本科院校英语教育教学的融合发展是扎实推进新时代高等英语教育高质量发展的有益尝试。

第二节　国内外研究现状综述

自2000年以来，积极心理学作为心理学领域的新生军，不仅挑战了以往心理现象的病理化研究导向，而且因其新的视角极大地拓展和丰富了心理学的研究话题。随着积极心理学在外语教育教学领域的不断渗透，迎来了积极心理学在二语习得领域的鼎盛发展，也将为外语教育的扎实落地提供坚实的理论基础和前瞻的方向指引。

一、国外相关研究综述

在国外，2012年前后积极心理学被引入外语教育教学领域。近10年间，围绕积极心理学的三大支柱和幸福感模型，研究趋势不断壮大，在外语教育教学诸多层面推出了许多新的研究话题和研究成果。

（一）情绪研究引领，积极主观体验研究热度攀升

积极的主观体验作为积极心理学三大支柱之首率先引发了外语教育教学领域中的情绪研究，成为迄今为止研究成果最多、发展势头最旺的一条主线。从积极心理学视角出发，MacIntyre和Gregersen（2012）[10]首度基于积极情绪"拓展—建构"（broaden and build）理论介绍了积极情绪在拓宽认知处理能力、应对负面情绪事件、建立个人资源、促成幸福感正向循环体验等方面的积极作用，建议外语教师通过利用学生的想象力以及创设轻松安全的学习氛围，激发外语学习中的积极情绪，减少负面情绪影响，以便更好地习得外语。Dewaele和MacIntyre（2014）[11]探究国际外语学习者的外语愉悦和外

语课堂焦虑，指出愉悦是打开语言学习潜力之门的钥匙，不仅为外语学习者营造了安心的学习空间，提升了专注力和思维活力，也协助学习者消除了消极情绪对外语学习的干扰。该研究为二语外语教育教学领域中的"情绪转向"提供了实证研究范例。Dewaele和MacIntyre（2016）[12]进一步通过实证研究指出，外语愉悦与外语焦虑之间不是非此即彼的二元对立，也不是有你无我的此消彼长，而是普遍共存于不同层次的外语学习者中。此后，Dawaele等（2019）[13]聚焦西班牙的外语学习者，探究了外语课堂焦虑、外语愉悦和外语教师个人特征之间的关系；除此之外，还有学者分别聚焦英国（Dewaele和Dewaele，2017）[14]、中国（Li等，2018）[15]、日本（Satio等，2018）[16]、伊朗（Shirvan和Taherian，2018）[17]、荷兰（De Smet等，2018）[18]等国家的外语学习者进行了相关研究。

除了广受关注的焦虑和愉悦情绪以外，其他情绪话题也引起学者注意。例如，Tin（2013）[19]以来自印度尼西亚、新加坡、中国、马来西亚和德国参加TESOL项目的学习者为研究对象，聚焦语言学习兴趣，探讨触发英语学习兴趣的情境特征以及兴趣对语言学习的作用。Czimmermann和Piniel（2016）[20]以匈牙利外语学习者为研究对象，聚焦学习者的心流（flow）和反心流（anti-flow）情绪（包括焦虑、无聊和冷漠）体验，探究学习者进入心流体验的先决必要条件。Teimouri（2018）[21]在伊朗的英语学习者中开展定性与定量研究，探讨学习者的羞耻感和内疚感与语言学习动机和成绩的关系，发现羞耻感对语言学习动机和语言学习成绩有强烈的负面影响，而内疚对语言学习动机和成绩发挥了积极作用。MacIntyre（2017）[22]以意大利外语学习者为样本，探究了在二语学习过程中时常体验的10种积极情绪（快乐、感激、宁静、兴趣、希望、自豪、娱乐、灵感、敬畏、爱）和9种消极情绪（愤怒、鄙视、恶心、尴尬、愧疚、憎恶、悲伤、害怕、压力），以及这些情绪与外语学习动机的相关性。

（二）聚焦个人品质，个体特征话题研究丰富多彩

除了情绪话题，位于积极心理学三大支柱第二的外语学习者积极特征和品质也成为外语教育教学领域积极转向的研究热点。在外语学习者对自我身份的认知方面，例如，Lake（2013）[23]基于积极心理学，聚焦日本外语学习者，探究了外语积极自我、整体积极自我和二语动机之间的关联，是外语教育教学领域的第一例实证研究。Lake（2016）[24]继续以日本外语学习者为研究对象，进一步探究积极自我概念、外语熟练程度、外语自我效能之间的关系。Chen等（2019）[25]则以美国的双语大学生为研究对象，探索了外语学习者的自尊等个体积极特征与创造力的关联作用，发现学习者的自尊与其他诸如经验开放性和认知灵活性的个体积极变量皆与语言学习者的创造力存在显著正相关，而且认知灵活性和自尊是经验开放性与创造力之间的部分中介变量。

在外语学习者应对外语学习压力方面，Belnap等（2016）[26]以52名美国外语学习者为被试，聚焦如何通过提升自我效能和自我调节能力来增强学习者的毅力（perseverance）。Wei等（2019）[27]以832名中国外语学习者为研究对象，探索包含毅力和热情两个维度的坚毅（grit）对语言学习情绪体验和外语学习表现的关系。Zhao和Wang（2023）[28]以中国少数民族语言学习者为研究对象，考察坚毅、英语学习中的情绪因素、英语学习成就的关系。Sudinal和Plonsky（2020）[29]在俄罗斯大学生中开展研究，锁定坚毅的积极个人品质，探索外语坚毅在语言学习中的作用，描绘了外语坚毅、外语焦虑、自我评估语言熟练水平和语言成绩之间的复杂关系。此外，情绪智力（Abdolrezapour & Tavakoli, 2012; Chen & Zhang, 2022）[30-31]、希望（Izadpanah & Rezaei, 2022; Ghadyani et al., 2022）[32-33]、学业复原力（Yun et al., 2018）[34]等积极个体品质也受到了学者关注。

（三）审视组织氛围，积极外部因素研究日渐升温

除了聚焦个体内部的积极情感体验和积极个体品质，作为积极心理学三大支柱之一的组织与环境因素也逐渐引起学者注意，开始探究个体与外部环境因素的交互作用。例如，关注外语课堂上的教师特征、师生互动以及生生互动。Dewaele和Li（2021）[35]以来自中国11所高校的2002名英语学习者为研究对象，考察感知教师热情对学生愉悦和无聊情绪、社会行为学习参与度的作用。研究结果显示：感知教师热情与学生情绪和社会行为学习参与度皆具有相关性。Talezadeh等（2019）[36]聚焦情绪感染（emotional contagion），通过记录5对伊朗师生在英语课堂的互动，并对包括语言和非语言的声音表达、

面部表情和体态语言的多模态数据进行分析,来探究外语课堂师生愉悦情绪的交互感染机制。研究结果发现自动模仿是师生互动中情绪感染的主要机制。Jin和Dewaele(2018)[37]以中国144名英语学习者作为研究对象,探讨积极取向、感知师生情感支持、外语课堂焦虑的关系。研究结果表明:积极情感取向是外语课堂焦虑的重要预测变量,然而感知师生情感支持并未显著降低外语课堂焦虑。再如,关注学校层面的环境氛围。Elas等(2020)[38]以马来西亚社区中学的80英语学习者为研究对象,考察外语焦虑整体和各维度水平,以及由社交、学术和物质环境三个维度形成的学校氛围对外语焦虑的影响。研究结果显示:学习者报告了较高水平的外语焦虑,其中沟通焦虑和考试焦虑两个维度尤为显著,并且发现学校氛围是预测外语焦虑的有效变量,其中学术和社交两个维度的作用更加突出。

(四)关注个体成长,幸福感综合体研究渐露锋芒

除了聚焦积极心理学三大支柱,还有研究将积极心理学的幸福感模型引入外语教育教学领域。Seligman(2011)[39]认为幸福是人类的终极追求,并构建了PERMA幸福感模型,认为积极情绪(positive emotions)、投入(engagement)、良性人际关系(relationship)、超越自我的意义感(meaning)、特定领域的成就(achievement)是构成幸福的主要因素。MacIntyre等(2019)[40]通过线上面向全球外语教师发放问卷测量五大人格和PERMA模型涉及的因素,最终收取有效问卷47份,研究分析结果显示五大人格特质中的情绪稳定性、随和性、责任心和智力与PERMA呈显著正相关。同样,基于PERMA模型和外语教育教学的具体情境,Oxford和Cuéllar(2014)[41]以5名在墨西哥学习中文的外语学习者为研究对象,运用扎根理论进行研究分析,结果发现外语学习者的幸福感构成要素为积极情绪、投入与超越自我意义感的整合统一、与来自本族文化和异域文化的个体建立良性关系、语言成就,并未与PERMA模型完全重合。Oxford(2016)[42]基于外语教育教学情境,将PERMA模型进行拓展,构建了EMPATHICS外语幸福感模型。该模型指出情绪和共情(emotion and empathy)、意义和动机(meaning and motivation)、毅力(perseverance)、自主性(agency/autonomy)、时间(time)、困难和心智习惯(hardiness and habits of mind)、智力(intelligence)、性格优势（character strength）、个体因素（self-factors）是构成外语幸福感的主要因素。

（五）选择适配原则，多学科理论视角已现端倪

当积极心理学被引入外语教育教学领域，相关研究多从积极心理学视角出发，以积极情绪"拓展—建构"理论为实证理论基础。随着积极心理学与外语教育教学研究的不断深入融合，逐步呈现了多学科理论视角。

首先，积极心理学三大支柱理论和PERMA幸福感理论为外语教育教学领域的研究打开了全新的视角，成为该领域积极转向的核心基石和部分实证研究的理论基础。正如前文介绍，自2012年积极心理学进入本领域，相关研究总体围绕着积极心理学三大支柱相继展开，成为本领域相关研究的指向标。MacIntyre和Mercer（2014）[43]将积极心理学PERMA幸福感理论引入外语教育教学领域，打破了长期以来重知识技能、轻情感心理的外语教育教学传统理念，凸显了外语教育教学的语言目标和非语言目标的双重聚焦，强调了外语学习者的幸福感体验，促成了该领域实质性的积极转向。此外，PERMA幸福感理论也为部分实证研究提供了坚实的理论基础。

其次，积极情绪"拓展—建构"理论为本领域众多实证研究提供了理论基础。Fredrickson（2001）[44]认为相较于一度饱受关注的消极情绪及其进化学意义而言，积极情绪具有异于消极情绪的拓展—建构作用和价值，两种情绪平衡牵制、共存共生。该理论认为积极情绪（主要包括快乐、兴趣、满足、爱、自豪、感激、希望、逗乐、鼓舞和敬佩）能够瞬间拓展个体的注意力、思维模式和行为趋势，这种短期效应的长期累积能够帮助个体建构有利于自身发展的生理、心智和社会资源。该理论严谨且有效地解释了积极情绪如何对个体和组织带来积极作用，因而成为本领域发展最快、成果最丰硕的情绪实证研究的强大理论基础。例如，基于积极情绪"拓展—建构"理论，Dewaele和MacIntyre（2014）[11]探究了国际外语学习者的外语愉悦和外语焦虑，为本领域情绪研究的积极转向提供了首个实证范例。

最后，随着积极心理学在外语教育教学领域的不断蔓延和渗透，基于相关研究的具体需要，选择适配的理论作为实证研究的框架支撑，使该领域的研究呈现了多学科的理论视角。具体表现在：随着本领域情绪研究的纵深发

展,基于不同学科视角的情绪理论已然跃出。例如,有研究选择以学业—情绪的控制—价值理论作为理论基础(李成陈 & Dewaele,2020)[45],有研究选择情绪调节理论(薛荷仙、王亚冰,2022)[46]作为理论支撑。此外,随着本领域研究话题的不断拓宽,相关话题理论也成为特定实证研究的理论基础。例如,Egbert(2004)[47]将心流理论引入本领域,认为语言学习过程中的最佳体验即为心流,并且构建了心流与语言学习的关系模型。再如,徐锦芬和范玉梅(2019)[48]从社会认知理论视角探究外语学习者投入的维度构成。

二、国内相关研究综述

在国内,该领域的研究仍处于起步阶段。自2017年起,陆续有学者对积极心理学视角下的外语教育教学进行综述和展望(江桂英、李成陈,2017;徐锦芬,2020;李成陈,2021)[7][9][49]。2020年,《外语界》推出"二语学习情绪研究"专刊,该领域广阔的研究发展前景被逐步打开。就现有研究而言,情绪方面的研究涉及外语焦虑、外语愉悦和无聊。例如,余卫华等(2015)[50]以浙江省3所大学的510名非英语专业学生为研究对象,考察情绪智力、外语学习焦虑与英语考试成绩和自评成绩的关系。研究结果表明:情绪智力与外语焦虑呈显著负相关,与考试成绩呈显著正相关;外语焦虑在情绪智力与考试成绩和自评成绩之间发挥部分中介作用。李成陈(2020)[51]以我国安徽省3所不同类型高中的1307名英语学习者为研究对象,考察情绪智力对英语学习成绩的影响,研究结果发现:外语愉悦、外语焦虑和英语学习倦怠在情绪智力和英语学习成绩之间发挥了多重平行中介作用。

除了情绪话题之外,还有研究关注了情绪智力(余卫华等,2015;李成陈,2020;李成陈 & Dewaele,2020)[50-51][45]和外语学业韧性(詹先君,2018)[52]。具体而言,例如,李成陈和Dewaele(2020)[45]在疫情期间以我国2所高校的384名大学生为样本,基于控制—价值理论,探讨特质情绪智力和线上收获对外语课堂无聊的影响。研究结果显示:特质情绪智力和线上学习收获均与无聊呈负相关,并且线上学习收获的预测作用远高于特质情绪智力。詹先君(2018)[52]以中国大学生为被试,探索了外语学业韧性的结构以及二语动机自我系统对学业韧性的预测作用,发现学业韧性由个人力和支持力两个维度组成，其中个体力占主导地位。该研究还发现二语动机自我系统中的理想二语自我和外语学习体验两个维度比二语应然自我具有更为稳定和显著的预测作用。此外，还有学者关注了外语学习投入（郭继东、刘林，2016；郭继东，2018；徐锦芬、范玉梅，2019）[53-54][48]和外语学习倦怠（刘晓红等，2020）[55]。

　　除此之外，还有研究关注了外语教师因素对外语情绪的作用，以及情绪调节策略现状及运用。具体而言，姜艳（2020）[56]以北京市某高校的646名非英语专业一年级学生为研究对象，通过焦点式写作探究影响外语愉悦的教师因素。研究结果发现：影响高校外语学习者愉悦的教师因素主要包括教师课堂活动组织、教师个性特征、教师教学技能、教学内容和教师支持五大类。徐锦芬和何登科（2021）[57]以来自全国范围内不同类型、不同层次高校的8259名非英语专业大学生为研究对象，进行英语学习调节策略调查研究，结果显示除了消极情绪调节的表达维度，学习者消极和积极情绪调节策略得分都在3分以上。男生的积极情绪调节策略得分显著高于女生，文学类学生在表达宣泄策略上的得分显著高于其他专业。韩晔和许悦婷（2020）[58]基于控制—价值理论，采用个案研究方法，以中国南方某高校的4名非英语专业学习者为被试，探讨二语写作学习过程中的学业情绪及其调节策略。研究结果发现：书面纠正性反馈具有唤醒横跨正性、中性和负性效价和高、中、低程度的不同学业情绪，且情绪呈动态变化并因人而异；学习者在写作修改过程中运用情感导向策略、评估导向策略和情境导向策略实现自我情绪调节。

　　综上所述，通过对国内外相关研究的梳理，可以发现该领域的研究由情绪研究的积极转向起步，围绕积极心理学的三大支柱向情绪多元化、积极人格特质、积极组织环境氛围拓展。与此同时，有关幸福综合体和积极心理干预的相关研究也在不断发展。然而，本研究发现：一方面，尽管常被视为学业幸福指标的"学习倦怠"和"学习投入"已受到部分研究的关注，但热度远不及对外语愉悦、焦虑、无聊等情绪话题的关注度，而且以这两个指标聚焦英语学业幸福的研究鲜见；另一方面，心理资本（或积极心理资本）作为在组织行为领域中已被反复验证的"倦怠"和"投入"的重要前置变量，在外语教育教学领域较少得到关注。此外，基于积极心理学三大支柱和幸福感理论，同时覆盖学习者积极情感体验、积极个体品质和积极组织环境变量的研究更是寡淡。

概而述之，通过对研究背景的梳理，本研究锁定将应用型本科院校的英语学业幸福作为研究结果变量。通过对外语教育教学领域中积极转向的国内外相关研究梳理，本研究确定将心理资本作为预测英语学业幸福的初始变量，并且计划将英语学业复原力和英语课程感知师生支持作为介于心理资本和英语学业幸福之间的潜在变量，来探究心理资本对英语学业幸福的作用机制和潜在路径。通过对相关理论的梳理，结合具体的需要，本研究决定选择幸福感理论、资源保存理论和工作要求—资源理论作为理论基础。

第三节 研究目的、内容与方法

本研究拟考察心理资本对应用型本科院校英语学习者学业幸福的作用机制，以期提高人才培养质量，服务国家战略和经济发展需要。本节将介绍具体的研究目的、内容和方法。

一、研究目的

本研究直面新时代背景下应用型本科院校英语教育教学面临的机遇与挑战，以贯彻落实党的二十大精神、促进高等英语教育高质量发展为目标导向，确定了研究目的。就理论层面而言，拟构建心理资本对英语学业幸福的发挥影响作用的研究模型，揭示心理资本及潜在变量英语学业复原力和感知师生支持对英语学业幸福实施影响效应的原因和效应路径。就实践层面而言，实施心理资本干预实验，检验心理资本对英语学业幸福的实际效果。将研究目的具体化，可以归纳为以下研究问题：

（1）应用型本科院校英语学习者的心理资本、英语学业幸福（包括英语学习倦怠和英语学习投入）、英语学业复原力、英语课程感知师生支持的现状如何？

（2）心理资本、英语学业复原力和英语课程感知师生支持是否皆与英语学习倦怠、英语学习投入存在相关性？

（3）英语学业复原力和英语课程感知师生支持在心理资本与英语学习倦怠、心理资本与英语学习投入之间是否发挥链式中介作用？若有，英语学业复原力和英语课程感知师生支持在链式中介作用的前后位置如何？两者前后位置的交换对中介效应的影响有何不同？基于两者在链式中介前后序位的差异而构建的竞争模型哪个更优？

（4）通过提升心理资本的干预实验是否能够有效提升英语学业幸福？

二、研究内容

为了达成研究目的，本研究制定了具体的研究内容如下：

（1）通过进一步搜索、整理、系统研读有关心理资本、英语学业复原力、英语课程感知师生支持、英语学习倦怠、英语学习投入和英语学业幸福的文献，确定对各个概念的内涵界定和维度组成。其中，心理资本由自我效能、希望、乐观和韧性四个维度构成；英语学业复原力是单维概念；英语课程感知师生支持由来自线上线下英语课堂教师和同学提供的学业支持和情感支持两个源头四个维度构成。此外，英语学业幸福由英语学习倦怠和英语学习投入两个维度构成。其中，英语学习倦怠包含情绪倦怠、疏离感和降低的自我效能感三个维度；英语学习投入包含认知投入、情感投入和行为投入三个维度。通过对心理资本、英语学业复原力、英语课程感知师生支持、英语学习倦怠和英语学习投入的前置变量和结果变量的梳理，揭示本研究可以推进或拓展的空间。

（2）进一步梳理有关幸福感理论、资源保存理论和工作要求—资源理论，清晰准确地界定三个理论所涉及的核心概念、分类及维度构成，归纳凝练三个理论的主要内容，为后续假设论证做好充分准备。接着，紧扣前述理论的核心概念和主要内容，围绕研究变量的概念界定和维度内涵，进行有效的理论论证；同时，结合现有的相关实证研究结果支撑，完成本研究的假设模型构建和假设论证。

（3）了解研究对象的样本特点，确定抽样方法。随后，系统梳理国内外涉及本研究变量的相关文献和测量方法，依据本研究的具体背景和目的，确定与每个研究变量适配的具体量表，制定调查问卷，确定控制变量和数据统计分析方法。

（4）通过预调查发现并解决潜在问题，提高调查问卷的清晰度和适配性。其次，开启正式的数据收集，并严格遵循科学研究程序进行相关的测量模型和结构模型检验。然后，基于研究发现进行相关讨论。最后，合理设计心理资本干预实验方案，遵守干预实验的科学规范予以严格实施，客观真实报告实验结果和实验结论。

（5）基于问卷调查和干预实验结果，结合应用型本科院校英语教育教学的具体情况，提出促进英语学业幸福的具体建议，指出研究不足及未来推进方向。

三、研究方法

为了有效地服务研究目的，全面深入地覆盖研究内容，本研究采用的具体研究方法主要有文献法、问卷调查法和干预实验法。

首先，文献法贯穿本研究全部过程。研究之初，通过关键词检索诸如知网、Google Scholar等学术数据库，了解国内外相关研究的前沿动态、焦点问题及发展空间，确定选题方向；通过对充足的国内外相关研究成果的研读、梳理，确定研究目的和研究内容。研究之中，更具针对性的文献检索、研读和凝练为本研究的有序开展、顺利进行提供了丰富的文献储备和强有力的学理支持。研究之末，基于日渐更新和再度回顾的文献资源，有助于更加清晰本研究的价值意义以及相关研究继续前行的方向和路径。

其次，问卷调查法为本研究设计的横断截面定量研究提供了方法指导和实践指南。从测量工具的选择到调查问卷的制作，从抽样方法的取舍到样本量的确定，从预调查到正式的大规模数据收集，从测量模型的测试到结构模型的检验，无不需要对问卷调查法严谨准确的理解和脚踏实地的践行，从而有效地回答研究问题、实现部分研究目的。

最后，干预实验法为尝试确定心理资本干预对英语学业幸福的积极作用提供了检验方法和操作指导。通过合理的实验设计、无关变量恒定化的监控、严格的实验步骤、恰当的实验结果测试，来得出准确可靠的实验结果，进而继续回答研究问题，达成另一部分的研究目的。

第四节　研究意义

新时代引发对高等外语教育的新思考，催生对外语教育的新探索和新实践。本研究以应用型本科院校英语学习者为样本，从积极心理学理论出发，聚焦英语学习者的心理资本和学业幸福，既是对高等外语教育的再度审视，也是对促进外语教育高质量发展的积极尝试，因此具有一定的理论意义和实践意义。

一、理论意义

首先，本研究尊崇外语教育"减利重文""全人教育"的新理念，以应用型本科院校英语学习者心理资本与学业幸福的关系为研究对象，为促进以学生为主体、推进外语学业成就及学习者个体幸福"双聚焦"的外语教育教学领域的积极转向贡献绵薄之力。

其次，本研究通过探讨心理资本与学业幸福之间的关系，丰富了积极心理学在高等外语教育的应用理论。心理资本被标签为低风险、低成本、高投资回报率的个体积极潜能，其在高等外语教育过程中的作用和影响尚未得到充分研究。本研究所做的探究揭示了心理资本在语言学习过程中促进学习者幸福体验的积极作用，为外语教育的相关研究提供了新的理论视角和研究路径。

最后，本研究从心理资本概念出发，以积极心理学三大支柱和幸福感理论为主导，以资源保存理论和工作要求—资源理论为论证支撑，透过英语学业复原力和英语课程感知师生支持，聚焦英语学业幸福，涉及了语言学、心理学、教育学和管理学等多个学科，是顺应"大文科"和"超学科"趋势的学科交叉融合研究的一次尝试。

二、实践意义

首先，学业幸福是高等外语教育质量的重要指征。本研究通过揭示心理资本、英语学业复原力、英语课程感知师生支持对英语学习倦怠、英语学习投入的直接作用，揭示英语学业复原力和英语课程感知师生支持在心理资本与英语学习倦怠、心理资本与英语学习投入之间的链式中介作用，突出了影响英语学业幸福的有效因素，为促进英语学业幸福、优化高等外语教育教学效果提供了现实佐证，为促进外语教育高质量发展的具体实践提供了助力。

其次，本研究所得结果将引起更多学者、高校管理者及一线英语教师关注心理资本对英语学业幸福的积极作用。提升心理资本的干预策略不仅有利于促进英语学习者在语言学习过程中的积极体验，而且有利于与德育教育、心理健康教育形成合力，从而为社会培养具有良好学习能力、就业创业能力和终身发展能力的高素质劳动者。

本章小结

本章首先从高等英语教育面临高质量发展新要求的现实背景出发，结合积极心理学影响外语教育教学的学术研究背景，明晰目前高等外语教育的核心理念及外语教育教学研究的前沿趋势，从而将英语学业幸福确定为本研究的结果变量。其次，通过梳理积极心理学融入外语教育教学领域的国内外相关文献，描绘和总结该领域相关研究的总体概貌和主要特点，进而确定心理资本作为影响英语学业幸福的初始变量，确定英语学业复原力和英语课程感知师生支持作为临近变量，确定将幸福感理论、资源保存理论、工作要求—资源理论作为构建研究框架、进行假设论证的理论基础。最后，简要介绍了本研究的具体研究目的、内容和方法，概述了本研究的理论意义和实践意义。

本章参考文献

[1]文秋芳，常小玲.中国共产党百年外语教育与中华民族伟大复兴[J].外

语教育研究前沿，2021，4（2）：7-19+89.

[2]常俊跃.中国外语教育：基本概念、本土实践及指导理念[J].外语研究，2022，39（3）：1-6+14+112.

[3]孙有中，王卓.与时俱进，开拓中国外语教育创新发展路径——孙有中教授访谈录[J].山东外语教学，2021，42（4）：3-12.

[4]张文忠.外语人才培养规格新议[J].山东外语教学，2021，42（1）：49-58.

[5]李宇明.中国外语规划的若干思考[J].外国语（上海外国语大学学报），2010，33（1）：2-8.

[6]孙有中.赋能升级大学英语，更好服务教育强国[J].山东外语教学，2024，45（2）：49.

[7]江桂英，李成陈.积极心理学视角下的二语习得研究述评与展望[J].外语界，2017，（5）：32-39.

[8]徐锦芬，龙在波.英语教学新发展研究[M].北京：清华大学出版社，2021：16.

[9]徐锦芬.外语教学研究新趋势：积极心理学视角[J].英语研究，2020，（5）：155-164.

[10] MacIntyre, P. D. & Gregersen, T. Emotions that facilitate language learning: The positive-broadening power of the imagination [J]. Studies in Second Language Learning and Teaching, 2012, 2（2）: 193-213.

[11] Dewaele, J. M. & MacIntyre, P. D. The two faces of Janus? Anxiety and enjoyment in the foreign language classroom [J]. Studies in Second Language Learning and Teaching, 2014, 4（2）: 237-274.

[12] Dewaele, J. M. & MacIntyre, P. D. Foreign language enjoyment and foreign language classroom anxiety: The right and left feet of the language learner[A]. in MacIntyre, P.D., Gregersen, T. & Mercer, S.（eds）. Positive psychology in SLA[M]. Bristol: Multilingual Matters, 2016: 215-236.

[13] Dewaele, J. M. When elephants fly: the lift-off of emotion research in applied linguistics[J]. The Modern Language Journal, 2019, 103（2）: 533-536.

[14] Dewaele, J.M. & Dewaele, L. The dynamic interactions in foreign

language classroom anxiety and foreign language enjoyment of pupils aged 12 to 18: A pseudo-longitudinal investigation [J]. Journal of the European Second Language Association, 2017, 1（1）: 12-22.

[15] Li, C., Jiang, G. & Dewaele, J. M. Understanding Chinese high school students' foreign language enjoyment: Validation of the Chinese version of the foreign language enjoyment scale [J]. System, 2018, (76): 183-196.

[16] Saito, K., Dewaele, J.-M., Abe, M. & In'nami, Y. Motivation, emotion, learning experience and second language comprehensibility development in classroom settings [J]. Language Learning, 2018, 68（3）: 709-743.

[17] Shirvan, M. E. & Taherian, T. Longitudinal examination of university students' foreign language enjoyment and foreign language classroom anxiety in the course of general English: Latent growth curve modeling [J]. International Journal of Bilingual Education and Bilingualism, 2018, 24（1）: 31-49.

[18] De Smet, A., Mettewie, L., Galand, B., Hiligsmann, P. & Van Mensel, L. Classroom anxiety and enjoyment in CLIL and non-CLIL: Does the target language matter?[J]. Studies in Second Language Learning and Teaching, 2018, 1（8）: 47-71.

[19] Tin, T. B. Exploring the development of "interest" in learning English as a foreign /second language [J]. RELC Journal, 2013, 44（2）: 129-146.

[20] Czimmermann, E. & Piniel, K. Advanced language learners' experiences of flow in the Hungarian EFL classroom [A]. in MacIntyre, P. D., Gregersen, T. & Mercer, S. (eds). Positive psychology in SLA [C]. Bristol: Multilingual Matters, 2016: 193-214.

[21] Teimouri, Y. Differential roles of shame and guilt in L2 learning: How bad is bad?[J]. The Modern Language Journal, 2018, 102（4）: 632-652.

[22] MacIntyre, P. D. & Vincze, L. Positive and negative emotions underlie motivation for L2 learning [J]. Studies in Second Language Learning and Teaching, 2017, 1（7）: 61-88.

[23] Lake, J. Positive L2 self: Linking positive psychology with L2 motivation [A]. In M. T. Apple & D. D. Silva (eds.). Language Learning Motivation in Japan [C].

Bristol, UK: Multilingual Matters, 2013: 225-244.

[24] Lake, J. Accentuate the positive: conceptual and empirical development of the positive L2 self and its relationship to L2 proficiency [A].eds. P. D. MacIntyre, T. Gregersen, and S. Mercer. Positive psychology in SLA [C]. Bristol: Multilingual Matters, 2016: 237-257.

[25] Chen, X., He, J. & Fan, X. Relationships between openness to experience, cognitive flexibility, self-esteem, and creativity among bilingual college students in the U. S.[J]. International Journal of Bilingual Education and Bilingualism, 2019, 25（1）: 342-354.

[26] Belnap, R. C., Bown, J., Dewey, D. P., Belnap, L. P. & Steffen, P. R. Project perseverance: helping students become self-regulating learners [A]. in MacIntyre, P.D., Gregersen, T. & Mercer, S. (eds).Positive psychology in SLA [C]. Bristol: Multilingual Matters, 2016: 282-304.

[27] Wei, H., Gao, K. & Wang, W. Understanding the relationship between grit and foreign language performance among middle school students: The roles of foreign language enjoyment and classroom environment [J]. Frontiers in Psychology, 2019（10）: 1508.

[28] Zhao, X. & Wang, D. Grit, emotions, and their effects on ethnic minority students English language learning achievements: A structural equation modelling analysis [J]. System, 2023,（113）: 102979.

[29] Sudina E. & Plonsky L. Language learning grit, achievement, and anxiety among L2 and L3 learners in Russia [J]. International Journal of Applied Linguistics, 2020, 172（2）: 161-198.

[30] Abdolrezapour P. & Tavakoli, M. The relationship between emotional intelligence and EFL learners' achievement in reading comprehension [J]. Innovation in Language Learning and Teaching, 2012, 6（1）: 1-13.

[31] Chen, Z. & Zhang, P. Trait emotional intelligence and second language performance: a case study of Chinese EFL learners [J]. Journal of Multilingual and Multicultural Development, 2022, 43（8）: 731-745.

[32] Izadpanah, S. & Rezaei, Y.M. Causal explanation of academic

enthusiasm based on the interaction of teachers and English language learners: Self-regulation, academic hope, and academic engagement among English language learners [J]. Frontiers in Psychology, 2022.

[33] Ghadyani, F., Tahririan, M., H. & Afzali, K. An exploratory empirical research on hope for learning English as a foreign language [J]. Language Teaching Research Quarterly, 2022, (27): 24-44.

[34] Yun, S., Hiver, P. & Al-Hoorie, A. H. Academic buoyancy: exploring learners' everyday resilience in the language classroom [J].Studies in Second Language Acquisition, 2018, 40 (4): 805-830.

[35] Dewaele, J. M. & Li, C. Teacher enthusiasm and students' social-behavioral learning engagement: The mediating role of student enjoyment and boredom in Chinese EFL classes [J]. Language Teaching Research, 2021, 25 (6): 922-945.

[36] Talebzadeh, N., Elahi Shirvan, M. & Khajavy, G. H. Dynamics and mechanisms of foreign language enjoyment contagion [J]. Innovation in Language Learning and Teaching, 2019, 14 (5): 399-420.

[37] Jin, Y. X. & Dewaele, J. M. The effect of positive orientation and perceived social support on foreign language classroom anxiety [J]. System, 2018, 74: 149-157.

[38] Elas, N., Majid, F. A. & Narasuman S. Investigating school climate as a factor to English language anxiety in Malaysia [J]. International Journal of Humanities, Arts and Social Sciences, 2020, 6 (2): 96-103.

[39] Seligman M. Flourish: A new understanding of happiness and well-being-and how to achieve them [M]. London: Free Press, 2011: 256.

[40] MacIntyre, P. D., Ross, J., Talbot, K., Mercer, S., Gregersen, T. & Banga, C. A. Stressors, personality and wellbeing among language teachers [J]. System, 2019, (82): 26-38.

[41] Oxford, R. & Cuéllar, L. Positive psychology in cross-cultural narratives: Mexican students discover themselves while learning Chinese [J]. Studies in Second Language Learning and Teaching, 2014, 6 (2): 173-203.

[42] Oxford, R. L. Powerfully positive: Searching for a model of language learner well-being [A]. In Gabrys'-Barker, D. & Gaajda, G.D. (eds.). Positive Psychology Perspectives on Foreign Language Learning and Teaching [C]. Switzerland: Springer International Publishing, 2016: 21-37.

[43] MacIntyre, P. D. & Mercer, S. Introducing positive psychology to SLA [J]. Studies in Second Language Learning and Teaching, 2014, 4（2）: 153-172.

[44] Fredrickson, B. L. The role of positive emotions in positive psychology: The broaden-and-build theory of positive emotion [J]. American Psychologist, 2001, 56（3）: 218-226.

[45] 李成陈, Jean-Marc Dewaele.特质情绪智力及线上学习收获感对外语课堂无聊的预测作用[J].外语与外语教学, 2020（5）: 33-44+148-149.

[46] 薛荷仙, 王亚冰.外语情绪调节策略与外语情绪：基于潜在剖面分析[J].外语教学, 2022, 43（4）: 62-68.

[47] Egbert, J. A study of flow theory in the foreign language classroom [J]. The Canadian Modern Language Review, 2004, 60（5）: 549-586.

[48]徐锦芬, 范玉梅.社会认知视角下的外语学习者投入研究[J].外语教学, 2019, 40（5）: 39-43+56.

[49] 李成陈.积极心理学视角下的二语习得研究：回顾与展望（2012—2021）[J].外语教学, 2021, 42（4）: 57-63.

[50] 余卫华, 邵凯祺, 项易珍.情商、外语学习焦虑与英语学习成绩的关系[J].现代外语, 2015, 38（5）: 656-666+730.

[51] 李成陈.情绪智力与英语学业成绩的关系探究——愉悦、焦虑及倦怠的多重中介作用[J].外语界, 2020,（1）: 69-78.

[52]]詹先君.二语自我的学业韧性效应初探[J].外语界, 2018,（4）: 67-75.

[53] 郭继东, 刘林.外语学习投入的内涵、结构及研究视角[J].江西师范大学学报（哲学社会科学版）, 2016, 49（6）: 181-185.

[54] 郭继东.英语学习情感投入的构成及其对学习成绩的作用机制[J].现代外语, 2018, 41（1）: 55-65+146.

[55] 刘晓红, 牛睿欣, 郭继东.英语学习师生支持及其与学习倦怠的关

系[J].江西师范大学学报（哲学社会科学版），2020，53（5）：138-144.

[56] 姜艳.影响中国大学生外语愉悦的教师因素研究[J].外语界，2020，（1）：60-68.

[57] 徐锦芬，何登科.我国大学生英语学习情绪调节策略调查研究[J].解放军外国语学院学报，2021，44（5）：1-9+160.

[58] 韩晔，许悦婷.积极心理学视角下二语写作学习的情绪体验及情绪调节策略研究——以书面纠正性反馈为例[J].外语界，2020，（1）：50-59.

第二章 文献综述

第一节 心理资本

一、心理资本的概念界定

心理资本是在积极心理学的影响之下不断发展起来的一个重要概念。心理资本的概念最早出现于经济学领域,如Goldsmith等(1997)[1]突破对心理资本既无法观察也无法测量的认知,将其界定为个体在成长历程中逐渐形成的、较为稳固的一种心理特征,以广义的自尊为核心,能够对个体的收入产生正面影响。积极心理学之父Seligman(2002)[2]将导致个体积极行为的心理要素视为一种资本优势,并强调构成心理资本的积极元素。Luthans等(2003)[3]基于积极心理学和管理学双重视角,倡导积极组织行为研究,试图找到能够有助于个体持续获得竞争优势的积极导向的个体心理特征和能力。他们认为这种积极心理特征需要满足四条标准:(1)有科学的理论和实证研究做基础;(2)能够准确测量;(3)具有可变化、可开发的特征,即具有类状态(state-like)属性;(4)积极导向,即可促进绩效提升和个人成长。

基于这样的标准,Luthans等(2004)[4]提出了积极心理资本(positive psychological capital,PsyCap)的概念,简称"心理资本"。经过持续探究,Luthans等(2007)[5]首度对心理资本进行了全面的界定,将其构建为由自我效能、希望、乐观和韧性组成的四维概念,并得到广泛认可。他们认为心理资本是"一个人的积极心理发展状态,其特点包括:有信心(自我效能)去承担具有挑战性的任务并付出必要的努力以取得成功;对现在和未来的成功做出积极的归因(乐观);朝着目标努力,并在必要时调整路径以达到目标

（希望）；此外，在遇到困难和逆境时，能够保持、恢复甚至超越（韧性）进而取得成功。它是个体具有积极和持久特征的心理资源和能力，有助于个体克服困难和挑战"。

Luthans等，强调心理资本有别于人力资本和社会资本（Avey等，2009；Luthans等，2007）[6][5]。具体而言，人力资本关注个体的知识、技能、技术才干、学历和经验，即"你是谁"（Brian，2007）[7]。社会资本关注个体所认识的人，强调个体的社会支持和人际关系网络，即"你认识谁"（Adler & Kwon，2002；Hitt & Duane，2002）[8-9]。而心理资本关注的是"你能成为谁"，因此超越了人力资本和社会资本的概念。一方面，心理资本包含了人力资本涵盖的要素：学历、经验、知识、才干，因为这些要素在描述"你是谁"；另一方面，心理资本也包含社会关系网络，因为它们也是"你是谁"的一部分。此外，Luthans等（2007）[5]强调心理资本的类状态（State-like）属性。换言之，心理资本是从发展的视角将其焦点从"实际自我"，即现在"你是谁"，转向"可能自我"，即"你正在成为谁"，并努力成为你的"最好自我"（Luthans，Luthans & Luthans，2004；Luthans & Youssef，2004，2007）[10][4][11]。因相较于人力资本和社会资本而具有的优势，心理资本被认为是个体获得可持续竞争优势实现个人目标的心理能力（Luthans，2002a）[12]，并由管理学领域蔓延至教育领域。

二、心理资本的构成要素

除了Luthans等的四维观，关于心理资本的构成要素存在不同的构想。例如，Goldsmith等（1997）[1]的二维观，认为心理资本由自尊和控制点构成。Larson等（2004）[13]的三维观，认为心理资本由乐观、自我效能和韧性组成。Letcher等（2004）[14]的五维观，主张心理资本是情绪性、外向性、开放性、宜人性和责任心的有机体；肖雯、李林英（2010）[15]的五维观，认为心理资本由自我效能、乐观、韧性、感恩和兴趣组成。柯江林（2009）[16]的多维观，将心理资本分为双因素结构：事务型和人际型；其中事务型心理资本包括自信勇敢、乐观希望、奋发进取和坚韧顽强，人际型心理资本包括虔诚稳定、包容宽恕、尊敬礼让和感恩奉献。

但是，纵观已有研究，Luthans等的四维观认可度最高。Luthans（2002a）[12]指出：一方面，希望（Hope）、自我效能（Self-Efficacy）、韧性（Resilience）和乐观（Optimism）因其具有概念上的独立性和实证基础的区分效度可以独立作用；另一方面，四个维度又具有协同作用。更有研究表明，由这四个维度协同作用而组成的心理资本优势明显，远远胜于其他任意单个组成部分。Luthans（2012）[17]利用四个维度的首字母构成"HERO"，来突出四维度的协同影响，强调心理资本就是个体的内在英雄。

基于Luthans等，对心理资本的构建，我国学者许海元（2017）[18]探究了中国大学生心理资本的组成要素，再次验证了心理资本的四维观，并进一步指出：自我效能、希望、乐观和韧性在心理资本中分别发挥着"基础""导向""助力"和"保障"的作用。因此，本研究采用心理资本的四维观。接下来将对每个维度进行详细阐述。

（一）心理资本效能

心理资本效能源于自我效能（self-efficacy）的概念。根据社会认知理论，自我效能被定义为"个体对自己能否执行行动方案以应对未来情境的判断"（Bandura，1982）[19]，或"个体对自己能够组织和执行所需行动方案以实现既定目标的信念"（Bandura，1997）[20]，即自我效能强调个体利用自身能力和技能实现成功的信念（Bandura，1986）[21]。基于此，心理资本效能被定义为"个体对自己能够在特定情境下调动动机水平、认知资源或行动方案以成功执行特定任务的信心或信念"（Stajkovic & Luthans，1998）[22]。与自我效能一样，心理资本效能具有情境性。也就是说，心理资本效能是在特定任务或情境范围内建立的信念，因为个体在一个领域建立的信心也许不能迁移到其他领域（Luthans等，2010）[23]。

根据Bandura的理论，心理资本效能一般可能通过四种信息源得以发展：掌握性经验、替代性经验、言语劝说、情绪及生理状态（Bandura，1997）[20]。首先，当个体在具有挑战性的任务中取得成功时，他们可能会对自己再次执行该任务的能力充满信心。这种掌握性经验使个体能够在特定任务上建立自我效能感，成为自我效能感的主要来源（Avey等，2008）[24]。其次，当个体观察到与自己能力相近的人获得成功时，就会增加实现同样目标的信心，自

第二章 文献综述

我效能因而可能得到发展。当个体与被观察角色越相似，在效能发展过程中替代性学习或模仿的效果就越强（Luthans等，2010）[23]。再次，他人的评价、劝说及自我规劝是自我效能的另一个信息源。缺乏事实基础的言语劝说对自我效能感的作用不大，在直接经验或替代性经验基础上或由重要他人进行的言语劝说才具效果。言语劝说的有效性取决于个体对劝说者的可信度判断（Bandura，1997；Luthans等，2007）[20][11]。最后，个体在面临某项任务时的情绪反应或身心状态是自我效能感的又一信息源。个体良好的情绪反应和精力充沛的健康状态可能会助力自我效能感；否则，某项任务令个体产生强烈的情绪反应或个体处于不良健康状态通常会降低自我效能感（Luthans等，2007）[11]。

除了拥有上述四种信息源，心理资本效能还必须通过部署和调动个体的认知程序才可能得以实质性的发展（Bandura，2000a）[25]。以班杜拉的社会认知理论为基础，心理资本效能涉及五种重要的认知程序：象征化、前瞻性、观察、自我调节和自我反思（Luthans等，2007）[11]。象征化是指个体在头脑中创建可视化图景想象自身行为可能导致结果的能力。通过象征化，个体可以在心中勾勒或绘制路线图，作为未来行动的指南，以便个体在特定情境下完成特定任务（Bandura，1991）[26]。前瞻性是指个体对其行为可能产生结果水平的预期（Bozgeyikli，2017）[27]。通过前瞻性，个体可以提出实现预期水平的实际行动计划（Luthans等，2007）[11]。观察是指个体通过观察并从被仿角色的成功行动中有选择地模仿和学习的能力。它可以被视为一种替代性的想象经验；通过这种经验，想象中的自我成为被仿角色，效仿角色的成功有助于促进当前个体自我的改变（Luthans等，2007）[11]。自我调节是指个体根据自己设定的具体目标和标准来评估和调节自己的行为和表现的能力（Bandura，1991）[26]。自我调节可以帮助个体更好地专注于实现目标所需的能量，从而最终达成目标。自我反思则是指个体对自己过去的行为、成功和失败进行反思的能力，进而从自己的经历中吸取经验和教训（Luthans，Youssef等，2007）[11]。

综上所述，心理资本效能的发展不仅基于个体在特定领域内的成功经验，还基于个体对这些经验的感知和解释（Bandura，2000a；Stajkovic & Luthans，1998）[25][22]。此外，自我效能的水平可以决定个体的选择、动机以及他们计划投入特定任务的努力程度（Bandura，2000b）[27]。自我效能较低的人可能在面对障碍时投入较少的努力并且容易放弃；相反，自我效能较高的人往往表现出更强的兴趣，并愿意付出双倍的努力来应对挑战（Diseth，2011）[28]。因此，Luthans等（2007）[11]总结了自我效能高的人所具有的五个显著特征：他们通常为自己设定高标准，并主动选择困难的任务；他们倾向于接受挑战并乐于应对挑战；他们具有高水平的自我动机；他们倾向于付出必要的努力以实现既定的目标；当遇到障碍或挫折时，他们更有可能做出坚忍且持续的努力以取得成功（Stajkovic & Luthans，1998）[22]。

（二）心理资本希望

希望（Hope）在心理学中是一个常见且多意的概念。不同的学者根据各自的理论和研究视角给出了不同的定义。例如，Erickson等（1975）[29]从传统角度定义了希望，认为它是个体对能够达到的期望目标的感知，既可以是在困境中期待最好的结果，也可以是希望事情能够顺利发展。Luthans等（2004）[30]以及Menninger（1959）[31]也持有类似的观点。Staats（1987）[32]则从认知和情感的角度定义了希望，他认为希望是一种基于对未来事件的期望和这些事件可能产生的后果的情感导向认知。Nunn（1996）[33]则定义希望为个体对未来积极创新的总体倾向，这种倾向基于个体对未来可能或重要事件的主观评价。然而，积极心理学家Snyder（1989）[34]为希望所做的定义被广为采纳；他建立的认知希望理论，得到了广泛的认可，并且成为心理资本希望的理论构建基础。他认为希望是"一种目标导向的思维，包含个体对自身有能力找到达成目标的有效途径、拥有激励自我沿着既定目标前进的必要动机的认知和信念"（Snyder等，1991）[35]。希望被认为是心理资本重要的维度之一（Afzal等，2014）[36]。

Snyder认为希望是以目标为前提和核心，在为个体带来希望的过程中扮演着重要的角色。它既是希望的起点，也是希望的终点。在此前提下，Snyder指出希望由两个要素构成：动力思维（agency）和路径思维（pathways）（Snyder等，2002）[37]。动力思维指的是个体设定现实且具有挑战性的目标，并沿着达成目标的既定路径坚持不懈、持续推进的能力。它是希望的动机因素，即个体运用路径和策略实现目标的决心和信念。当个体面临困难和挫折时，动力思维尤为重要。它驱动个体进行积极的自我对话、心怀希望，为个体坚持不懈提供动力和支持。路径思维指的是当原始计划受阻时，个体能够采取多种可行的替代路径达成目标的能力。路径思维展示了个体遇到障碍时启动应急路径实现预期目标的能力，路径思维多通过对先前相关因果事件的系统观察和深度反思得以发展。路径思维在区分希望与心理资本其他维度（如自我效能或乐观）方面发挥着关键作用。

组成心理资本希望维度的动力思维和路径思维两个因素相辅相成。一方面，动力思维驱动个体寻找或生成替代路径；另一方面，路径思维促进了个体的创新能力以及分配或获取资源的能力，因而进一步激发了个体的动力思维。在追求目标的过程中，动力思维与路径思维的相互作用、持续迭代致使心理资本的希望维度不断攀升，成为个体克服困难的有力保障。具有高心理资本希望的个体通过"赋能思维方式"具备了非凡的能力，即使在面对阻碍时也能设计出多条通往目标实现的路径（Avey等，2008；Snyder，1994）[24][38]。

（三）心理资本乐观

作为最常被谈及却最难达成共识的积极心理资源，乐观有多种定义。传统上，乐观被定义为"一种与对未来社会或物质期望相关的情绪或态度，评价者认为这种期望在社会上是可取的、对个体有利或令个体愉悦"（Tiger，1979）[39]。Scheier和Carver（1985）[40]将乐观定义为个体对未来会发生更多有利事件和良好结果的总体期望，认为好事情比坏事情发生的概率更高。依据期望价值理论，Leif等（2000）[41]将乐观定义为个体对有关个人生活和社会中未来积极和消极事件发生的可能性和价值的主观评估。强调认知在乐观中的作用，Snyder（2002）[37]指出"乐观是一种基于目标的认知过程，当感知到结果具有实质性价值时，它就会起作用"。Seligman和Buchanan（1995）[42]将乐观定义为一种归因或解释风格，将积极事件归结于个人的、永久的和普遍的原因，而将消极事件归结于外部的、暂时的和特定情境的原因。基于以上对乐观的界定，心理资本乐观被定义为个体通过采用灵活且现实的归因方式解释积极和消极事件而呈现出积极期望的倾向。

心理资本乐观的定义是建立在两种理论基础上：期望价值理论和归因风格理论。期望价值理论认为个体的行为受目标驱动，由价值和期望两个部分组成。价值是指个体对目标是否具有吸引力的判断；个体试图将自己的行为与有价值的目标进行匹配，远离认为没有价值的目标。期望是指个体对目标可实现性的把握程度（Carver & Scheier，2001）[43]。具有高期望值的个体有动力付诸行动去实现目标，并愿意在面对困难和挑战时加倍努力；具有低期望值的个体可能根本不会尝试，即便贸然开始，也会在面对障碍时轻易放弃。归因风格理论认为个体的解释风格反映了个体对已经或正在发生事件的归因习惯。归因风格包括三个关键维度：人格化、永久性和普遍性（Gillham 等，2001）[44]。人格化是指对事件的解释归结为外部因素还是个体内部因素的倾向，即个体认为事件发生的起因是由自己还是由他人来承担。永久性是指引起事件发生的起因稳定与否的状态，即事件的起因会永久持续下去还是短暂的、过渡的、可改变的。普遍性是指将事件的起因描述为全局性的还是特定性的，即事件的起因会影响很多情况还是仅仅影响特定情况。基于这三个维度，Seligman区分了乐观主义者和悲观主义者进行因果推断时采用的不同解释风格。如前所述，一方面，乐观主义者倾向于将成功归结于内部的、永久的和普遍的原因，这使他们觉得很多事情都在掌控之中，因此具有很强的信心；另一方面，他们倾向于将失败归结于外部的、暂时的和特定的原因，这有助于他们对未来保持自信和积极的态度（Seligman等，1998）[45]。正是基于期望价值理论和归因风格理论的相互补充，心理资本乐观解释了乐观主义者和悲观主义者在解决问题、应对挑战时采用的不同方法和不同的归因风格。

  值得注意的是，心理资本乐观对结果的正向预期或对事件的归因风格还包含现实和灵活的成分。正如Luthans所警告的，无分别的、盲目的乐观主义者可能会使自身面临更大的风险，因为他们可能无法客观地评估这些风险下的潜在威胁。同时，因为他们通常会将风险因素外部化，也将失去从错误中学习和成长的机会。这种盲目的乐观有可能因为缺乏对当下情况的现实评估导致无法达成理想的结果。因此，为了清醒、客观地保持乐观，个体应该正确评估当前情况，并选择与之匹配的或乐观或悲观的解释风格。换言之，个体需要采取现实和灵活的归因方式去保持乐观，避免通过简单化、极端化的归因风格保持乐观，即不可通过将所有成功内部化获得对事件的掌控感，或将所有错误和失败外部化来逃避责任（Luthans等，2007）[11]。

第二章　文献综述

综上所述，心理资本乐观在个体自律、对过往事件的正确和客观分析、应急规划和预防保健等方面具有很强的启示意义。具有高心理资本乐观的个体可能对过去的不愉快事件持宽容态度，享受当下，并通过积极现实和灵活的视角抓住未来的机会。他们从积极和消极的事件中都可得到乐趣和益处，从而使个体逐步发展并得以圆满（Avolio & Luthans，2006）[46]。

（四）心理资本韧性

已知有关韧性的早期研究中，Rutter（1987）[47]将其定义为个体成功操控环境以保护自身免受不利事件负面后果的能力。随后，Stewart等（1997）[48]认为韧性是"个体成功应对变化、逆境和风险的能力"。Masten和Reed（2009，p75）[49]则将韧性描述为"在重大逆境或风险之中或之后表现出来的积极适应模式"。在临床心理学有关韧性的理论基础上，Luthans（2002b）[50]将心理资本韧性的定义拓展为不仅包括从逆境中恢复的能力，还包括应对挑战性事件的能力，以及超越常态乃至达到更高平衡状态的意愿。心理资本韧性的核心是能够从挫折中恢复甚至超越，并积极应对和适应重大危机或变化的能力。

根据积极心理学的观点，有多种因素可能促进或阻碍韧性的发展。这些因素可以分为三类：韧性资产、风险因素和价值观。韧性资产是指"一组个体或其所处情境中能够预测未来积极结果的可测量特征"（Masten & Reed，2002）[49]。韧性资产可以是个人的，如包括个体的教育、经验、知识、技能和能力的人力资本；也可以是社会资本，如个体所建立的社会网络；还可以是心理资本的其他组成维度，如自我效能感、希望和乐观。韧性风险因素是指那些导致"不良结果概率增加"的因素（Masten & Reed，2002）[49]。风险因素可能包括一些明显有害、非正常经历和创伤，也包括一些不太明显、渐进的但最终有害的因素。另外，风险因素也可能是积极事件，例如因个体优秀的表现而增加的责任和曝光度（Luthan等，2007）[11]。价值观是影响心理资本韧性的第三个因素，它塑造个体的思维方式、情感和行为，帮助个体积极地看待挫折，并找到解决问题的意义。通过培养积极的价值观，个体可以增强自己的心理资本韧性，更好地应对挑战和逆境（Bonanno，2005；Luthans，2002b）[51][50]。

心理资本韧性的独特之处在于逆境和挫折既可以被视为风险因素，也可以被视为具有挑战性的机遇。一方面，尽管无法否认将个体置于高频率大幅度风险的境地之中是危险的，但如果个体能够克服适度风险、应对挑战，则有可能触发个人成长和成功。换句话说，逆境和挫折可以成为让个体跃升至更高境界的"跳板"（Tedeschi等，1998）[52]。另一方面，在工作或学习过程中，风险因素实际上是不可避免的，因此现实之举是能够妥善管理而非逃避风险因素。鉴于此，上述三种因素对心理资本韧性的影响并非简单地加减，而是彼此累积和相互作用的。因此，具有高心理资本韧性的人具有如下特点：足够坚定地接受现实；坚定地相信并认为所有经历都是有意义的；具备临场发挥以适应重大变化的能力。此外，具有高心理资本韧性的人不仅可以被动或应激性地部署和调动适当的资产组合来克服逆境，以便恢复常态，还可以主动地学习和驾驭困难，发现潜在的能力和自我（Hamel & Valikangas，2004；Luthans等，2007）[53][11]。

三、心理资本的结果变量

在积极心理学的广泛影响下，心理资本的概念自诞生之日起便受到了国内外不同领域学者们的密切关注，并引发了大量的实证研究。

首先，作为一种重要的积极组织行为变量，心理资本在员工工作态度、工作行为和工作绩效等多个层面所发挥的积极作用已得到了充分的证实。如表2-1所示，在员工工作态度方面，心理资本与员工的工作满意度（Badran & Youssef-Morgan，2015；Karatepe & Karadas，2015；Larson & Luthans，2006；Nafei，2015；Paek等，2015）[54-58]、组织承诺（Larson & Luthans，2006；Nafei，2015；Paek等，2015；Simons & Buitendach，2013）[56-59]以及对工作意义的积极感知（Mehrabi等，2013）[60]呈显著正相关，意味着拥有较高心理资本的员工更倾向于对工作持有积极态度，更愿意为组织付出努力，并更加珍视自己在组织中的位置和角色。与之形成鲜明对比，也有研究发现心理资本与员工疏离态度（Avey等，2008）[24]、缺勤意向（Karatepe & Karadas，2014）[61]、离职意向（Avey等，2009；Karatepe & Karadas，2014；Karatepe & Avci，2017）[6][61-62]、迟到（Karatepe & Avci，2017）[62]等消极工作态度呈显著负相关。

在员工行为方面,现有研究发现心理资本能够激发组织期待的员工行为,比如组织公民行为(Avey等,2009;Beal III等,2013;Jung & Yoon,2015;Norman等,2010;Pradhan等,2016)[6][63-66]、服务行为(Cheng等,2018)[67]和创新行为(Jafri,2012)[68]。这些行为不仅有助于提升组织的整体绩效,还能够增强组织的凝聚力和向心力。相反,也有研究发现心理资本能够削弱组织希望杜绝的员工行为,如越轨行为、跳槽求职行为(Avey等,2009;Avey等,2008;Norman等,2010)[6][24][65],从而维护组织的稳定和健康发展。

在工作绩效方面,大量研究确认了心理资本有利于提高工作业绩(Luthans等,2010;Brunetto等,2016;Clapp-Smith等,2009;Luthans等,2005;Nafei,2015;Rabenu等,2017;Sun等,2012)[23][69-74]。拥有较高心理资本的员工通常能够更好地应对工作中的挑战和压力,保持较高的工作效率和质量。除此之外,还有研究发现心理资本可以正向预测员工身心健康和幸福感(Avey等,2010;Laschinger & Grau,2012;Rabenu等,2017)[75-76][73]。这种积极的影响不仅体现在个人层面,也能够在团队和组织层面得到体现,从而推动整个组织的进步和发展。

表2-1 员工心理资本的结果变量

结果	作者	研究发现
工作态度	Badran & Youssef–Morgan(2015)[54]	以埃及多个不同行业员工为样本,发现心理资本正向预测工作满意度
	Karatepe & Karadas(2015)[55]	以罗马尼亚酒店业员工为样本,发现心理资本通过工作投入的中介作用,显著提高了员工对工作、职业生涯和生活的满意度
	Larson & Luthans(2006)[56]	以美国制造业员工为样本,发现心理资本显著正向预测工作满意度和组织承诺
	Nafei(2015)[57]	以埃及若干医院员工为样本,发现心理资本正向预测员工工作态度,包括工作满意度和组织承诺

续表

结果	作者	研究发现
工作态度	Paek等（2015）[58]	以韩国酒店业员工为样本，发现心理资本正向预测工作满意度和组织承诺，工作投入为部分中介变量
	Simons & Buitendach（2013）[59]	以南非某呼叫中心员工为样本，发现心理资本正向预测员工的组织承诺，工作投入为两者之间的部分中介变量
	Avey等（2008）[24]	以来自美国多个行业的员工为样本，发现心理资本通过积极情绪的中介作用提升员工的工作投入
	Avey等（2008）[24]	以来自美国多个行业员工为样本，发现心理资本通过积极情绪的中介作用负向预测工作疏离态度
	Avey等（2009）[6]	以来自美国多个行业员工为样本，发现心理资本通过压力症状的部分中介作用，显著缓解了员工的压力水平和辞职意向
	Mehrabi等（2013）[60]	以伊朗某大学教职员工为样本，发现心理资本与员工感知工作意义呈正相关
	Karatepe & Karadas（2014）[61]	以罗马尼亚员工为样本，发现心理资本通过家庭—工作冲突的部分中介作用，显著降低了员工的离职率和缺勤倾向
	Karatepe & Avci（2017）[62]	以塞浦路斯护士为样本，发现心理资本通过工作投入的中介作用，与迟到和离职意向呈负相关
工作行为	Avey等（2008）[24]	以来自美国多个行业的员工为样本，发现心理资本正向预测员工的组织公民行为
	Beal III等（2013）[63]	以美国政府组织员工为样本，发现心理资本正向预测员工组织公民行为，拒绝改变在两者之间发挥调节作用
	Jung & Yoon（2015）[64]	以韩国酒店业员工为样本，发现心理资本通过工作满意度的部分中介作用正向预测员工组织公民行为
	Norman等（2010）[65]	以来自美国多个行业的员工为样本，发现心理资本正向预测员工的组织公民行为，组织身份在两者之间发挥调节作用
	Pradhan等（2016）[66]	以印度制造业和服务业员工为样本，发现心理资本员工组织公民行为呈正相关，情绪智力在两者之间发挥调节作用
	Cheng等（2018）[67]	以中国航空乘务员为样本，发现心理资本通过工作投入的中介作用促进了员工的服务行为
	Jafri（2012）[68]	以印度服装业员工为样本，发现心理资本促进了员工的创新行为
	Avey等（2008）[24]	以来自美国多个行业的员工为样本，发现心理资本与员工的越轨行为呈负相关
	Norman等（2010）[65]	以来自美国多个行业的员工为样本，发现心理资本显著缓解员工越轨行为

续表

结果	作者	研究发现
工作绩效	Luthans等（2010）[23]	以美国高级管理专业学生为样本，发现心理资本有助于提升其在岗工作绩效
	Brunetto等（2016）[69]	以澳大利亚护士为样本，发现心理资本和安全培训显著促进了角色业绩表现
	Clapp-Smith等（2009）[70]	以美国连锁服装零售业销售人员为样本，发现心理资本通过信任领导的中介作用促进了销售业绩
	Luthans等（2005）[71]	以中国制造业员工为样本，发现心理资本正向预测工作绩效
	Nafei（2015）[72]	以埃及医院员工为样本，发现心理资本与包括任务、情境和特定安排的工作业绩呈正相关
	Rabenu等（2017）[73]	以来自以色列若干组织的员工为样本，发现心理资本通过应对策略的部分中介效应提高了工作业绩
	Sun等（2012）[74]	以中国护士为样本，发现心理资本通过工作嵌入的部分中介作用促进了工作业绩
员工健康	Avey等（2010）[75]	以来自美国不同行业的员工为样本，发现心理资本显著正向预测其健康状况
	Laschinger & Grau（2012）[76]	以加拿大护士为样本，发现心理资本提升了员工感知人与工作契合度，进而负向预测了霸凌倾向和情绪耗竭，以及身心健康
	Rabenu等（2017）[73]	以来自以色列若干组织员工为样本，发现心理资本通过应对策略的部分中介作用正向预测员工健康

其次，作为个体极具竞争优势的心理资本，在高等教育领域也受到越来越多的关注。以大学生为样本的实证研究在国内外亦相继展开，报告了心理资本的积极作用。如表2-2所示，就学习态度变量而言，已有研究报告了心理资本与学习动机（Siu等，2014）[77]、学习满意度（Sanche-Cardona等，2021）[78]呈正相关；相反，也有研究报告了心理资本与无聊（Virga等，2020）[79]、压力（Adil等，2019；麻超等，2024）[80][81]等呈负相关。

就行为变量而言，心理资本同样发挥了不可忽视的作用。现有研究报告了心理资本能够提升大学生的社会适应性和就业能力，帮助他们更好地适应社会和就业市场的需求（武传伟、吴翌琳，2018；肖慧欣，2020）[82-83]。同时，心理资本还能够激发大学生的创新精神和创业意愿，推动他们积极参与创新活动和创业实践（王可心，2023；钟云华等，2024）[84-85]。

就学业成就而言，大量研究反复报告了心理资本的积极正面影响。例如，有研究证实，心理资本较高的学生在学业上通常能够取得较好的学业成绩和表现（Sanche-Cardona 等，2021；Virga等，2020；Luthans等，2012；Martinez等，2019；孙潇等，2020）[78-79][86-88]。这种影响不仅体现在学业成绩上，还能体现在学生的综合素质和能力的提升上。值得一提的是，心理资本在促进大学生人格发展、身心健康和幸福感方面也发挥着重要作用（杨剑等，2013；赵建华，2019；Poots & Cassidy，2020）[89-91]。

表2-2 大学生心理资本的结果变量

结果	作者	研究发现
学习态度	Siu等（2014）[77]	以我国香港大学生为样本，发现心理资本促进内在学习动机
	Sanche-Cardona等（2021）[78]	以西班牙大学生为样本发现，心理资本在学习目标导向与学习满意度之间的关系中发挥部分中介作用
	Virga等（2020）[79]	以来自印度和来自罗马尼亚的大学生为被试，发现心理资本通过学习投入的中介作用预测学习无聊
	Adil等（2019）[80]	以巴基斯坦大学生为样本，发现心理资本通过心流和学习投入的链式中介作用显著降低感知学业压力
	麻超等（2024）[81]	以我国大学生为样本，发现心理资本通过认知重评的中介效应和表达抑制的遮掩效应负向预测压力知觉
行为变量	武传伟、吴翌琳（2018）[82]	以来自我国若干省市的5所高校大学生为样本，发现心理资本是影响就业的重要因素，对提高其就业技能、增加就业机会、缓解就业压力具有积极作用
	肖慧欣（2020）[83]	以福建省返乡创业大学生为样本，探究人力资本、心理资本和社会资本对社会适应的影响，发现心理资本的影响作用显著
	王可心（2023）[84]	以我国大学生为样本，发现心理资本通过大学生创业学习的部分中介作用正向预测创业意愿
	钟云华等（2024）[85]	以我国创业失败大学生为样本，发现心理资本通过失败学习和恢复导向的中介作用正向预测创业失败修复

第二章 文献综述

续表

结果	作者	研究发现
学业成绩	Sanche-Cardona 等（2021）[78]	以西班牙大学生为样本发现，心理资本在学习目标导向与学业绩效之间的关系中发挥部分中介作用
	Virga等（2020）[79]	以来自印度和来自罗马尼亚的大学生为被试，发现心理资本对学业绩效的作用通过学习投入的中介作用得以发挥
	Luthans等（2012）[86]	以美国商科专业大学生为被试，发现心理资本正向预测大学生GPA
	Martinez等（2019）[87]	以西班牙大学生和葡萄牙大学生为被试，发现心理资本在学习投入和学业成绩（GPA）之间发挥完整中介作用
	孙潇等（2020）[88]	以河北省大学生为样本，发现心理资本在专业认同度和学业成绩之间发挥中介效应
健康	杨剑等（2013）[89]	以我国大学生为被试，发现心理资本通过体育锻炼的中介作用促进人格健康发展
	赵建华（2019）[90]	以南京和武汉若干高校大学生为样本，发现心理资本通过体育锻炼态度的部分中介作用正向预测主观幸福感
	Poots & Cassidy（2020）[91]	以英国大学生为样本，发现自我同情、心理资本和社会支持在学术压力和幸福感之间起到中介作用

随着在高等教育中的不断渗透，心理资本与英语教育教学的融合也逐渐受到了关注。尽管相关研究相对有限，但已有研究结果表明心理资本在英语学习方面同样具有积极作用。例如，有研究以伊朗英语学习者为样本，发现心理资本与学习者沟通意愿、二语动机自我系统、英语学业成就呈显著正相关（Khajavy等，2019）[92]。还有研究以中国大学生为样本，发现心理资本正向预测英语学习乐趣、行为投入和英语学业成绩，反向预测英语学习无聊和焦虑情绪（Wu & Kang，2023）[93]。

综上所述，心理资本在个体成长和发展过程中具有广泛的应用价值和深远影响。通过进一步深入考察心理资本的作用机制和影响因素，可以为个体和组织的发展提供有力的支持和指导。因此，本研究拟聚焦应用型本科院校英语学习者，深入探究心理资本促进学业幸福的可能机制，以期为提高英语教育教学质量和促进学生全面发展提供有益的参考和借鉴。

第二节　英语学习倦怠

一、英语学习倦怠的概念界定

倦怠的概念最初是由Freudenberger和Maslach（Maslach等，2001）[94]引入社会科学领域的。Freudenberger基于他作为精神科医生的工作经验及工作阅历，将倦怠定义为"动机或激励的消失，特别是当个体对某一事业或某一关系的投入没有达成期望的结果时"（Freudenger，1974）[95]。他的概念界定方法为临床法，将倦怠视为主要由个人特征引起的心理疾病，如内部冲突、不良人格特质或认知以及错误的应对模式（Schaufeli，2003）[96]。作为正在研究服务性行业从业者的情绪压力和应对策略的社会心理学家，Maslach将倦怠定义为"从事服务性行业的员工可能出现的一种情绪枯竭、去人格化和个人成就感降低综合征"（Maslach，1982）[97]。她采用了科学研究的方法，通过识别人际、社会和组织等方面的根本要素对倦怠加以界定。因此，Maslach的定义更具影响力和主导性。然而，一些学者认为倦怠是由于情感关系接受方对供给方过高的要求导致的一种综合征，这种症状并非专指服务性行业员工，也可能发生在其他行业员工身上（Golembiewski等，1986；Pines等，1981）[98-99]。为了回应这一论点以及随着对倦怠概念理解的深入，Leiter和Maslach（2003）[100]对倦怠的定义进行了修正，将其视为一种因长期工作压力而产生的心理综合征，具体表现了情绪耗竭、失力感和低效能。在倦怠概念的逐步修正过程中，倦怠的研究对象范围也随之不断扩大；由服务性行业至非服务性行业，由行业从业者至非从业者。

聚焦学生群体，Schaufeli等（2002）[101]将学生在学习过程中由于长期学业压力导致的情绪耗竭、学业疏离和成就感低下的心理综合征定义为学习倦怠。聚焦中国大学生，连榕等人（2005）[102]将学习倦怠定义为学生在被迫学习时产生的无聊、疲惫、沮丧等负面情绪以及各种逃避学习的行为。聚焦中国英语学习者，Li等（2021）[103]将学生在长期英语学业压力或负担下，逐步失去学习兴趣和动力，产生了情绪耗竭、学业疏离和个体英语学业成就感低落等现象界定为英语学习倦怠。依照以上有关倦怠的概念与内涵的界定，

第二章 文献综述

本研究将英语学习倦怠界定为应用型本科院校英语学习者，由于长期与英语学业相关压力而导致的情绪耗竭，对与英语学习活动相关的人、事、物表现出的冷漠，以及学生对英语学习的无能感且效率低下的综合症状。

二、英语学习倦怠的构成要素

英语学习倦怠的构成要素与工作倦怠的维度构成一致。工作倦怠的概念通过三个维度进行了操作化和概念化，即耗竭、疏离和低效能分别代表了精力、态度和自我评价方面的三个要素，英语学习倦怠的结构也同样由这三个维度构成。在此，本研究将对每个维度及其相互关系进行阐述。

耗竭这一维度最初被标记为情绪疲惫，专门针对服务性行业从业者，描绘员工们因满足服务对象提出的过高情感要求而经历情绪过度紧张和严重透支的感受（Maslach & Jackson，1981）[104]，它揭示了个体出现此类感受的原因。以护士为例，这一职业要求她们对重症患者或濒临死亡的病人提供温暖与关怀。她们需要通过不断地表达同情和关心，帮助患者获得战胜疾病的信心，取得患者家属的信任，来建立良好的医患关系。这种持续且大量的职业情感要求，可能会导致护士的情绪耗竭，最终发展成为职业倦怠。教师和社工等专业人员亦是如此。这就是早期关于倦怠的研究主要聚焦服务性行业的主要原因（Bargal，1984）[105]。然而，随着研究的深入与扩展，学者们发现来自职业的情感要求不仅来自诸如学生和客户这样的组织外部人员，也可能来自诸如主管、同事和团队成员这样的组织内部人员（Demerouti等，2001）[106]。此外，长期工作压力除了导致情绪耗竭，还会导致认知疲劳，即当个体感到疲惫时，通常会出现诸如无法集中注意力、健忘、难以执行复杂任务等认知症状（Van Horn等，2004）[107]。因此，耗竭的概念扩展为个体因所有的情绪、认知和体能等方面能量的耗尽导致无法继续执行任务的状态。在倦怠三个维度中，耗竭通常被认为是倦怠的主要且首要组成要素，因为它是工作相关压力的基本反映，也是当个体投入工作中能量耗尽时最早出现且最显著的症状（Deng & Gibson，2009；Green等，1991；Lee & Ashforth，1996）[108-110]。因此，有关耗竭这一维度的研究最为广泛且深入。

疏离这一维度最初被命名为去人格化，用以描述服务性行业员工对服务对象产生的消极、想要逃离的态度（Maslach & Jackson，1981）[104]。已有研究证实，当面对过度职业情感要求时，服务性行业员工对服务对象冷漠以待的现象非常普遍（Wills，1978）[111]。同样，随着有关倦怠研究的深入与扩展，疏离的概念拓展为员工对工作环境或工作本身的负面看法，以及对工作的疏远态度。就本质而言，疏离这一维度显示员工因为对职业过度要求出现零容忍或零付出的状态。其具体表现形式为退缩行为，如缺勤、离职等（Parker & Kulik，1995；Wong & Laschinger，2015）[112-113]。在倦怠的三个维度中，疏离显示了当个体感到疲惫和沮丧时，立即尝试将自己与工作或学习拉开距离的表现，描绘了个体对其工作或学习及其相关事务、绩效等产生冷漠态度的过程（Halbesleben & Buckley，2004；Maslach等，2001）[114][115]。

低效能这一维度最初被命名为个体成就感降低，表现为员工在工作中不再相信自己有能力与组织内外部对象打交道的能力，对自己的工作表现严重不满。它反映了员工对自身专业能力低下和生产力低下的自我评价。在倦怠的三个维度中，研究人员对低效能这一维度存在较大争议。虽然一些研究人员发现低效能与耗竭、疏离两个维度并行增长（Leiter，1993；Maslach，1982）[116][97]，但其他研究人员报告说低效能往往是耗竭与疏离导致的结果（Bakker等，2002；Byrne，1994；Lee & Ashforth，1996）[117-118][110]。因此，关于工作倦怠的维度存在着两维度和三维度的争议（Halbesleben & Buckley，2004；Kalliathd等，2000）[114][119]。尽管一些研究人员建议将低效能概念化为个体性格因素似乎更妥（Cordes & Dougherty，1993；Cordes等，1997；Ashill等，2009）[120-122]，但更有研究人员认为需要更多的理论和实证研究来厘清低效能与倦怠其他两个维度之间的关系（Schaufeli，2003）[96]。

基于工作倦怠的维度之争，对学习倦怠的构成要素则普遍认可由耗竭、疏离和低效能三个维度组成。例如，Pines和Kafry（1980）[123]将学习倦怠定义为长期学业压力下学习者对能量的消耗、对老师和同学的冷漠和疏离以及对学习活动的消极态度。张志遥（1989）[124]将学习倦怠定义为学习过程中由于课程压力、家庭作业负担或其他个人心理因素引起的一种消极的学习情绪现象，表现为情绪耗竭、去个体化和个人成就低下。正如Li等（2021）[103]确定英语学习倦怠是个三维概念，本研究亦将英语学习倦怠概念化为三维结构。

三、英语学习倦怠的结果变量

现有研究已经报告了学习倦怠可能导致的后果。就情感态度而言，例如，钱康杰等（2015）[125]以我国大学生为样本，发现学习倦怠正向预测消极心理状况。再如，高丙成（2013）[126]聚焦我国大学生，发现学习倦怠和学习流畅感、学习幸福感呈显著负相关。就行为变量而言，万恒阳等（2021）[127]在新冠疫情期间以我国大学生为样本，发现学习倦怠与网络成瘾呈显著正相关。就学业绩效而言，Fiorilli等（2017）[128]以意大利中学生为样本，发现学习倦怠与学业成就显著负相关，其中抑郁症状和学习投入发挥了部分中介作用。以我国大学生为样本，高丙成（2013）[126]得到同样的结论。以上研究结果表明：学习倦怠可能在情感态度、行为表现和学业成绩等不同方面造成不良影响。

关于英语学习倦怠可能导致的后果，目前相关研究数量极其有限。例如，以我国非英语专业大学生为样本，陶伟（2017）[129]通过英语学习倦怠的部分中介作用负向预测英语自主学习行为。因此，关注英语学习倦怠，探索有效缓解英语学习倦怠的潜在变量和作用机制颇具理论价值和现实意义。

四、英语学习倦怠的前置变量

与有关学习倦怠后果的研究相比，关于学习倦怠前置变量的研究数量丰厚、种类繁多，但归纳起来主要分为两类：内部因素和外部因素。如表2–3所示，就内部因素而言，现有研究已经发现了学习动机（Cazan，2015；向祖强等，2022）[130-131]、专业承诺（连榕等，2006）[132]、中庸思维（巩萱萱，2023）[133]、健康坚韧人格（张信勇、卞小华，2008）[134]、自尊和自我效能（王小新、苗晶磊，2012）[135]、时间管理倾向（马忆萌等，2014）[136]、心理资本（Wang等，2021；Barratt等，2021）[137-138]等积极个体因素与学习倦怠的正向关联，也发现了不当使用手机这样的消极个体因素与学习倦怠的负向关联（Zhang等，2021）[139]。就外部因素而言，现有研究已经发现了学习资源（王淳、张炳林，2023）[14]、感知社会支持（王雨晴、李明蔚，2021；李西营等，2009；Jacobs，2003）[141-143]、控制点（李西营等，2009）[142]、复愈性（肖涵等，2021）[144]等因素对缓解学习倦怠的积极作用，也发现了学业压力（李西营等，2009）[142]、学业要求（王淳、张炳林，2023）[140]和互动失衡（万力勇、舒艾，2022）[145]等因素对学习倦怠的消极影响。

表2-3 学习倦怠的前置变量

前置变量	作者	研究发现
内部因素	Cazan（2014）[130]	以罗马尼亚大学一年级学生为样本，发现学习动机与学习倦怠呈负相关，与学习投入呈正相关
	向祖强等（2022）[131]	以我国大学生为样本，发现学习动机通过学习投入的完全中介作用负向预测学习倦怠
	连榕等（2006）[132]	以我国大学生为样本，探究大学生专业承诺与学习倦怠的关系，发现情感承诺是学习倦怠最重要的预测变量
	巩萱萱（2023）[133]	以我国江苏大学生为样本，发现学生的中庸思维与学习倦怠呈显著负相关
	张信勇、卞小华（2008）[134]	以我国大学生为样本，发现健康坚韧人格与学习倦怠呈极其显著的负相关
	王小新、苗晶磊（2012）[135]	以我国大学生为样本，发现自我效能、自尊与学习倦怠呈显著负相关，且自尊可在自我效能和学习倦怠之间发挥部分中介效应
	马忆萌等（2014）[136]	以我国大学生为样本，发现时间管理倾向与学习倦怠呈显著负相关
	Wang等（2021）[137]	以我国山东某中医药大学学生为样本，发现心理资本通过学习投入的部分中介作用负向预测学习倦怠
	Barratt等（2021）[138]	以英国大学生为样本，发现心理资本与学习倦怠呈负相关，其中由来自家庭、朋友和重要他人提供的社会支持发挥了调节作用
	Zhang等（2021）[139]	以我国医学院学生为样本，发现不当使用智能手机通过心理资本的部分中介作用正向预测学习倦怠

续表

前置变量	作者	研究发现
外部因素	王淳、张炳林（2023）[140]	以我国河南省若干高校大学生为样本，探究慕课环境下大学生在线学习倦怠，发现学习倦怠与包括学业负荷、角色模糊、内容价值冲突构成的学习要求呈显著正相关，与由外部资源和个体资源构成的学习资源呈显著负相关，且学习要求对学习倦怠的负向作用远远大于学习资源对其的正向影响
	王雨晴、李明蔚（2021）[141]	以我国师范生为样本，发现学生感知由家庭、朋友和重要他人构成的社会支持负向预测学习倦怠
	李西营等（2009）[142]	以我国大学生为样本，李西营等发现社会支持、控制点及学习压力均与学习倦怠显著相关
	Jacobs（2003）[143]	以美国中西部高校学生为样本，研究了社会支持与大学生学习倦怠的相关性。结果表明，良好的社会支持可以预测低水平的学习倦怠，其中朋友的社会支持与学习倦怠负相关最大
	肖涵等（2021）[144]	以我国北京某高校大学生为样本，发现复愈性水平不同的环境对学习倦怠产生不同的影响，与低复愈性水平的环境（即城市环境）相比，高复愈性水平的环境（即自然环境）能够有效减缓学习倦怠
	万力勇、舒艾（2022）[145]	以我国大学生为样本，发现由师生互动失衡、生生互动失衡和人机互动失衡三个维度构成的互动失衡与学习倦怠呈显著正相关

将学习倦怠的前置变量聚焦至外语教育教学领域，相关研究亦较为寡薄。例如，Felder和Henriques（1995）[146]当研究英语课堂教学时在学习风格方面，发现当教师使用的教学风格与他们喜欢的学习风格长期不一致时，学习者会产生倦怠等现象。聚焦我国英语学习者，杨涛（2015）[147]探究了英语学习倦怠与学习动机的关系。研究结果表明，英语学习倦怠的程度与学习动机的负向变化有关。高歌（2012）[148]分析了非英语专业学生英语学习倦怠的特征，并将研究结果与其他研究者的结果进行比较，发现两组学生的数据分布存在显著差异。Liu等（2021）[149]发现自我导向完美主义分别通过坚韧和英语学习焦虑的中介作用负向预测英语学习倦怠。可见，在众多的前置变量中，寻找有效地缓解应用型高校英语学习者的前置变量具有挑战性，更具有研究价值。

第三节　英语学习投入

一、英语学习投入的概念界定

英语学习投入是学习投入的子概念，对学习投入的界定经过了由注重"量"到"质量"并重的发展历程。从行为理论视角，Tyler（1930）[150]首度提出将用于学习的时间视为学习投入的核心指征。随后，Pace（1982）[151]指出不仅要关注用于学习的时间，还要关注在学习过程中努力的质量；Astin（1985）[152]补充到学生的投入程度直接影响了学习的质量与收获。从教育关系论视角，Skinner等（1990）[153]认为学习投入是学生对教育活动付诸的行动、努力和坚持，以及周围环境的情绪状态。Libby（2004）[154]将学习投入界定为学生被驱动学习并出色完成学业相关任务的程度。Fredericks等（2004）[155]指出学习投入是在教育环境中，学生在情感、行为和认知的相互协同作用下展开的学习活动。基于Fredericks等，的界定，Appleton等（2006）[156]增加了学术投入的作用，即学生在学习任务上付出的时间、完成的作业、获得的学分等；Reeve和Tseng（2011）[157]增加了能动投入的作用，即学生对其所接受的教学指导做出的具有建设性的贡献。从心理状态论视角，Newmann等（1992）[158]提出学习投入是指在掌握知识和技能方面的心理投入和努力；Schaufeli（2002）[101]将工作投入引入教育领域，指出学习投入是指个体在学习过程中表现出的积极、热情的学习态度、充沛的学习能量、良好的学习韧性和充分的沉浸感。

在外语教育教学领域，早期对学习投入的研究主要体现为对课堂动机性行为或积极参与某项任务的状况加以描述（Guilloteaux & Dornyei，2008；Dornyei，2000）[159-160]。随着学习投入理论的发展和介入，Svalberg（2009）[161]提出了语言投入的概念，Philp和Duchesne（2016）[162]基于教育学及二语习得领域的相关成果，将学习投入界定为一种在认知、社会、行为和情感层面上的高度注意和参与的状态。更多学者基于对学习投入的概念界定及具体的研究背景，认为英语学习投入是英语学习者在英语学习过程中所付出的努力或投入的程度和过程（郭继东、刘琳，2016）[163]。基于以上概念界定，考虑到具体研究背景，本研究将英语学习投入界定为应用型本科院校英语学习者在英语课程学习过程中所呈现的在认知、情感和行为层面上的努力程度。

二、英语学习投入的构成要素

学习投入的构成要素经历了由"一维说"到"多维说"的发展历程。关于一维说，有学者认为学习投入是学生对课堂内外活动的行为投入（Audas & Willms，2001；Natriello，1984）[164-165]；有学者认为是学生对学习活动采用的学习策略等的认知投入（Marks，2000；Newmann等，1992）[166][158]；有学者认为是对学习活动的情感体验，即包含孤僻、遵守规范、反叛、顺从革新和投入六种成分的情感投入（Connell，1990）[167]。关于二维说，Skinner和Belmont（1993）[168]认为学习投入体现在行为和情感两个方面；Mosher和MacGowan（1985）[169]认为体现在情感和行为两个方面；Marin（2009）[170]认为体现在认知和行为两个方面。关于三维说，相当一部分学者认为学习投入是情感、认知和行为三者相互作用的综合体（Fredericks等，2004；Connell & Wellborn，1991；Furlong等，2003；Jimerson等，2003）[155][171-173]。还有学者认为学习投入是由活力、奉献和专注三个要素组成（Schaufeli等，2002）[101]。关于多维说，如Christenson和Anderson（2002）[174]认为学习投入由心理、行为、认知和学术四要素组成，Zhoc等（2019）[175]认为由学业、认知、社会和情感四要素组成。Lin和Huang（2018）[176]认为由技能、情感、表现、活动、态度五要素组成。尽管关于学习投入的维度划分不尽相同，通过以上梳理不难发现三维说占据主导地位，其中Fredericks和Schaufeli的两种三维说认可度最高。将学习投入的研究成果引入外语教育教学领域，采用三维说得亦最为广泛。鉴于本研究的背景和目的，本研究采用Fredericks的三维划分，即英语学习投入的构成要素包括行为投入、认知投入和情感投入，是三者相互协同作用、相互影响的有机体。在此，本研究将对每个维度进行具体阐述。

行为投入是指学生在学习活动中的参与和努力的程度。行为投入包括主动发起行为、付诸努力、勇于尝试并坚持不懈，集中注意力乃至全神贯注[168]。具体而言，行为投入包括上课时专心听讲，积极回答问题，深度参与师生与生生互动，如同伴互动或小组合作学习；课外学习时间的投入，例如按时完成作业，进一步思考或与他人讨论课堂上学习的内容。还表现为按时到堂，从不无故缺勤。

情感投入是学生在学习活动中的兴趣、情感体验和价值体验。其具体表现包括当学生处于高投入状态时具有的诸如兴趣、快乐等积极情感体验，以及当学生处于低投入状态时具有的忧虑、愤怒等消极情感体验。

认知投入是学生在学习中的动机、努力和策略的使用。Pintrich和De Groot（1990）[177]指出认知投入的本质是自我调节学习的水平。当学生处于高投入状态时，会更多地使用深层认知策略，去关注知识间的联系，探寻学习内容的意义等；反之，当学生处于低投入状态时，则更多地使用浅层认知策略，去关注从表面看上去非常重要的标题、要素，并对此进行机械性的记忆。使用深层认知策略的学生会付出更多的心理努力，积极进行联想和创造，并呈现出更高的理解水平。

综上所述，本研究认为行为投入是英语学习者参与英语课程学习所体现的坚持和努力程度；情感投入是英语学习者对英语学习活动的情绪和情感体验程度；认知投入是学生为掌握英语知识、技能，使用认知策略和投入心理资源的具体情况。三者协同交互作用，构成英语学习投入。

三、英语学习投入的结果变量

现有研究已经报告了学习投入可能带来的部分积极作用。正如Kuh（2003）[178]所言，学生对富有意义的学习活动的积极参与有助于促进其行为习惯及思维习惯的形成，提升其持续学习的能力，进而促进个体的全面发展。已有研究证实了学习投入水平高的学生是有效的学习者，不仅反映在学习行为和学业成就方面，也反映在心理健康方面。

具体而言，有研究报告了学习投入对学生积极行为的促进作用，以及对消极行为的减缓作用。例如，Klem & Connell（2004）[179]在美国中小学生中展开调查研究，发现学习投入对出勤率产生积极影响。Koljatic & Kuh（2001）[180]以美国大学生为样本，发现学习投入正向预测同伴合作和师生互动。Archambault等（2009）[181]以法裔加拿大高中为例，探究学习投入对辍

第二章 文献综述

学的影响作用，发现学习投入显著反向预测学生的辍学行为。也有研究报告了学习投入在学业成就方面的积极作用。例如，Li Sicong（2023）[182]以我国学生为样本，发现学习投入与学习成效呈显著正相关。Huang等（2023）[183]以我国护理专业大学生为样本，发现学习投入通过自主学习和批判性思维的中介作用正向预测学生的解决问题能力。Carini等学者（2006）[184]以美国大四学生为样本，发现学习投入正向预测批判性思维。此外，更有研究报告了学习投入与学业成绩的正相关（Skinner等，1990；Klem & Connell，2004；Carini 等，2006；Wang，2010）[153][179][184–185]。此外，还有研究报告了学习投入对心理健康的预测作用。例如，巢传宣和周志鹏（2019）[186]以我国江西5所地方性本科院校二年级大学生为样本，发现学习投入发现正向预测心理健康，反向预测自杀意念。

在外语教育教学领域，关于英语学习投入的作用主要集中在学业成就的相关变量上。例如，刘晓红和郭继东（2018）[187]在我国华东地区某高校非英语专业学生中研究翻转课堂模式下的英语学习投入，报告了一致性的结果，即英语学习投入与其英语学业成绩呈显著正相关。与此类似，张茜和王建华（2022）[188]以我国高校翻译专业大学生为样本，发现学习投入正向预测了学生的口译能力。此外，任庆梅（2023）[189]以我国英语专业大学生为样本，发现英语课堂学习投入的认知、情感、行为三个维度的协同作用显著正向预测了学习收获满意度。

比较现有关于学习投入和英语学习投入作用的研究成果，可以发现：一方面，学习投入与学业表现和学业成就密切相关，是预测学业表现的稳健变量；另一方面，学习投入有助于改善和提升学生的思维方式，促进深度思考和深度学习，关注问题本质；有助于学生逐渐摆脱狭隘的思维局限，以更加开阔的视野、多角度思考问题，进而有利于促进学生的心理健康。正因为在学业与心理健康方面的双重积极作用，学习投入也被视为衡量幸福感的积极指标（Timms et al.，2018）[190]。参照前人研究设计以及研究实践，本研究决定聚焦应用型本科院校英语学习者，将英语学习投入锁定为反映其英语学业幸福的指征之一。

四、英语学习投入的前置变量

作为反映学习过程和教育质量的重要指标，大量研究报告了学习投入的有效前置变量，主要分为两大类：内部因素和外部因素（见表2-4）。具体就学生内部因素而言，现有研究已验证包括主动性人格（鲍旭辉等，2022）[191]、批判性思维（卢忠耀、陈建文，2017）[192]、心理资本（You，2016）[193]、情绪智力（Thomas & Allen，2020）[194]、社会流动信念（周卓钊、毛晋平，2021）[195]等学习者个体特点与学习投入呈显著正相关；验证了包括学习动机（Cazan，2014）[130]、学习兴趣（Flowerday，2004）[196]、学业自我效能（Heo等，2022）[197]、大学适应力（Goudih等，2018）[198]、专业满意度（彭文波等，2017）[199]、专业承诺（蔡文伯、王玲，2017）[200]、积极学业情绪（林杰等，2020）[201]等与学业相关变量与学习投入呈正相关；还验证了诸如手机依赖和强迫性微信使用等负面特征行为与学习投入的负相关（阳泽等，2022；李振宇、宋新伟，2023）[202-203]。

就外部因素而言，现有研究报告了诸如家庭文化资本、父母学习期望等来自学生家庭因素与学习投入的关系（王伟宜、刘秀娟，2016；李兰等，2023）[204-205]；报告了诸如教师支持、师生关系、教师能力、课堂特点、活动特点及评价方式等外部因素与学习投入的相关性（Klem & Connell，2004；Furrer & Skinner，2003；Connell & Wellborn，1991；Bock & Erickson，2015；Hanaysha等，2023；Jang，2010；Reyes，2012；何春梅，2020）[179][206][171][207-211]。

表2-4　学习投入的前置变量

变量	作者	研究发现
内部因素	鲍旭辉等（2022）[191]	以我国大学生为样本，基于资源保存理论开展研究，发现主动性人格通过感知社会支持和积极情绪的链式中介作用正向预测学习投入
	卢忠耀和、陈建文（2017）[192]	以我国大学生为样本，发现批判性思维通过掌握趋近目标定向、学业自我效能的链式中介作用正向预测学习投入
	You（2016）[193]	以韩国高校大学生为样本，发现心理资本通过学习赋能的中介作用正向预测学习投入

第二章 文献综述

续表

变量	作者	研究发现
内部因素	Thomas & Allen（2020）[194]	以美国高校大学生及研究生为样本，发现情绪智力正向预测学习投入，其中学习复原力充当部分中介变量
	周卓钊、毛晋平（2021）[195]	以我国大学生为样本，发现社会流动信念通过成就目标定向的完全中介作用正向预测学习投入
	Cazan（2014）[130]	以罗马尼亚大学一年级学生为样本，发现学习动机与学习投入呈正相关
	Flowerday（2004）[196]	以美国中西部某高校教育心理学专业大学生为样本，发现情境兴趣促进学习投入
	Heo等（2022）[197]	以韩国高校大学生为样本，在疫情期间探究学习投入，发现学业自我效能分别通过努力调节和时间及环境管理的部分中介作用正向预测与学习投入
	Goudih等（2018）[198]	以马来西亚大学生为样本，发现大学适应力正向预测学习投入
	彭文波等（2017）[199]	以我国大学生为样本，发现专业满意度通过自我调节学习能力的完全中介作用正向预测学习投入
	蔡文伯、王玲（2017）[200]	以我国大学生为样本，发现专业承诺、学习策略以及资源管理策略均显著正向预测学习投入
	林杰等（2020）[201]	以我国大学生为样本，发现积极学业情绪通过学业自我效能的部分中介作用正向预测学习投入
	阳泽等（2022）[202]	以我国大学生为样本，发现手机依赖通过社会支持和延迟满足的链式中介作用负向预测学习投入
	李振宇、宋新伟（2023）[203]	以我国大学生为样本，通过历时4年的追踪研究，发现强迫性微信使用是学习投入发展过程中的危险因素
外部因素	王伟宜、刘秀娟（2016）[204]	以我国大学生为样本，发现由父母受教育程度、家庭文化习惯、家庭文化期待组成的家庭文化资本正向预测学习投入
	李兰等（2023）[205]	以我国应用型本科院校大学生为样本，发现父母学习期望通过自我效能显著预测学习投入
	Hanaysha等（2023）[208]	以阿联酋若干高校学生为样本，发现教师能力正向预测学习投入
	Klem & Connell（2004）[179]	在美国中小学生中展开调查研究，发现教师支持正向预测学习投入

续表

变量	作者	研究发现
外部因素	Furrer & Skinner（2003）[206]	以美国小学生为样本，发现良好的师生关系可以有效地促进学生积极参与课堂学习，其中男生的主动性比女生更明显
	Connell & Wellborn（1991）[171]	积极参与课堂活动的学生会得到教师更多支持。同样，在教师支持较多的课堂上，学生也会表现出较高的课堂参与度
	Bock & Erickson（2015）[207]	以美国北卡罗来纳州学生为样本，发现学生在以学生为中心的教师课堂上投入度更高
	Jang（2010）[209]	学生能否参与课堂活动完全取决于教师在教学过程中发起的互动行为
	Reyes（2012）[210]	以美国东北部地区小学生为样本，发现学生对其可控制的学习活动投入度更高
	何春梅（2020）[211]	以我国某二本院校大学生为样本，发现过程性评价通过成就目标定向的部分中介作用正向预测学习投入

除表2-4归纳的内外部因素之外，我国学者还通过聚焦来自不同类型院校的大学生，总结归纳了一系列影响学习投入的前置变量。例如，王晓春和王刚（2023）[212]以我国大学生为样本，运用解释结构模型进行层次分析，构建了五个层级的整体框架模型。发现学业情绪、专业承诺、学习态度和学习满意度是决定学习投入的最直接因素，学校支持和教师支持是决定学习投入的根源性因素，同伴互动、学习动机、成就目标导向、学校归属感、学习兴趣、学习自我效能和专业认同在促进学习投入过程中发挥关键作用。吴业春和杨鑫（2023）[213]以新工科类大学生为样本，进行半结构访谈辅以课堂观察法，运用扎根理论分析发现个体因素、环境因素、课程因素和教师因素是影响学习投入的主要因素。槐福乐（2024）[214]以我国应用型本科院校工科大学生为样本，发现性别、学生干部、学业规划、学业基础、学习动机、办学体制、院校支持力度对学习投入均发现显著影响。

具体到外语教育教学领域，亦有一部分研究探索了英语学习投入的前置变量。同样，本研究将其归纳为内部因素和外部因素两大类（见表2-5）。就内部因素而言，如现有研究确认了学习动机（吕中舌、杨元辰，2013；苏琪，2019；何享、周丹丹，2022；任庆梅，2021）[215-218]、自我效能（董行、

第二章 文献综述

张文忠，2023）[219]、学习兴趣和自主学习（彭皋丽，2023）[220]、二语坚毅（王幼琨，2024）[221]与英语学习投入的相关性。就外部因素而言，如现有研究报告了社会支持（Luan等，2023）[222]、同伴熟悉度（范玉梅、徐锦芬，2021）[223]、内容熟悉度（Qiu & Lo，2016）[224]、教室座位安排（Yang等，2022）[225]、翻转混合式课堂（Fisher等，2018）[226]对英语学习投入的影响。

表2-5 英语学习投入的前置变量

变量	作者	研究发现
内部因素	吕中舌、杨元辰（2013）[215]	以清华大学非英语专业大学生为被试，探究英语学习动机与学习投入的关系，发现学习者的"理想第二语言自我"（由内在兴趣、文化交流、辅助工具和个人发展动机构建）与学习投入呈正相关，而"应该第二语言的自我"（外部需求和社会责任动机构建）则与学习投入呈负相关
	苏琪（2019）[216]	以我国高校非英语专业大学生为样本，发现二语动机自我系统正向预测学习投入
	何享、周丹丹（2022）[217]	以我国非英语专业大学生为样本，发现外在动机正向预测在线学习投入
	任庆梅（2021）[218]	以国内六所高校非英语专业学生为样本，发现兴趣提升、目标导向、环境控制分别对情感投入和认知投入产生直接正向影响，对行为投入产生间接正向影响；动机调控整体可直接正向预测课堂学习投入
	董行、张文忠（2023）[219]	以我国高校包含英语及非英语专业的大学生为样本，发现自我效能通过课堂焦虑的中介作用正向预测学习投入
	彭皋丽（2023）[220]	以我国非英语专业大学生为样本，基于学生英语学习经历的回顾性访谈数据，利用经典扎根理论进行质性分析，发现学习兴趣和自主学习是促进学习投入的关键因素
	王幼琨（2024）[221]	以我国高校非英语专业学生为样本，发现二语坚毅通过学业浮力的部分中介作用正向预测学习投入

· 49 ·

续表

变量	作者	研究发现
外部因素	Luan等（2023）[222]	以我国高校英语学习者为样本，在疫情期间聚焦在线学习投入，发现来自教师和同伴的社会支持正向预测学习投入，行为投入发挥了中介作用
	范玉梅、徐锦芬（2021）[223]	以武汉某高校大学英语新生为研究对象，发现同伴熟悉度对学习者投入具有显著影响，且对各维度的作用效应不尽相同
	Qiu & Lo（2016）[224]	以中国英语学习者为样本，发现内容熟悉度对学习投入正向作用明显
	Yang等（2022）[225]	以我国浙江高校英语学习者为样本，探究混合式教学模式下合作学习过程中的英语学习投入，发现研讨会式的座位安排较传统教室的座位安排更有助于促进学习投入
	Fisher等（2018）[226]	以澳大利亚高校英语学习者为样本，发现翻转混合式课堂有助于促进学习投入

除了表2-5归纳的部分变量，还有研究聚焦在现代电子技术背景下影响英语学习投入的有效变量。例如，蔡晨（2021）[227]以我国华东地区某高校非英语专业学生为样本，探究移动环境下的英语学习投入，发现移动给养感知正向预测学习投入。惠良虹和王勃然（2022）[228]以来自我国20多个省市高校大学生为样本，探究其数字原住民特征对在线学习投入的影响，发现多任务处理负向预测学习投入，依赖图像沟通和即时满足与奖励正向预测学习投入。郑春萍等（2021）[229]以我国非英语专业二年级学生为样本，探究虚拟现实环境中的英语学习投入，通过问卷调查和质性分析，发现虚拟现实中情境丰富、难度各异的学习任务有助于增强学习动机和学习感知，进而提升英语学习投入。

通过对上述文献的梳理，国内外研究者对英语学习投入的影响因素进行了大量多角度的研究，具有较为丰富的理论基础。

第二章 文献综述

第四节 英语学业复原力

一、英语学业复原力的概念界定

学业复原力是在积极心理学影响之下由学业韧性发展而来的教育心理学领域里的一个重要概念。澳大利亚学者Martin和Marsh（2008）[230]首度提出了"学业复原力"这一概念，将其定义为学生成功克服日常学业生活中遇到的困难和挑战的能力。概念提出之际，Martin和Marsh一再强调学业复原力与传统学业韧性属于同类不同质的两个概念，并且从概念界定、研究对象、压力来源、导致的结果、作用机制和影响因素六个方面加以区别（Martin & Marsh，2008，2009）[230][231]。

第一，概念界定不同。学业韧性是指个体克服对于学生教育发展而言构成主要威胁的突发或长期重大逆境的能力，如学生自身的残疾、重大的家庭变故或其他严重的不利因素。学业复原力则是指个体在日常学习中成功应对挫折、挑战和困难的能力，这些轻微逆境是日常学业生活不可避免的一部分，而非偶然经历。

第二，研究对象不同。学业韧性主要关注的是少数问题学生，例如长期在学校表现不佳、学业成绩不佳的学生，或者遭受了重大家庭或社会动荡，或者先天身体残疾的学生。到目前为止，国内外相关研究大多聚焦了被边缘化的问题学生、少数族裔学生，以及一些教育弱势群体。比如，被家庭遗弃的儿童，存在读写等认知障碍的儿童。具体而言，如陈维和刘国艳（2016）[232]聚焦中国农村留守中职学生的学业韧性。然而，学业复原力聚焦的研究对象则是所有学生。Martin和Marsh认为，因为大多数学生并非处于面临巨大外部威胁的环境中，为了能够理解普通学生心理方面的弹性能力，是时候将关注点由个体问题弱势群体转移到所有普通学生身上，即将研究重点由学业韧性转向学业复原力。

第三，压力来源不同。学业韧性的压力来源是重大的、长期的学业挫折或学习障碍，这类压力可能由于个体自身的不利因素所致，或者源于严重缺乏外部支持。然而，学业复原力的压力来源主要是日常学习过程中频繁出现的不那么令人沮丧的挫折、挑战和困难，如数学难题、偶尔考试成绩不佳、来自老师和同学的负面反馈、临近截止期需要提交的作业等。

第四，两者导致的结果不同。学业韧性最终能够帮助困难学生或问题学生减少焦虑、缓解抑郁等情绪问题，减少旷课、无聊等学业行为问题的发生。学业复原力最终能够帮助学生增强学习动力和学习承诺，提高学业信心、专注力和解决问题的能力，提高学业成绩。

第五，两者的作用机制不同。学业韧性是一种反应机制，即学生面临重大困境时自发生成的行为表现。学业复原力则是一种预测机制，即学生面对学习生活中小问题时的行为表现。能够及时发现这些小问题，就能帮助学生采取某些解决方法和干预措施及时应对，不会出现学生孤身无援或无力应对，使小问题恶化为大困境。此外，在学习和获得应对这些日常学业困难的过程中，学业复原力会逐步增强

第六，影响两者的因素不同。就学业成绩而言，学业韧性与长期学业成绩不佳有关，而学业复原力与偶尔的不及格或者成绩不如自己所愿有关。就对自我能力影响而言，由于长期经历学业失败，学业韧性与自我系统的减弱有关；而学业复原力与负面评价对自信心的威胁有关。就行为表现而言，学业韧性与无法、无心完成学校相关任务有关，如出现旷课、辍学等严重的不良行为有关；而学业复原力与学业动机的暂时波动有关，如遇到具有一定难度或挑战的学业任务时偶然升起的畏难、逃避的心理和行为。就外部支持而言，学业韧性与学校疏离感或与教师的敌对情绪有关，而学业复原力与不良的、频次不佳的师生互动有关。

由于在日常学习中，大多数学生都会遇到面临诸如考试压力、成绩不理想、作业难度大、作业时间紧等普遍的、典型的学业挑战，学业复原力的概念一经提出，就很快得以发展。随着外语教育教学领域的积极转向，Yun等（2018）[233]将学业复原力引入到英语学习环境中。参照前人的研究成果，本研究将英语学业复原力界定为英语学习者持续具备的用以积极应对英语学习过程中不可避免的失误、挑战和压力的能力（Martin & Marsh, 2009; Yun等, 2018）[231][233]。

二、英语学业复原力的构成要素

Martin和Marsh提出的学业复原力是一个单维度概念，基于这一概念的英语学业复原力也只有一个维度。另外，Jahedizadeh等（2019）[234]针对外语学习背景，对英语学业复原力提出了不同的构想，建构了由可持续性、规律适应性、积极个人品质和积极学业态度四个维度组成的英语学业复原力。值得注意的是，在构建学业复原力概念之时，Martin和Marsh（2008）[230]特别指出学业复原力具有领域特异性，对学业复原力的研究应针对具体学科。考虑到Martin和Marsh关于学业复原力强大的理论基础和大量实证研究成果，以及基于这一单维度概念已有的英语学业复原力相关研究，以及本研究五个研究变量的界定范围和模型构建，本研究坚持采用单维度的英语学业复原力构想。

三、英语学业复原力的前置变量

为了探究学业复原力产生的原因，许多研究人员开始思考和质疑是什么导致了学业复原力。为了了解这些细节，学者们开始研究影响学业复原力的因素诸多。根据现有研究成果，相关前置变量可以归纳为两个方面：内部因素和外部因素（见表2-6）。

就内部因素而言，现有研究报告了情绪智力（Thomas & Allen，2021）[235]、学业希望（Azadianbojnordi等，2022）[236]、学业自我概念（Colmar等，2019）[237]、自我效能以及合作精神（Lei等，2022；Martin & Marsh，2010）[238-239]与学业复原力的正向关联；报告了学习焦虑（Martin & Marsh，2010；Collie等，2017；Martin等，2010）[239-240][230]、不确定性控制（Martin等，2010）[230]、自我妨碍（贾绪计等，2020）[241]与学业复原力的反向关联。就外部因素而言，现有研究报告了师生关系和教师支持对学业复原力的正向影响（Martin & Marsh，2008；Rohinsa等，2019）[230][242]。

表2-6　学业复原力的前置变量

变量	作者	研究发现
内部因素	Thomas & Allen（2021）[235]	以美国西南某公立高校学生为样本，发现情绪智力正向预测学业复原力
	Azadianbojnordi等（2022）[236]	以印度高中生为样本，发现学业希望正向预测学业复原力
	Colmar等（2019）[237]	以澳大利亚小学生为样本，运用历时研究方法就数学和阅读两门学科进行学业复原力研究，发现学业自我概念正向预测学业复原力
	Lei等（2022）[238]	以中国山西省高中生为样本，发现学业自我效能正向预测学业复原力
	Martin等（2010）[239]	以澳大利亚6所高中学生为样本，发现自我效能、合作预测学业复原力
	Martin等（2010）[239]	以澳大利亚6所高中学生为样本，发现焦虑和不确定性控制反向预测学业复原力
	Collie等（2017）[240]	以澳大利亚英语母语和汉语母语的中学生为样本，发现学习焦虑反向预测学业复原力
	Martin & Marsh（2008）[230]	以5所澳大利亚中学生为样本进行历时一个学期的纵向研究，发现焦虑与学业复原力呈负相关
	贾绪计等（2020）[241]	以中国高中生为样本，发现自我妨碍反向预测学业复原力
外部因素	Martin & Marsh（2008）[230]	以5所澳大利亚中学生为样本进行历时一个学期的纵向研究，良好的师生关系与学业复原力呈正相关
	Rohinsa等（2019）[242]	以印度尼西亚高中生为样本，发现教师支持正向预测学业复原力

具体到外语教育教学领域，关于英语学业复原力的前置变量研究成果数量有限。聚焦英语学业复原力的第一例实证研究是以韩国高校英语学习者为样本展开的，其研究结果发现自我效能、自我调节、理想二语自我和师生关系正向预测英语学业复原力（Yun等，2018）[233]。另一例实证研究在伊朗高校英语学习者中进行，研究结果表明学业情绪调节和核心自我评价预测英语学业复原力（Heydarnejad等，2022）[243]。在我国，刘宏刚（2022）[244]将学业复原力介绍到国外二语习得领域，指出这一概念是二语习得个体差异研究在积极心理学转向背景下的一个新的研究增长点。随后，王幼琨（2024）[221]

以中国高校非英语专业大学生为样本,发现二语坚毅通过学业复原力的部分中介作用正向预测学习投入。

四、英语学业复原力的结果变量

作为重要的个体积极品质,学业复原力可能导致的结果受到了国内外学者们的关注。现有研究验证了学业复原力的积极作用,主要集中反映在对学生个体内部因素的影响,对外部因素的影响,以及对学业成就的影响(见表2-7)。

对于学生内部因素的作用而言,现有研究报告了学业复原力与学习满意度(Hoferichter等,2021)[245]、学生适应力(Collie等,2017)[246]、学习策略(Collie等,2017)[246]、学习动机(Datu & Yang,2021;Bostwick等,2022)[247-248]、学习投入(Bostwick等,2022;Martin等,2017;Rohinsa等,2019)[248-249][242]的正向关联;报告了学业复原力与学业压力(Hirvonen等,2019)[250]、学习倦怠(连瑞瑞等,2024)[251]、不满情绪(Thomas & Allen,2020)[235]的负向关联。对于外部因素的作用而言,有研究验证了学业复原力正向预测感知学校支持(Bostwick等,2022)[248]。除此之外,更多的实证研究反复确认了学业复原力与学业成就的正向关联(Colmar等,2019;Lei等,2021;Collie等,2015;Khalaf & Abulela,2021)[237-238][252-253]。

表2-7 学业复原力的结果变量

结果	作者	研究发现
内部因素	Hoferichter等(2021)[245]	以芬兰中学生为样本,基于COR理论,发现学业复原力正向预测学习满意度
	Collie等(2017)[246]	以澳大利亚高中生为样本,发现学业复原力正向预测学生适应力
	Collie等(2017)[246]	以澳大利亚英语母语和汉语母语的中学生为样本,发现学业复原力正向预测学习策略
	Datu & Yang(2021)[247]	以菲律宾高中生为样本,发现学业复原力正向预测学习动机

续表

结果	作者	研究发现
内部因素	Bostwick等（2022）[248]	以来自澳大利亚新南威尔斯州292所学校的中学生为样本，发现学业复原力正向预测学习动机和学习投入
	Martin等（2017）[249]	以中国、北美和英国三个国家的中学生为样本，发现学业复原力正向预测学习适应性、学习动机和学习投入
	Rohinsa等（2019）[242]	以印度尼西亚高中生为样本，发现学业复原力正向预测学习投入
	Hirvonen等（2019）[250]	以芬兰小学生为样本，发现学业复原力反向预测学业压力
	连瑞瑞等（2024）[251]	以我国大学生为样本，发现师徒关系通过学业复原力的部分中介作用反向预测学习倦怠
	Thomas & Allen（2020）[235]	以美国西南某公立高校学生为样本，发现学业复原力正向预测行为投入和情绪投入，反向预测不满情绪
外部因素	Bostwick等（2022）[248]	以来自澳大利亚新南威尔斯州292所学校的中学生为样本，发现学业复原力正向预测感知学校支持
学业成绩	Colmar等（2019）[237]	以澳大利亚小学生为样本，运用历时研究方法就数学和阅读两门学科进行学业复原力研究，发现学业复原力正向预测学业成绩
	Lei等（2021）[238]	以中国山西省高中生为样本，发现学业复原力正向预测学业成绩
	Collie等（2015）[252]	以澳大利亚中学生为样本进行横断滞后研究，发现学业复原力与学业成就呈正相关
	Khalaf & Abulela（2021）[253]	以埃及和阿曼大学生为样本，验证学业复原力正向预测学业成就

除了表2-6和2-7所示有关学业复原力的前置变量和结果变量的相关研究，还有部分研究通过历时性研究方法验证学业复原力与部分变量存在互为因果的关系。例如，Martin等（2013）[254]以来自澳大利亚21所高中的2971名学生为样板，进行历时一个学年的两轮问卷调查，探究学业复原力与心理健康风险（包含焦虑、情绪不稳定、神经质、不确定性控制、失败回避）的关系。研究结果表明学业复原力与心理健康风险呈现相互作用、互为因果的关系。再如，Bostwick等（2022）[248]以来自澳大利亚新威尔斯292所中学的71681名中学生为被试，采用横断交叉研究法构建基于学生层面和学校层面的结构方程模型，研究发现就学生层面而言，学生的学校归属感与学业复原

力之间亦存在相互作用。

具体到外语教育教学领域，有关英语学业复原力结果变量的研究极其有限。Yun等（2018）[233]首度将学业复原力的概念引入二语习得领域，面向韩国高校英语学习者发放了调查问卷。通过构建结构方程模型，该研究不仅确认了上文梳理过的四个影响英语学业复原力的有效前置变量，而且基于被试者的托福考试成绩和英语学业绩点（GPA），确认了英语学业复原力与英语学业成就和学习成绩的正向关联。其后，Yang等（2022）[255]在中国和伊朗两国中学的英语学习者中展开问卷调查，构建包括英语学业复原力、二语坚毅和自我效能的结构方程模型，研究结果表明英语学业复原力正向预测二语坚毅。

在我国，王青（2016）[256]首度引入学业复原力的概念，基于Martin等学者有关学业复原力的研究成果，剖析了学业复原力的概念内涵，比较了学业复原力和学业韧性的差异。赵凤青和俞国良（2018）[257]通过比较Marin等学者基于个体能力视角的测量和Skinner等学者基于过程的测量，进一步明晰了学业复原力的概念内涵，详细陈述了学业复原力与学业韧性和适应性应对方式两个概念的异同之处。基于国内外相关研究，王幼琨（2024）[221]以性格优势理论和自我调节学习理论为基础，以中国某重点综合性大学非英语专业研究生为被试，探究二语坚毅与英语学业复原力对英语学习投入的影响，研究结果表明二语坚毅通过英语学业复原力的部分中介作用正向预测英语学习投入。

综上所述，学业复原力由于顺应心理学的积极转向，研究对象范围迅速扩大。根据有关学业复原力的前置变量和结果的梳理，可以发现目前研究主要集中在中小学年龄段学生，但在高等教育领域的关注度已显端倪。具体到外语教育教学领域，英语学业复原力仍处于起步阶段，相关研究亟待丰富。因此，本研究将英语学业复原力锁定为重要变量之一。

第五节　感知师生支持

一、感知师生支持的概念界定

师生支持是社会支持的子概念之一。在界定师生支持之前，需要先梳理一下有关社会支持的界定。从社会学视角，Cohen（2004）[258]将社会支持定位为"是由社会网络提供的心理和物质资源，旨在提高个体应对压力的能力"。这一界定反映了个体融入社会群体的程度（Vangelisti, 2009）[259]。从沟通理论视角，Albrecht和Adelman（1987）[260]将社会支持定义为通过任何形式的沟通为个体提供身体或心理援助，从而帮助处于困境的个体拥有更强的控制感。这一界定强调了支持提供方和接受方之间的互动（Vangelisti, 2009）[259]。从强调主观客观差异的视角，Lin（1986, P18）[261]将社会支持定义为"由社区、人际网络和亲密关系提供的主观可感知的或客观实际得到的工具性与表达性帮助（工具性与表达性两者同时提供，或只居其一）"。基于上述梳理以及本研究背景及目的，本研究将师生支持定义为：通过任何类型的沟通和互动，由英语教师和同伴提供的，英语学习者客观实际得到的或主观相信可得到的资源，这些资源能够帮助应用型本科院校英语学习者应对英语学习过程中的不确定性和模糊性，能够帮助学习者提高应对英语学业压力时的自我控制感的有益资源（Albrecht & Adelman, 1987; Lin, 1986; Hobfoll, 1988; Nardon等, 2015）[260-263]。

二、感知师生支持的构成要素

在进行概念界定的同时，正如Tardy（1985）[264]所指出的，对社会支持的界定存在五个维度：方向、态度、描述和评估、来源和类型。

就第一个维度"方向"而言，社会支持包含支持给予方和接收方。本研究以应用型本科高校英语学习者为样本，考察他们得到来自教师和同学的社会支持用以应对英语学习压力，所以本文聚焦的是师生支持的接收方。就第二维度"态度"而言，它强调了前文提及的主观—客观维度，即强调的是主观感知社会支持的可用性与客观得到的事实性之间的区别。换言之，社会支持可以是主观感知可获得的，也可以是客观实际获得的。由于前人研究反复确认了自陈式测量的感知社会支持相较于客观测量的社会支持能够更好地预测心理状态（Brandt & Weinert, 1981; Schaefer等, 1981）[265-266]，因此本研究将采用自陈式量表测量师生支持。也就是说，聚焦的是应用型本科院校英语学习者主观感知可获得的，以及基于以往经历回忆实际得到的师生支持，即感知师生支持。就第三个维度"描述和评估"而言，它强调的是关于社会支持机制的描述和评估，如对于社会支持可用性或利用率频率的描述，以及对社会支持满意度或重要性的评估（Rueger等, 2016）[267]。就第四个维度"来源"而言，它强调的是提供社会支持的源头，它可以涵盖来自家庭、学校、社会等多个领域的多个提供方（van der Laken等, 2016）[268]。由于本研究聚焦应用型本科院校英语课堂，因此提供给英语学习者社会支持的源头则为英语教师及同学。

就第五个维度"类型"而言，Rueger等（2016）[267]以青少年儿童为研究对象，认为社会支持包括情感支持、工具性支持、信息支持和评估支持。其中，情感支持涉及关怀，即向接收方提供爱、同情、信任或其他适当的情感（Carmack & Holm, 2015）[269]。工具性支持指的是有形的帮助，例如向接收方提供时间、金钱或技能（Glazer, 2006）[270]。信息支持指的是向接收方提供相关信息或知识，例如提供极具启发性的建议。评估支持也被称为尊重支持，指的是向接收方提供反馈或评价用以增强接收方的自尊。Johnson和Johnson（1983）[271]聚焦合作性互动教学课堂环境，认为课堂上的社会支持包括由教师和同伴提供的学业支持和个人支持。前者指的是教师和同伴认为他们的学生或同学希望在学习中得到的帮助，后者指的是教师和同伴相信他们的学生或同学希望被当作人而善待的程度。刘晓红等（2020）[272]以我国浙江省4所普通本科高校英语专业三年级学生为被试，通过访谈与问卷调查分析的结果，指出英语课堂师生支持由来自教师和同伴的学业支持和情感支持组成。其中，师生学业支持指的是由教师和同伴提供的涉及语言学习方法、策略等方面的帮助。具体可表现为教师帮助英语学习者制订学习目标，传授英语知识、技能和学习方法，用以帮助学生克服英语学习困难、应对英语学习压力；还可表现为同伴与英语学习者互动讨论问题、分享学习策略、合作完成学习任务、解决学习问题等。师生情感支持指的是由教师和同伴提供的涉及激发和调动语言学习中的积极情感和内在动机等方面的帮助。具体可表现为英语学习者感受到的来自教师的尊重、信任、关心等；还可表现为同伴之间彼此信任和尊重、分享情感和责任、建立良好的同伴友谊等。

基于以上梳理，考虑到本研究聚焦的是应用型本科高校英语线上线下课程的师生支持，因此决定遵照刘晓红等的研究成果，将英语课程感知师生支持的构成要素界定为由英语教师和同伴提供的（方向和来源）、通过自陈式量表测量到的英语学习者主观相信以及客观得到的（态度）、帮助英语学习者管理英语学习压力以及克服英语学习困难的有效的（描述和评估）、以学业支持和情感支持构成的社会支持（类型）。

三、感知师生支持的前置变量

因感知师生支持概念内涵较具体，对其前置变量的研究主要体现在社会支持研究中。由于社会支持维度构成的复杂性，本研究通过梳理国内外相关文献，用以概括感知师生支持的前置变量。如表2-8所示，本文通过相关文献梳理发现感知师生支持主要以社会支持的主客观及利用度得以测量，或者通过来自教师、朋友和家庭三个主要源头得以测量。经过梳理，可以发现感知师生支持的前置变量主要分为内部因素和外部因素，并且主要集中于个体内部因素。

关于内部因素，现有研究报告了诸如道德自我（龚开国，2024）[273]、手机冷落行为（何安明等，2024）[274]、共情能力（陈思宇等，2024）[275]、感恩（余青云等，2022）[276]、积极归因（叶青青等，2012）[277]与感知社会支持的正相关；也报告了诸如分裂型特质和述情障碍（陈思宇等，2024）[275]、童年创伤（贺春荣、田月明，2024）[278]、学习倦怠（王建坤等，2018）[279]与感知社会支持的负相关。关于外部因素，现有研究报告了学业压力的学校环境因素与感知社会支持呈显著负相关（af Ursin等，2021）[280]。

第二章 文献综述

表2-8 社会支持的前置变量

支持源	作者	研究发现
客观主观利用度	龚开国（2024）[273]	以我国江苏地区3所高校1024名大学生为样本，发现道德自我与由客观支持、主观支持和支持利用度构成的社会支持呈正相关
	何安明等（2024）[274]	以我国河南、广东、江苏和山西4省11所高校1926名大学生为样本，发现手机冷落行为与由客观支持、主观支持和支持利用度构成的社会支持呈正相关
教师同伴家庭	陈思宇等（2024）[275]	以我国四川省成都市某民办高校359大学生为样本，发现分裂型特质和述情障碍负向预测来自家庭、朋友和重要他人的感知社会支持，共情能力正向预测感知社会支持
	余青云等（2022）[276]	以湖北某高校2168名大学生为样本，发现感恩正向预测来自家庭、朋友和重要他人社会支持
	叶青青等（2012）[277]	以河南省某综合性大学320名大学生为样本，发现积极归因正向预测来自家庭、朋友和教师感知社会支持
	贺春荣、田月明（2024）[278]	以我国陕西省3所高校1530名大学生为样本，探究来自亲密家庭成员（伴侣、孙辈、兄弟姐妹），同龄人，和其他人（亲戚、朋友、同事）的感知社会支持的潜在作用机制，发现大学生童年创伤与感知社会支持呈负相关
	王建坤等（2018）[279]	以北京8所高校456名大三学生为样本，发现学习倦怠反向预测来自教师、感知社会支持
	af Ursin等（2021）[280]	以芬兰403名小学生为样本，发现学业压力与来自教师、同伴及家庭的感知社会支持呈负向

除了表2-8所示的运用两种方法测量社会支持归纳的前置变量以外，还有研究运用其他的测量方式报告了部分前置变量。这些前置变量涉及家庭因素、学生人格特征，以及性格差异。例如，Tak和McCubbin（2002）[281]以美国92个家庭为样本，确认家庭特征会显著影响个体对社会支持的感知。Lidy和Kahn等（2006）[282]以美国中西部某高校一年级新生为研究对象，发现神经质、外向性、经验开放性等人格特征对学生感知的社会支持也发挥显著作用。此外，Rueger等（2008）[283]以美国伊利诺伊州246名中学生为研究对象，探究由家长、教师、同学和朋友组成的感知社会支持与学校适应的关系，研

究结果表明：在四种来源的社会支持中，朋友支持对女生感知社会支持而言最为重要；同学支持对男生感知社会支持而言最为重要。再如，Korlat等（2021）[284]于新冠疫情期间对19190名澳大利亚中学生展开调查，发现女生较男生感知更高水平的社会支持。

聚焦外语教育教学领域，目前鲜有研究报告有关社会支持或师生支持的前置变量。

四、感知师生支持的结果变量

在教育领域中，国内外大量研究从广泛的社会支持视角、具体聚焦师生支持的视角探索了可能的结果变量。

如表2-9所示，本文依然以主客观及利用度或通过来自教师、朋友和家庭三个主要源头的两种测量方法为线，梳理了基于广泛的社会支持视角的相关研究及其发现的结果变量。运用主观、客观和利用度的界定和测量，有研究报告了社会支持正向预测主观幸福感（何宇涵，2024）[285]、生活满意度（贾旖璠等，2021）[286]、志愿动机（谢家华等，2023）[287]、利他行为（刘永存等，2021）[288]、自尊和心理灵活性（廖伟康、李理，2024）[289]、学习投入（张信勇，2015）[290]、专业承诺和职业策略效能感（周炎根等，2012）[291]；还有研究确认了社会支持反向预测负性情绪症状和抑郁（廖春霞等，2024；张骥等，2024））[292-293]。运用来自教师、朋友和家庭三个主要支持源的界定和测量，有研究报告了社会支持正向预测生命意义感（费立教等，2024）[294]、主观幸福感（洪明，2024；杨晓峰等，2009）[295-296]、核心自我评价（杨晓峰等，2009）[296]、积极应对方式（张玲玲等，2021）[297]、积极自我概念（陈红艳，2024）[298]、创伤后成长（余青云等，2022）[299]、亲社会行为（刘文科等，2024）[300]、情绪调节水平（顾曼丽等，2024）[301]、专业承诺和学习责任心（冯维、贺文均，2014）[302]、学习适应（郑琰等，2019）[303]、学业成绩（Chen，2005）[304]；也有研究报告了社会支持反向预测心理困扰（陈红艳，2024）[298]、社会规范违反行为（梁冰等，2024）[305]、网络成瘾（贺春荣、田月明，2024）[306]、学习倦怠（庞智辉等，2010）[307]。

第二章 文献综述

表2-9 社会支持的结果变量

支持源	作者	研究发现
主观客观利用度	何宇涵（2024）[285]	以我国高校875名大学生为样本，发现社会支持通过心理弹性的部分中介作用正向预测主观幸福感
	贾旖璠等（2021）[286]	以300名大学生为样本，发现社会支持分别通过安全感和心理资本的完全中介作用或通过两个中介变量的链式中介作用正向预测生活满意度
	谢家华等（2023）[287]	以河南省15所高校1120名大学生为样本，发现感知社会支持通过心理资本的部分中介作用正向预测志愿动机
	刘永存等（2021）[288]	以武汉地区10所高校的1995名大学生为样本，发现社会支持通过自我效能的部分中介作用正向预测利他行为
	廖伟康、李理（2024）[289]	以我国369名大学生为样本，发现感知社会支持正向预测自尊水平和心理灵活性
	张信勇（2015）[290]	以广东省8所高校720名大学生为样本，发现社会支持通过专业承诺的部分中介作用正向预测学习投入
	周焱根等（2012）[291]	以1336名大学生为样本，发现感知社会支持与专业承诺和职业决策效能感均呈显著正相关
	廖春霞等（2024）[292]	以我国武汉市2所综合性大学821名护理专业学生为样本，发现感知社会支持负向预测负性情绪症状
	张骥等（2024）[293]	以四川省某医科大学在校生为样本，发现感知社会支持在内卷化压力和抑郁之间发挥部分中介效应
教师同伴家庭	费立教等（2024）[294]	以广西南宁1257名大学生为样本，发现感知社会支持可分别通过积极心理资本部分中介作用或自尊和积极心理资本的部分链式中介作用正向预测其生命意义感
	洪明（2024）[295]	以广东省494名大学生为样本，发现感知社会支持正向预测主观幸福感
	杨晓峰等（2009）[296]	以951名大学生为样本，发现感知社会支持正向预测核心自我评价和主观幸福感
	张玲玲等（2021）[297]	以镇江市2所综合性大学917名学生为样本，发现感知社会支持通过生命意义感和心理韧性的部分链式中介作用正向预测大学生积极应对方式
	陈红艳（2024）[298]	以陕西省4所高校具有留守经历的687名大学生为样本，发现感知社会支持对积极自我概念的发展产生积极影响，对心理困扰产生消极影响和明显的缓冲作用

续表

支持源	作者	研究发现
教师同伴家庭	余青云等（2022）[299]	以湖北某高校2168名大学生为样本，发现感恩通过感知社会支持的部分中介作用正向预测创伤后成长
	刘文科等（2024）[300]	以我国山东省742名大学生为样本，发现感知社会支持正向预测亲社会行为，并且感恩和公正世界信念分别在两者之间发挥了部分中介和调节作用
	顾曼丽等（2024）[301]	以我国27省15560名大学生为样本，发现感知社会支持正向预测大学生情绪调节水平
	冯维、贺文均（2014）[302]	以西南大学、重庆师范大学和贵州毕节学院3所高校339名特殊教育专业大学生为样本，发现感知社会支持正向预测专业承诺和学习责任心
	郑琰等（2019）[303]	以中国305名大学生为样本，发现来自教师、同伴和家庭的感知社会支持正向预测大学生学习适应
	Chen（2010）[304]	以我国香港270名青少年为样本，发现感知社会支持通过学习投入的完全中介作用正向预测学业成绩
	梁冰等（2024）[305]	以我国苏北地区175名大学生为样本，发现感知社会支持负向预测社会规范违反行为
	贺春荣、田月明（2024）[306]	以我国陕西省3所高校1530名大学生为样本，发现感知社会支持与网络成瘾呈显著负相关
	庞智辉等（2010）[307]	以湖北省3所高校413名大学生为样本，发现感知社会支持通过应对方式的部分中介作用反向预测学习倦怠

如表2-10所示，本文以教师和同伴、教师、同伴三个细分支持源为线，进一步梳理了基于更为聚焦的感知师生支持相关研究及其确认的结果变量。将来自教师和同伴的社会支持视为一个变量，有研究报告了感知师生支持正向预测了体育道德和一般道德（陈梦一、祝大鹏，2023）[308]、学习动机、学习投入和学校归属感（Kiefer等，2015）[309]。单独聚焦来自教师的社会支持，基于情感和学业两个维度或任取其一，有研究报告了感知教师支持正向预测了创造性自我效能（Liu等，2021）[310]、学业技能和学习投入（Granziera等，2022）[311]、学业成绩（Affuso等，2023；Tennant等，2015）[312-313]；也有研究报告了感知教师支持反向预测了学习倦怠和破坏性行为（Romano等，2020；Shin & Ryan，2017）[314-315]。单独聚焦来自同伴的社会支持，有研究报告了感知同伴支持正向预测的社会责任行动（胡保玲，2017）[316]、体育

锻炼行为（潘雨晴等，2021）[317]、情绪调节水平（王晓丹，2020）[318]、就业能力（刘林林等，2017）[319]、积极类学业情绪（程翠萍等，2023）[320]；还有研究报告了感知同伴支持反向预测了消极类学业情绪和抑郁（程翠萍等，2023；卢晨等，2021）[320-321]。

表2-10 师生支持的结果变量

支持源	作者	研究发现
教师同伴	陈梦一、祝大鹏（2023）[308]	以我国573名青少年为样本，发现同伴支持和教师支持正向预测青少年体育道德和一般道德，而且教师支持的影响作用大于同伴支持的作用
	Kiefer等（2015）[309]	以美国209名中学生为样本，发现教师支持和同伴学业情感支持正向预测学习动机、学习投入和学校归属感
教师	Liu等（2021）[310]	以中国武汉512名高中生为样本，发现感知教师学业、情感和能力支持通过自主动机和放松积极学业情绪的链式中介作用正向预测创造性自我效能
	Granziera等（2022）[311]	以新加坡2510名中学生和澳大利亚119名小学生为样本，发现感知教师学业支持和情感支持正向预测学业技能和学习投入
	Affuso等（2023）[312]	以意大利419名青少年为样本，发现教师学业支持正向预测学习动机和自我效能，并通过前述两个变量的完全中介作用正向预测学业成绩
	Tennant等（2015）[313]	以美国中西部796名初中生为样本，发现教师情感支持正向预测GPA
	Romano等（2020）[314]	以意大利493名中学生为样本，发现教师情感支持反向预测学习倦怠
	Shin & Ryan（2017）[315]	以美国中西部879名小学生为样本，发现教师情感支持反向预测破坏性行为
同伴	胡保玲（2017）[316]	以我国400名90后大学生为样本，发现同伴支持通过自我效能的完全中介作用正向预测社会责任行动
	潘雨晴等（2021）[317]	以北京市某综合性大学451名一年级学生为样本，发现同伴支持可能以榜样行为的形式影响学生的体育锻炼行为
	王晓丹（2020）[318]	以我国720名大学生为样本，发现同伴支持通过情绪调节自我效能感的部分中介作用正向预测大学生情绪适应水平

续表

支持源	作者	研究发现
同伴	刘林林等（2017）[319]	以我国768名大学生为样本，发现同伴支持正向预测就业能力
	程翠萍等（2023）[320]	以重庆市339名4至6年级的小学生为样本，发现同伴支持正向预测积极类学业情绪，反向预测消极类学业情绪，并且学习效能在同伴支持与积极类学业情绪之间发挥中介效应
	卢晨等（2021）[321]	以中国10所中医药高校的9185名学生为样本，发现同伴支持可显著降低学生的抑郁状态

具体到外语教育教学领域，有研究沿用上述归纳的、采用来自教师、朋友和家庭的界定和测量方法探究感知社会支持的影响效应，更多研究采用单独聚焦教师支持，或者同时聚焦教师和同伴支持的界定和测量方法检验感知师生支持的结果变量。

聚焦教师、朋友和家庭三个支持源，如宋红波和王悦（2024）[322]以来自中国"双一流"重点院校和普通本科院校的682名包括英语专业和非英语专业的大学生为样本，探究来自家庭、朋友和重要他人提供的感知社会支持、外语情绪和英语学习投入三个变量之间的关系，研究结果发现：感知社会支持对整体英语学习投入及其子维度均具有显著正向预测作用，其中对认知投入的预测作用最强，对情感投入的预测作用最弱。同时，感知社会支持通过外语愉悦的中介作用正向预测英语学习投入，通过外语无聊的间接中介作用负向预测英语学习投入。

单独聚焦来自教师的社会支持，如Karimi & Fallah（2019）[323]以伊朗高校306名英语学习者为研究对象，构建结构方程模型，用以探究英语学习倦怠、羞愧、内在动机和教师情感支持之间的关系，研究结果发现：教师情感支持通过羞愧和内在学习动机的部分中介作用反向预测了英语学习倦怠。再例如，Gholamrezaee & Ghanizadeh（2018）[324]同样以伊朗高校英语学习者为研究对象，聚焦教师通过言语和行为方面的亲近感提供的社会支持，在206名英语学习者中开展调查，其研究发现教师情感支持正向预测了包括自我实现和自尊的积极情感状态、应对英语学业压力的能力和认知学习水平均显著预测英语学习倦怠。在中国，刘晓红等（2024）[325]以来自某省3所普通高校

第二章 文献综述

的545名非英语大学生和6名大学英语教师为研究对象,通过采用课堂观察、访谈和问卷调查等方式进行质性与定量研究,探究英语教师支持与课堂社交投入的关系,研究结果发现:感知教师学业支持和情感支持通过焦虑自我调节和互动价值感的完全中介作用正向预测英语课堂社交投入。随后,刘晓红和郭继东(2021)[326]以我国华东某省589名非英语专业一年级学生为研究对象,考察英语在线教学环境下感知教师支持的构成以及对英语学习者交互投入和学习愉悦的影响效应,研究结果发现英语在线感知教师支持由认知支持、情感支持、交互支持和工具支持四个维度构成,感知教师支持正向预测了在线交互投入和学习愉悦,其中交互投入发挥了部分中介作用。

同时聚焦来自教师和同伴的社会支持,如肖庚生等(2011)[327]以260名非英语专业大二学生为研究对象,通过问卷调查和访谈探究感知社会支持、班级归属感和英语自主学习能力的关系。研究结果发现:感知社会支持和班级归属感均与英语自主学习能力呈显著正相关;而且感知来自同学的情感支持和来自教师的学业支持正向预测了英语自主学习能力。再如,郭继东和牛睿欣(2017)[328]以中国某省3所高校英语专业三年级学生为研究对象,通过访谈和问卷调查,探究高校英语课堂学习中的感知师生支持的构成要素及其与英语学业成绩的关系。研究结果显示:感知师生支持由教师支持、学伴支持、学伴影响三个维度构成;而且感知师生支持正向预测英语学习成绩。在此基础上,刘晓红等(2020)[272]以中国59所高校631名英语专业大三和大四年级学生为研究对象,再度探索英语学习感知师生支持的维度构成及其与学习倦怠的关系。研究结果表明:英语学习感知师生支持由教师学业支持、教师情感支持、同伴学业支持和同伴情感支持四个维度构成;而且感知师生支持反向预测了英语学习倦怠。随后运用该四维度感知师生支持构想,刘晓红等(2022)[329]以我国某省3所普通高校的305名非英语专业学生为研究对象,通过问卷调查的方式收集数据,探究感知师生支持对英语学习适应性的影响效应。研究结果显示:感知师生支持和英语自我概念均与英语学习适应性呈正相关;而且感知师生支持通过自我概念的部分中介作用正向预测英语适应性。Xie和Guo(2023)[330]以我国若干高校的299名非英语专业大学生为样本,发现感知师生支持通过正念的部分中介作用正向预测积极学业情绪。

综上所述,通过对社会支持和师生支持相关文献及研究成果的梳理,不难发现，感知师生支持因社会支持的多维结构以及子维度的再度多维构成，在进行感知师生支持的研究设计时，特别需要综合考虑研究背景、研究问题和相关文献及其研究成果，合理地界定感知师生支持的概念和维度构成。鉴于研究目的及研究背景，本研究再次强调感知师生支持被界定为英语线上线下课堂中由教师和同伴提供的学业和情感两种类型的社会支持。通过对在教育领域和外语教育教学领域中广义的社会支持和聚焦的师生支持相关研究的结果变量梳理，可以发现感知师生支持宏观上对生命意义、主观幸福感和亲社会行为的重要影响作用，中观上对积极人格、情绪调节、积极应对能力的有益作用，微观上对学习态度、学习行为、学业成绩、就业能力等的积极影响。鉴于以上文献综述，显然本研究将英语课程感知师生支持锁定为五大变量之一具有其合理性。

文章小结

本章基于相关国内外文献，对本研究聚焦的五个因变量，即心理资本、英语学习倦怠、英语学习投入、英语学业复原力和英语课程感知师生支持的概念内涵、维度构成进行了系统梳理。并且，基于对国内外相关实证研究结果的系统梳理，归纳了影响以上变量的相关因素，概括了以上变量可能导致的后果以及发挥的作用，揭示了现有相关研究的不足，强调了本研究聚焦以上五个因变量的合理性。本章的文献综述为下一章的研究模型构建和假设论证奠定了基础。

本章参考文献

[1] Golasmith, A., Venm, J. & Darity, W. The impact of psychological and human capital on wages[J]. Economic Inquiry, 1997, 35（4）: 815-829.

[2] Seligman, M. Authentic happiness[M]. New York: Free Press, 2002.

[3] Luthans, F., Luthans, K. W. & Luthans, B. C. Positive psychological capital: beyond human and social capital[J]. Business Horizons, 2003, 47（1）: 45-50.

[4] Luthans, F. & Youssef, C. M. Human, social, and now positive psychological capital management: Investing in people for competitive advantage[J]. Organizational Dynamics, 2004, 33 (2): 143-160.

[5] Luthans, F., Youssef, C. M. & Avolio, B. J. Psychological capital: Developing the human competitive edge[M]. Oxford: Oxford University Press, 2007: 3.

[6] Avey, J. B., Luthans, F. & Jensen, S. M. Psychological capital: A positive resource for combating employee stress and turnover[J]. Human resource management, 2009, 48 (5): 677-693.

[7] Brian, K. OECD Insights Human Capital How what you know shapes your life: How what you know shapes your life[M]. Paris: OECD publishing, 2007.

[8] Adler, P. S. & Kwon, S. W. Social capital: Prospects for a new concept[J]. Academy of management review, 2002, 27 (1): 17-40.

[9] Hitt, M. A. & Duane, R. The essence of strategic leadership: Managing human and social capital[J]. Journal of leadership and organizational studies, 2002, 9 (1): 3-14.

[10] Luthans, F., Luthans, K. W. & Luthans, B. C. Positive psychological capital: Beyond human and social capital[J]. Business Horizons, 2004 (47): 45-50.

[11] Luthans, F. & Youssef, C. M. Emerging positive organizational behavior[J]. Journal of management, 2007, 33 (3): 321-349.

[12] Luthans, F. Positive organizational behavior: Developing and managing psychological strengths[J]. Academy of Management Perspectives, 2002a, 16 (1): 57-72.

[13] Larson, M. D. & Luthans, F. Beyond human and social capital: The additive value of psychological capital on employee attitudes[R]. Working Paper, Gallup Leadership Institute, University of Nebraska-Lincoln, 2004.

[14] Letcher, L. & Niehoff, B. Psychological capital and wages: A behavioral economic approach[R]. Paper submitted to be considered for presentation at the Midwest Academy of Management, Minneapolis, MN, 2004.

[15] 肖雯，李林英. 大学生心理资本问卷的初步编制[J]. 中国临床心理学杂志，2010，18（6）：691-694.

[16] 柯江林，孙健敏，李永瑞. 心理资本：本土量表的开发及中西比较[J]. 心理学报，2009，41（9）：875-888.

[17] Luthans, F. Psychological capital: Implications for HRD, retrospective analysis, and future directions[J]. Human resource development quarterly, 2012, 23（1）: 1-8.

[18] 许海元.大学生心理资本积累及其教育管理对策研究[M].北京：人民出版社，2017.

[19] Bandura, A. Self-efficacy mechanism in human agency[J]. American psychologist, 1982, 37（2）: 122-147.

[20] Bandura, A. Self-efficacy: The exercise of control[M]. New York: W. H. Freeman and Company, 1997.

[21] Bandura, A. Social foundations of thought and action[M]. NJ: Englewood Cliffs, 1986.

[22] Stajkovic, A. D. & Luthans, F. Social cognitive theory and self-efficacy: Goin beyond traditional motivational and behavioral approaches[J]. Organizational dynamics, 1998, 26（4）: 62-74.

[23] Luthans, F., Avey, J. B., Avolio, B. J. & Peterson, S. J. The development and resulting performance impact of positive psychological capital[J]. Human resource development quarterly, 2010, 21（1）: 41-67.

[24] Avey, J. B., Wernsing, T. S. & Luthans, F. Can positive employees help positive organizational change? Impact of psychological capital and emotions on relevant attitudes and behaviors[J]. The journal of applied behavioral science, 2008, 44（1）: 48-70.

[25] Bandura, A. Cultivate self-efficacy for personal and organizational effectiveness[A]. In Locke E. A. (eds). Handbook of principles of organization behavior: Indispensable knowledge for evidence based management[C]. John Wiley & Sons, Ltd., 2000a.

[26] Bandura, A. Social cognitive theory of self-regulation[J]. Organizational

第二章 文献综述

behavior and human decision processes, 1991, 50（2）: 248-287.

[27] Bandura, A. Exercise of human agency through collective efficacy[J]. Current directions in psychological science, 2000b, 9（3）: 75-78.

[28] Diseth, A. Self-efficacy, goal orientations and learning strategies as mediators between preceding and subsequent academic achievement[J]. Learning and Individual Differences, 2011, 21（2）: 191-195.

[29] Erickson, R. C., Post, R. D. & Paige, A. B. Hope as a psychiatric variable[J]. Journal of Clinical Psychology, 1975, 31（2）: 324.

[30] Luthans, F., Van Wyk, R. & Walumbwa, F. O. Recognition and development of hope for South African organizational leaders[J]. Leadership & Organization Development Journal, 2004, 25（6）: 512-527.

[31] Menninger, K. The academic lecture: Hope[J]. American Journal of Psychiatry, 1959, 116（6）: 481-491.

[32] Staats, S. Hope: Expected positive affect in an adult sample[J]. The Journal of genetic psychology, 1987, 148（3）: 357-364.

[33] Nunn, K. P. Personal hopefulness: A conceptual review of the relevance of the perceived future to psychiatry[J]. British Journal of Medical Psychology, 1996, 69（3）: 227-245.

[34] Snyder, C. R. Reality negotiation: From excuses to hope and beyond[J]. Journal of Social and Clinical Psychology, 1989, 8（2）: 130-157.

[35] Snyder, C., Irving, L. M. & Anderson, J. R. Hope and health[J]. Handbook of social and clinical psychology: The health perspective, 1991, 162: 285-305.

[36] Afzal, A., Malik, N. I. & Atta, M. The moderating role of positive and negative emotions in relationship between positive psychological capital and subjective well-being among adolescents[J]. International Journal of Research Studies in Psychology, 2014, 7（3）: 29-42.

[37] Snyder, C., Rand, K. L. & Sigmon, D. R. Hope theory: A member of the positive psychology family[A]. in Snyder, C. R. & Lopez, S. J.（eds）. Handbook of positive psychology[C]. Oxford: Oxford University Press, 2002:

257-276.

[38] Snyder, C. R. The psychology of hope: You can get there from here[M]. New York: Free Press, 1994: 2.

[39] Tiger, L.Optimism: The biology of hope[M]. New York: Simon & Schuster, 1979: 18.

[40] Scheier, M. F. & Carver, C. S. Optimism, coping, and health: Assessment and implications of generalized outcome expectancies[J]. Health Psychology, 1985, 4（3）: 219-247.

[41] Leif, W. & Anne, S. R. Measuring optimism-pessimism from beliefs about future[J]. Personality and Individual Difference, 2000,（28）: 717-728.

[42] Seligman, M. E. & Buchanan, G. M. Explanatory style[M]. London: Routledge, 1995.

[43] Carver, C. S. & Scheier, M. F. Optimism, pessimism, and self-regulation[A].in Chang, E.C.（eds）. Optimism and pessimism: Implications for theory, research, and practice[C]. American Psychological Association, 2001: 31-51.

[44] Gillham, J. E., Shatté, A. J., Reivich, K. J. & Seligman, M. E. in Chang, E. C.（eds）. Optimism and pessimism: Implications for theory, research, and practice[C]. American Psychological Association, 2001: 53-75.

[45] Seligman, M., Abramson, L., Semmel, A. & Von Bayer, C. Learned Optimism[M]. New York: Pocket Books, 1998.

[46] Avolio, B. J. & Luthans, F. The high impact leader: Moments matter in authentic leadership development[M].New York: McGraw Hill, 2006.

[47] Rutter, M. Psychosocial resilience and protective mechanisms[J]. American journal of orthopsychiatry, 1987, 57（3）: 316-331.

[48] Stewart, M., Reid, G. & Mangham, C. Fostering children's resilience[J]. Journal of pediatric nursing, 1997, 12（1）: 21-31.

[49] Masten,A. S. & Reed,M.-G. J. Resilience in development[A]. In Snyder,C. R. & Lopez, S. J.（eds）. Handbook of positive psychology[C]. Oxford University Press, 2002: 74-88.

第二章 文献综述

[50] Luthans, F. The need for and meaning of positive organizational behavior[J]. Journal of Organizational Behavior, 2002b, 23（6）: 695-706.

[51] Bonanno, G. A. Clarifying and extending the construct of adult resilience[J]. American Psychologist, 2005, 60（3）: 265-267.

[52] Tedeschi, R. G., Park, C. L. & Calhoun, L. G. Posttraumatic growth: Positive changes in the aftermath of crisis[M]. Lonclon: Routledge, 1998.

[53] Hamel, G. & Valikangas, L. The quest for resilience. Revista Icade. Revista de las Facultades de Derecho y Ciencias Económicas y Empresariales, 2004,（62）: 355-358.

[54] Badran, M. A. & Youssef-Morgan, C. M. Psychological capital and job satisfaction in Egypt[J]. Journal of Managerial Psychology, 2015, 30（3）: 354-370.

[55] Karatepe, O. M. & Karadas, G. Do psychological capital and work engagement foster frontline employees' satisfaction? A study in the hotel industry[J]. International Journal of Contemporary Hospitality Management, 2015, 27（6）: 1254-1278.

[56] Larson, M. & Luthans, F. Potential added value of psychological capital in predicting work attitudes[J]. Journal of leadership & organizational studies, 2006, 13（2）: 75-92.

[57] Nafei, W. The effects of psychological capital on employee attitudes and employee performance: A study on teaching hospitals in Egypt[J]. International Journal of Business and Management, 2015, 10（3）: 249-270.

[58] Paek, S., Schuckert, M., Kim, T. T. & Lee, G. Why is hospitality employees' psychological capital important? The effects of psychological capital on work engagement and employee morale[J]. International Journal of Hospitality Management, 2015,（50）: 9-26.

[59] Simons, J. C. & Buitendach, J. H. Psychological capital, work engagement and organisational commitment amongst call centre employees in South Africa[J]. SA Journal of Industrial Psychology, 2013, 39（2）: 1-12.

[60] Mehrabi, S., Babri, H., Frohar, M., Khabazuan, B. & Salili, S. Investigating the relationship between organizational psychological capital and

meaning in the employees' work (Shahid Beheshti University as a case study) [J]. International Journal of Human Resource Studies, 2013, 3 (2): 42-50.

[61] Karatepe, O. M. & Karadas, G. The effect of psychological capital on conflicts in the work-family interface, turnover and absence intentions[J]. International Journal of Hospitality Management, 2014, (43): 132-143.

[62] Karatepe, O. M. & Avci, T. The effects of psychological capital and work engagement on nurses' lateness attitude and turnover intentions[J]. Journal of Management Development, 2017, 36 (8): 1029-1039.

[63] Beal III, L., Stavros, J. M. & Cole, M. L. Effect of psychological capital and resistance to change on organizational citizenship behavior[J]. SA Journal of Industrial Psychology, 2013, 39 (2): 1-11.

[64] Jung, H. S. & Yoon, H. H. The impact of employees' positive psychological capital on job satisfaction and organizational citizenship behaviors in the hotel[J]. International Journal of Contemporary Hospitality Management, 2015, 27 (6): 1135-1156.

[65] Norman, S. M., Avey, J. B., Nimnicht, J. L. & Graber Pigeon, N. The interactive effects of psychological capital and organizational identity on employee organizational citizenship and deviance behaviors[J]. Journal of Leadership & Organizational Studies, 2010, 17 (4): 380-391.

[66] Pradhan, R. K., Jena, L. K. & Bhattacharya, P. Impact of psychological capital on organizational citizenship behavior: Moderating role of emotional intelligence[J]. Cogent Business & Management, 2016, 3 (1): 1194174.

[67] Cheng, T.-M., Hong, C.-Y. & Yang, B.-C. Examining the moderating effects of service climate on psychological capital, work engagement, and service behavior among flight attendants[J]. Journal of Air Transport Management, 2018, 67: 94-102.

[68] Jafri, H. Psychological capital and innovative behavior: An empirical study on apparel fashion industry[J]. Journal of Contemporary Management Research, 2012, 6 (1): 42-52.

第二章 文献综述

[69] Brunetto, Y., Xerri, M., Farr-Wharton, B., Shacklock, K., Farr-Wharton, R. & Trinchero, E. Nurse safety outcomes: old problem, new solution—the differentiating roles of nurses' psychological capital and managerial support[J]. Journal of advanced Nursing, 2016, 72 (11): 2794-2805.

[70] Clapp-Smith, R., Vogelgesang, G. R. & Avey, J. B. Authentic leadership and positive psychological capital: The mediating role of trust at the group level of analysis[J]. Journal of Leadership & Organizational Studies, 2009, 15 (3): 227-240.

[71] Luthans, F., Avolio, B. J., Walumbwa, F. O. & Li, W. The psychological capital of Chinese workers: Exploring the relationship with performance[J]. Management and organization review, 2005, 1 (2): 249-271.

[72] Nafei, W. The effects of psychological capital on employee attitudes and employee performance: A study on teaching hospitals in Egypt[J]. International Journal of Business and Management, 2015, 10 (3): 249-270.

[73] Rabenu, E., Yaniv, E. & Elizur, D. The relationship between psychological capital, coping with stress, well-being, and performance[J]. Current Psychology, 2017, 36 (4): 875-887.

[74] Sun, T., Zhao, X. W., Yang, L. B. & Fan, L. H. The impact of psychological capital on job embeddedness and job performance among nurses: a structural equation approach[J]. Journal of advanced Nursing, 2012, 68 (1): 69-79.

[75] Avey, J. B., Luthans, F., Smith, R. M. & Palmer, N. F. Impact of positive psychological capital on employee well-being over time[J]. Journal of occupational health psychology, 2010, 15 (1): 17-28.

[76] Laschinger, H. K. S. & Grau, A. L. The influence of personal dispositional factors and organizational resources on workplace violence, burnout, and health outcomes in new graduate nurses: A cross-sectional study[J]. International journal of nursing studies, 2012, 49 (3): 282-291.

[77] Siu, O. L., Bakker, A. B. & Jiang, X. Psychological capital among university students: Relationships with study engagement and intrinsic motivation[J].

Journal of Happiness Studies，2014，（15）：979-994.

[78] Sanche-Cardona I.，Ortega-Maldonado A.，Salanova M. & Martinez I.M. Learning goal orientation and psychological capital among students：A pathway to academic satisfaction and performance [J]. Psychology in the Schools，2021,58（7）：1432-1445.

[79] Virga, D., Pattusamy, M. & Kumar, D. P. How psychological capital is related to academic performance, burnout, and boredom? The mediating role of study engagement[J].Current Psychology，2020：1-13.

[80] Adil Adnan, Ameer Sadaf, Ghayas Saba. Mediating role of flow and study engagement between academic psychological capital and perceived academic stress among university students[J]. Pakistan Journal of Social and Clinical Psychology，2019，19（2）：12-18.

[81] 麻超，汪雪，王瑞等.心理资本对大学生压力知觉的影响：认知重评的中介效应和表达抑制的遮掩效应[J].中国健康心理学杂志,2024,32（1）：131-138.

[82] 武传伟，吴翌琳.大学生积极心理资本与就业压力关系调查分析[J].调研世界，2018，（12）：19-22.

[83] 肖慧欣.人力资本、心理资本和社会资本对返乡创业大学生社会适应的影响研究[J].教育与职业，2020，（19）：108-112.

[84] 王可心.大学生心理资本对创业意愿的影响：创业学习的中介作用[D].黑龙江大学，2023.

[85] 钟云华，余素梅，雷杰.心理资本对大学生创业失败修复的影响——一个有调节的中介效应模型[J].湖南师范大学教育科学学报，2024，23（2）：53-64.

[86] Luthans B. C., Luthans K. W. & Jensen S. M. The impact of business school students' psychological capital on academic performance[J]. Journal of Education for Business，2012，87（5）：253-259.

[87] Martinez I. M.，Youssef-Morgan C. M.，Chambel M. J. & Marques-Pinto e. Antecedents of academic performance of university students：academic engagement and psychological capital resources[J]. Educational Psychology，2019，39（8）：

1047-1067.

[88] 孙潇,王文文,王泽炫.大学生专业认同度与学业成绩的关系：心理资本的中介作用[J].保定学院学报,2020,33(1):111-114.

[89] 杨剑,崔红霞,陈福亮.大学生心理资本、体育锻炼行为与人格发展关系研究[J].天津体育学院学报,2013,28(2):96-100+146.

[90] 赵建华.大学生心理资本、体育锻炼态度与主观幸福感关系研究[D].南京师范大学,2019.

[91] Poots A. & Cassidy T. Academic expectation, self-compassion, psychological capital, social support and student wellbeing[J]. International Journal of Education Research, 2020, 99 (C): 101506.

[92] Khajavy G. H., Makiabadi H. & Navokhi S. A. The role of psychological capital in language learners' willingness to communicate, motivation, and achievement[J]. Eurasian Journal of Applied Linguistics, 2019, 5 (3): 495-513.

[93] Wu Y. & Kang X. Conceptualization, measurement, and prediction of foreign language learning psychological capital among Chinese EFL students[J]. Journal of Mutilingual and Multicultural Development, 2023, 19 (3): 113-124.

[94] Maslach, C., Schaufeli, W. B. & Leiter, M. P. Job burnout[J]. Annual review of psychology, 2001, 52 (1): 397-422.

[95] Freudenberger, H. J. Staff burnout[J]. Journal of social issues, 1974, 30 (1): 159-165.

[96] Schaufeli, W. B. Past performance and future perspectives of burnout research[J]. SA Journal of Industrial Psychology, 2003, 29 (4): 1-15.

[97] Maslach, C. Understanding burnout: Definitional issues in analyzing a complex phenomenon[A]. in Paine, W. S. (eds.) Job stress and burnout [C]. London: Sage Publications, 1982: 29-40.

[98] Golembiewski, R. T., Munzenrider, R. F. & Stevenson, J. Stress in organizations: Toward a phase model of burnout[M]. San Francisco: Praeger Publishers, 1986.

[99] Pines, A. M., Aronson, E. & Kafry, D. Burnout: From tedium to personal growth[M].New York: The Free Press, 1981.

[100] Leiter, M. P. & Maslach, C. Areas of worklife: A structured approach to organizational predictors of job burnout[A].in Perrewe, P. & Ganster, D.D. (eds). Emotional and physiological processes and positive intervention strategies [C]. Oxford: Elservier, 2003.

[101] Schaufeli, W. B., Martinez, I.M., Pinto, A.M., Salanova, M.& Bakker, A.B.Burnout and engagement in university students: A cross-national study[J].Journal of Cross-Cultural Psychology, 2002, 33 (5): 464-481.

[102] 连榕, 杨丽娴, 吴兰花.大学生的专业承诺、学习倦怠的关系与量表编制[J].心理学报, 2005, (5): 632-636.

[103] Li, C., Zhang, L. J. & Jiang, G. Conceptualisation and measurement of foreign language learning burnout among Chinese EFL students[J]. Journal of Multilingual and Multicultural evelopment, 2021: 1-15.

[104] Maslach, C. & Jackson, S. E. The measurement of experienced burnout[J]. Journal of Organizational Behavior, 1981, 2 (2): 99-113.

[105] Bargal, D. Occupational stress in human service organizations[J]. Megamot, 1984, 25 (4): 575-582.

[106] Demerouti, E., Bakker, A. B., Nachreiner, F. & Schaufeli, W. B. The job demands-resources model of burnout [J]. Journal of applied psychology, 2001, 86 (3): 499-512.

[107] Van Horn, J., Taris, T., Schaufeli, W. & Schreurs, P. A multidimensional approach to measuring teacher wellbeing[J]. Journal of occupational and organizational psychology, 2004, 77 (3): 365-375.

[108] Deng, L. & Gibson, P. Mapping and modeling the capacities that underlie effective cross-cultural leadership: An interpretive study with practical outcomes[J]. Cross Cultural Management: An International Journal, 2009, 16 (4): 347-366.

[109] Green, D. E., Walkey, F. H. & Taylor, A. J. The three-factor structure of the Maslach Burnout Inventory: A multicultural, multinational confirmatory study[J]. Journal of Social Behavior and Personality, 1991, 6 (3): 453.

[110] Lee, R. T. & Ashforth, B. E. A meta-analytic examination of the correlates of the three dimensions of job burnout[J]. Journal of applied psychology, 1996, 81 (2):

第二章 文献综述

123-133.

[111] Wills, T. A. Perceptions of clients by professional helpers[J]. Psychological bulletin, 1978, 85（5）: 968-1000.

[112] Parker, P. A. & Kulik, J. A. Burnout, self-and supervisor-rated job performance, and absenteeism among nurses[J]. Journal of behavioral medicine, 1995, 18（6）: 581-599.

[113] Wong, C. A. & Laschinger, H. K. S. The influence of frontline manager job strain on burnout, commitment and turnover intention: A cross-sectional study[J]. International journal of nursing studies, 2015, 52（12）: 1824-1833.

[114] Halbesleben, J. R. & Buckley, M. R. Burnout in organizational life[J]. Journal of management, 2004, 30（6）: 859-879.

[115] Maslach, C., Schaufeli, W. B. & Leiter, M. P. Job burnout. Annual review of psychology, 2001, 52（1）: 397-422.

[116] Leiter, M. Burnout as a developmental process: Consideration of models[A]. in Schaufeli, W., Maslach, C. & Marek, T.（eds）. Professional Burnout: Recent Developments in Theory and Research[C]. Washington: Taylor & Francis, 1993.

[117] Bakker, A. B., Demerouti, E. & Schaufeli, W. B. Validation of the Maslach burnout inventory-general survey: an internet study[J]. Anxiety, Stress & Coping, 2002, 15（3）: 245-260.

[118] Byrne, B. M. Burnout: Testing for the validity, replication, and invariance of causal structure across elementary, intermediate, and secondary teachers[J]. American Educational Research Journal, 1994, 31（3）: 645-673.

[119] Kalliathd, T. J., O'Driscoll, M. P., Gillespie, D. F. & Bluedorn, A. C. A test of the Maslach Burnout Inventory in three samples of healthcare professionals[J]. Work and Stress, 2000, 14（1）: 35-50.

[120] Cordes, C. L. & Dougherty, T. W. A review and an integration of research on job burnout[J]. Academy of management review, 1993, 18（4）: 621-656.

[121] Cordes, C. L., Dougherty, T. W. & Blum, M. Patterns of burnout among managers and professionals: A comparison of models[J]. Journal of Organizational Behavior, 1997, 18（6）: 685-701.

[122] Ashill, N. J., Rod M., Thirkell, P. & Carruthers, J. Job resourcefulness, symptoms of burnout and service recovery performance: an examination of call centre frontline employees[J]. Journal of Services Marketing, 2009, 23 (5): 338-350.

[123] Pines, A. & Kafry, D. Tedium in college[A]. Paper presented at The Western Psychological Association Meeting[C]. Hawaii: ERIC Document Reproduction Service, 1980.

[124] 张志遥.大学生内外控信念、社会支持与学习倦怠的相关研究[D].彰化师范大学,1989.

[125] 钱康杰,尹可丽,张丽蓉.学习倦怠对大学生积极与消极心理状况的预测作用[J].中国心理卫生杂志,2015,29(3):236-240.

[126] 高丙成.大学生学习倦怠的类型及其对学习的影响[J].中国特殊教育,2013,(12):84-89.

[127] 万恒阳,余俊渠,颜农秋,等.新型冠状病毒肺炎疫情下大学生学习倦怠和网络成瘾的关系:生涯适应力的中介效应[J].中国健康心理学杂志,2021,29(5):695-701.

[128]Fiorilli C., Stasio S. D. Chiacchio C. D. Pepe A. & Salmela-Aro K. School burnout, depressive symptoms and engagement: Their combined effect on student achievement[J]. International Journal of Educational Research, 2017,(84): 1-12.

[129]陶伟.外语学习倦怠与英语自主学习行为的关系[J].现代外语,2017,40(2):223-231+292.

[130] Cazan A. Learning motivation, engagement and burnout among university students[J]. Procedia-Social and Behavioral Sciences, 2015 (187): 413-417.

[131] 向祖强,马芳芳,周淼,等.学习动机对学习倦怠的影响:学习投入的中介作用和个人成长主动性的调节作用[J].中国健康心理学杂志,2022,30(9):1394-1400.

[132] 连榕,杨丽娴,吴兰花.大学生专业承诺、学习倦怠的状况及其关系[J].心理科学,2006,(1):47-51.

第二章 文献综述

[133] 巩萱萱.大学生中庸思维与学习倦怠的关系：消极认知情绪调节的中介作用[J].中国健康心理学杂志，2023，31（11）：1735-1739.

[134] 张信勇，卞小华.大学生学习倦怠与健康坚韧性的关系[J].中国临床心理学杂志，2008，(5)：547-548+484.

[135] 王小新，苗晶磊.大学生学业自我效能感、自尊与学习倦怠关系研究[J].东北师大学报（哲学社会科学版），2012，(1)：192-196.

[136] 马忆萌，孟勇，徐金英.大学生时间管理倾向与学习倦怠的关系：自我效能感的中介作用[J].现代预防医学，2014，41（17）：3161-3164.

[137] Wang J., Bu L., Li Y. Song J. & Li N. The mediating effect of academic engagement between psychological capital and academic burnout among nursing students during the COVID-19 pandemic：A cross-sectional study[J]. Nurse Education Today，2021，(102)：104938.

[138] Barratt J.M. & Duran F. Does psychological capital and social support impact engagement and burnout in online distance learning students? [J]. The Internet and Higher Education，2021：51.

[139] Zhang C., Li G., Fan Z., Tang X. & Zhang F. Psychological capital mediates the relationship between problematic smartphone use and learning burnout in Chinese Medical undergraduates and Postgraduates：A cross-sectional study[J]. Frontiers in Psychology，2021（12）：600352.

[140] 王淳，张炳林.MOOC环境下大学生在线学习倦怠影响因素研究[J].河南大学学报（社会科学版），2023，63（3）：120-125+156.

[141] 王雨晴，李明蔚.领悟社会支持对师范生学习倦怠的影响：一个有调节的中介模型[J].中国特殊教育，2021，(11)：90-96.

[142] 李西营，宋娴娴，郭春涛.大学生社会支持、控制点及学习压力与学习倦怠的关系研究[J].中国临床心理学杂志，2009，17（3）：287-289.

[143] Jacobs, S. R. & Dod, D. K. Student Burnout as a Function of Personality, Social Support, and Workload[J]. Journal of College Student Development，2003，44（3）：291-303.

[144] 肖涵，李熙然，张亚宁，等.复愈性环境缓解大学生学习倦怠[J].中国健康心理学杂志，2021，29（11）：1727-1732.

[145] 万力勇, 舒艾.互动失衡对大学生在线学习倦怠的影响研究[J].现代远距离教育, 2022, (2): 34-41.

[146] Felder, R.M. & Henriques, E. Learning and teaching styles in foreign and second language education[J]. Foreign Language Annals, 1995, 28 (1): 21-31.

[147] 杨涛.外语学习倦怠与动机关系研究[M].北京: 科学出版社, 2015.

[148] 高歌.非英语专业学习者的学习倦怠特征分析[J]. 外语学刊, 2012, (6): 13-18.

[149] Liu C., He J., Ding C., Fan X., Hwang G. & Zhang Y. Self-oriented learning perfectionism and English learning burnout among EFL learners using mobile applications: The mediating roles of English learning anxiety and grit [J]. Learning and Individual Differences, 2021.

[150] Tyler R. W. Statistics needed by readers[J].Educational Research Bulletin, 1930, 9 (8): 205-211.

[151] Pace Robert C. Achievement and the quality of student effort[C].A Meeting of the National Commission on Excellence in Education. Washington, DC: 1982.

[152] Astin A. X. Involvement the cornerstone of excellence[J]. The Magazine of Higher Learning, 1985, 17 (4): 35-39.

[153] Skinner, E. A., Wellborn, J. G. & Connell, J. P. What it takes to do well in school and whether I've got it: A process model of perceived control and children's engagement and achievement in school[J]. Journal of Educational Psychology, 1990, 82 (1): 22-32.

[154] Libby, H. P. Measuring students' relationship to school: Attachment, bonding, connectedness, and engagement[J].Journal of School Health, 2004, 74 (7): 274-283.

[155] Fredricks Jennifer A., Blumenfeld Phyllis C., Paris Alison H. School engagement: Potential of the concept, state of the evidence [J]. Review of educational research, 2004, 74 (1): 59-109.

[156] Appleton, J. J., Christenson, S. L., Kim, D. & A. L. Reschly.

Measuring cognitive and psychological engagement: Validation of the Student Engagement Instrument[J].Journal of School Psychology, 2006, 44（5）: 427-445.

[157] Reeve, J. & C. M. Tseng. Agency as a fourth aspect of students' engagement during learning activities[J].Contemporary Educational Psychology, 2011, 36（4）: 257-267.

[158] Newmann, F. M., Wehlage, G. G. & Lamborn, S. D. The significance and sources of student engagement[A]. In F. M.Newmann（eds.）. Student engagement and achievement in American secondary schools[C].NewYork: Teachers College Press, 1992.

[159] Guilloteaux, M. J. & Z. Dornyei. Motivating language learners: A classroom-oriented investigation of the effects of motivational strategies on student motivation[J].TESOL Quarterly, 2008, 42（1）: 55-77.

[160] Dornyei, Z. Motivation in action: Towards a process-oriented conceptualization of student motivation[J]. British Journal of Educational Psychology, 2000, 70（4）: 519-538.

[161] Svalberg, A. M. L. Engagement with language: interrogating a construct[J]. Language awareness, 2009, 18（3-4）: 242-258.

[162] Philp, J. & S. Duchesne. Exploring engagement in tasks in the language classroom[J]. Annual Review of Applied Linguistics, 2016,（36）: 50-72.

[163] 郭继东, 刘琳.外语学习投入的内涵、结果及研究视角[J].江西师范大学学报（哲学社会科学版）, 2016, 49（6）: 181-185.

[164] Audas, R. & Willms, J. D. Engagement and dropping out of school: A life course perspective[A]. Human Resources and Social Development Canada. Retrieved November 2001. from http: //www.hrsdc.gc.ca/en/cs/sp/hrsd/pre/publications/research/2001-000175/SP-483-01-02E.pdf

[165] Natriello, G. Problems in the evaluation of students and student from secondary schools[J]. Journal of Research and Development in Education, 1984,（17）: 14-24.

[166] Marks, H. M. Student engagement in instructional activity: Patterns in

the elementary, middle, and high school years[J]. American Educational Research Journal, 2000, 37 (1): 153-184.

[167] Connell, J. P. Context, self, and action: A motivational analysis of self-system processes across the life-span[A]. In Cicchetti, D. (ed.). The self in transition: Infancy to childhood[C]. Chicago: University of Chicago Press, 1990.

[168] Skinner, E. A. & Belmont, M. J. Motivation in the classroom: Reciprocal effects of teacher behavior and student engagement across the school year[J]. Journal of Educational Psychology, 1993, 85 (4): 571-681.

[169] Mosher, R. & McGowan, B. Assessing student engagement in secondary schools: Alternative conceptions, strategies of assessing, and instruments. University of Wisconsin, Research and Development Center, 1985, (ERIC Document Reproduction Service No. ED 272812).

[170] Martin, A J. Motivation and engagement across the academic life span: A developmental construct validity study of elementary school, high school, and university/college students[J]. Educational and Psychological Measurement, 2009, 69 (5): 794-824.

[171] Connell, J. P. & Wellborn, J. G.Competence, autonomy, and relatedness: A motivational analysis of self-system processes[A]. In Gunnar, M. R. & Sroufe, L. A. (eds.). Self processes and development [C]. Hillsdale, NJ: Lawrence Erlbaum, 1991: 43-77.

[172] Furlong, M. J., Whipple, A. D., St. Jean, G., Simental, J., Soliz, A. & Punthuna, S. Multiple contexts of school engagement: Moving toward a unifying framework for educational research and practice[J]. The California School Psychologist, 2003, (8): 99-114.

[173] Jimerson, S. R., Campos, E. & Greif, J. L. Toward an understanding of definitions andmeasures of school engagement and related terms[J]. The California School Psychologist, 2003, (8): 7-27.

[174] Christenson, S. L. & Anderson, A. R. Commentary: The centrality of the learning context for students' academic enabler skills[J]. School Psychology Review, 2002, (31): 378-393.

第二章 文献综述

[175] Zhoc, K. C. H., Webster, B. J., King, R. B., Li, J. C. H. & Chung, T. S. H. Higher Education Student Engagement Scale (HESES): Development and psychometric evidence[J]. Research in Higher education, 2019, 60 (2): 219-244.

[176] Lin, S. H., & Huang, Y. C. Assessing college student engagement: Development and validation of the Student Course Engagement Scale[J]. Journal of Psychoeducational Assessment, 2018, 36 (7): 694-708.

[177] Pintrich, P. R. & De Groot E V. Motivational and self-regulated learning components of classroom academic performance[J]. Journal of Educational Psychology, 1990, 82 (1): 33-40.

[178] Kuh, G. D. What we're learning about student engagement from NSSE: Benchmarks for effective educational practices[J]. Change: The Magazine of Higher Learning, 2003, 35 (2): 24-32.

[179] Klem, A. M. & Connell, J. P. Relationship matter: Linking teacher support to student engagement and achievement[J]. Journal of School Health, 2004, 74 (7): 262-273.

[180] Koljatic, M. & Kuh, G. D. A longitudinal assessment of college student engagement in good practices in undergraduate education[J]. Higher Education, 2001, (42): 351-371.

[181] Archambault, I., Janosz, M., Fallu, J. S. & Pagani, L. S. Student engagement and its relationship with early high school dropout [J]. Journal of Adolescence, 2009, 32 (3): 651-670.

[182] Li, S. Study on the Influence of College Students' Learning Engagement on Learning Effectiveness in Blended Learning[J]. International Journal of New Developments in Education, 2023, 5 (19): 519.

[183] Huang, L., Li, X., Meng, Y., Lei, M., Niu, Y., Wang, S. & Li, R. The mediating effects of self-directed learning ability and critical thinking ability on the relationship between learning engagement and problem-solving ability among nursing students in Southern China: a cross-sectional study[J]. BMC Nursing, 2023, 22 (1): 212-212.

[184] Carini, R. M., Kuh G. D. & Klein, S. P. Student engagement and student learning: Testing the linkage[J]. Research in Higher Education, 2006, (47): 1-32.

[185] Wang, M. T. Adolescents' perception of school environment, engagement, and academic achievement in middle school[J]. American Educational Research Journal, 2010, 47(3): 633-662.

[186] 巢传宣, 周志鹏.大学生学习投入水平与心理健康自杀意念的关系[J].中国学校卫生, 2019, 40(1): 138-140.

[187] 刘晓红, 郭继东.翻转课堂模式下英语学习投入与成绩的关系[J].杭州电子科技大学学报(社会科学版), 2018, 14(5): 59-64.

[188] 张茜, 王建华.IEO框架下学习投入对口译能力的影响机制研究[J].外语界, 2022, (4): 88-96.

[189] 任庆梅.英语课堂学习投入对学习收获满意度的预测效应[J].现代外语, 2023, 46(4): 540-551.

[190] Timms, C., Fishman, T., Godineau, A., Granger, J. & Sibanda, T. Psychological engagement of university students: Learning community and family relationships[J]. Journal of Applied Research in Higher Education, 2018, 10(3): 243-255.

[191] 鲍旭辉, 黄杰, 李娜, 等.主动性人格对学习投入的影响: 领悟社会支持和积极情绪的链式中介作用[J].心理与行为研究, 2022, 20(4): 508-514.

[192] 卢忠耀, 陈建文.大学生批判性思维倾向与学习投入: 成就目标定向、学业自我效能的中介作用[J].高等教育研究, 2017, 38(7): 69-77.

[193] You, J. W. The relationship among college students' psychological capital, learning empowerment, and engagement[J]. Learning and Individual Differences, 2016, (49): 17-24.

[194] Thomas, C. & Allen, K. Driving engagement: investigating the influence of emotional intelligence and academic buoyancy on student engagement[J]. Journal of Further and Higher Education, 2020, 45(1): 107-119.

[195] 周卓钊, 毛晋平.大学生社会流动信念与学习投入的关系: 成就

目标定向和心理资本的作用[J].中国临床心理学杂志,2021,29(1):156-160.

[196] Flowerday, T., Schraw, G. & Stevens, J. The role of choice and interest in reader engagement[J]. The Journal of Experimental Education, 2004, 72(2): 93-114.

[197] Heo, H., Bonk, C. J. & Doo, M. Y. Influences of depression, self-efficacy, and resource management on learning engagement in blended learning during COVID-19[J]. The Internet and Higher Education, 2022, (54): 100856.

[198] Goudih, Z., Siraje, S. S. & Benraghda, A. Student engagement and adjustment to college among undergraduate students[J]. Library Philosophy and Practice(e-journal), 2018, (11).

[199] 彭文波,吕琳,徐陶.大学生专业满意度与学习投入的关系:自我调节学习能力的中介作用[J].西南师范大学学报(自然科学版),2017,42(10):146-152.

[200] 蔡文伯,王玲.大学生学习投入与专业承诺、学习策略的相关研究[J].广西师范大学学报(哲学社会科学版),2017,53(1):103-109.

[201] 林杰,刘衍玲,彭文波.大学生学业情绪与学习投入的关系:学业自我效能感的中介作用[J].中国特殊教育,2020,(4):89-96.

[202] 阳泽,张竞文,谭颖,等.手机依赖对大学生学习投入的影响:社会支持和延迟满足的链式中介作用[J].西南大学学报(自然科学版),2022,44(2):178-184.

[203] 李振宇,宋新伟.强迫性微信使用对大学生学习投入的影响:4年的追踪研究[J].中国健康心理学杂志,2023,31(8):1217-1223.

[204] 王伟宜,刘秀娟.家庭文化资本对大学生学习投入影响的实证研究[J].高等教育研究,2016,37(4):71-79.

[205] 李兰,王胜桥,林萌.父母学习期望对应用型本科院校学生学习投入的影响——基于华东地区两所应用型本科院校566名学生的调查[J].职业技术教育,2023,44(26):65-70.

[206] Furrer, C. & Skinner, E. Sense of relatedness as a factor in children's academic engagement and performance[J]. Journal of Educational Psychology,

2003, 95（1）: 148-162.

[207] Bock, A. K. & Erickson, K. A. The influence of teacher epistemology and practice on student engagement in literary learning[J]. Research and Practice for Persons with Severe Disabilities, 2015, 40（2）: 138-153.

[208] Hanaysha, J. R., Shriedeh, F. B. & Inairat, M. Impact of classroom environment, teacher competency, information and communication technology resources, and university facilities on student engagement and academic performance[J]. International Journal of Information Management Data Insights, 2023, 3（2）: 100188.

[209] Jang, H., Reeve, J. & Deci, E. L. Engaging students in learning activities: it is not autonomy support or structure but autonomy support and structure[J]. Journal of Educational Psychology, 2010, 102（3）: 588-600.

[210] Reyes, M. R., Brackett, M. A., Rivers, S. E., White M. & Salovey P. Classroom emotional climate, student engagement, and academic achievement[J]. Journal of Educational Psychology, 2012, 104（3）: 700-712.

[211] 何春梅.过程性评价、成就目标定向与学习投入：机制与路径[J].高教探索, 2020,（11）: 36-46.

[212] 王晓春, 王刚.基于ISM的大学生学习投入影响因素及作用机制[J].高等工程教育研究, 2023,（6）: 118-124.

[213] 吴业春, 杨鑫.新工科类大学生学习投入影响因素研究——基于扎根理论的分析[J].中国高校科技, 2023,（11）: 58-64.

[214] 槐福乐.应用型本科院校工科大学生学习投入现状、差异及其影响因素——基于13976份样本数据的分析[J].高教探索, 2024,（2）: 56-63.

[215] 吕中舌, 杨元辰.大学生英语动机自我系统及其与学习投入程度的相关性——针对清华大学非英语专业大一学生的实证研究[J].清华大学教育研究, 2013, 34（3）: 118-124.

[216] 苏琪.大学生英语学习投入的结构方程模型研究[J].外语教学理论与实践, 2019,（1）: 83-88+47.

[217] 何享, 周丹丹.外在动机对英语在线学习投入的预测作用[J].外语与外语教学, 2022,（5）: 95-106+148.

[218] 任庆梅.混合式教学环境下动机调控对大学英语课堂学习投入的影响研究[J].外语电化教学，2021，（1）：44-50+60+7.

[219] 董行，张文忠.EFL学习者自我效能感、课堂焦虑及主体投入关系研究——基于路径模型[J].中国外语，2023，20（2）：60-69.

[220] 彭皋丽.中国情境英语学习投入机制模型构建——基于大学生英语学习经历的质性研究[J].外语界，2023，（4）：56-63.

[221] 王幼琨.二语坚毅与学业浮力对学习投入的影响[J].现代外语，2024，47（3）：370-382.

[222] Luan, L., Hong, J., Cao, M., Dong, Y. & Hou, X. Exploring the role of online EFL learners' perceived social support in their learning engagement: A structural equation model[J]. Interactive learning environments, 2023, 31（3）: 1703-1714.

[223] 范玉梅，徐锦芬.同伴熟悉度对同伴互动中学习者投入的影响研究[J].外语与外语教学，2021，（2）：82-91+149-150.

[224] Qiu, X. & Lo, Y. Y. Content familiarity, task repetition and Chinese EFL learners' engagement in second language use[J]. Language Teaching Research, 2016, 21（6）: 681-698.

[225] Yang, X., Zhou, X. & Hu, J. Students' preferences for seating arrangements and their engagement in cooperative learning activities in college English blended learning classrooms in higher education[J]. Higher education research & development, 2022, 41（4）: 1356-1371.

[226] Fisher, R., Perenyi, A. & Birdthistle, N. The positive relationship between flipped and blended learning and student engagement, performance and satisfaction[J]. Active Learning in Higher Education, 2018, 22（2）: 146978741880170

[227] 蔡晨.移动环境下给养感知与英语学习投入的关系研究[J].外语界，2021，（6）：63-71.

[228] 惠良虹，王勃然.大学生数字原住民特征对在线英语学习投入的影响研究[J].外语界，2022，（1）：83-91.

[229] 郑春萍，卢志鸿，刘涵泳，等.虚拟现实环境中大学生英语学习观

与学习投入研究[J].外语电化教学，2021，（2）：85-92+101+13.

[230] Martin, A. J. & H. W. Marsh. Academic buoyancy: Towards an understanding of students everyday academic resilience[J]. Journal of School Psychology, 2008, 46（1）：53-83.

[231] Martin, A. J. & Marsh, H. W. Academic resilience and academic buoyancy: Multidimensional and hierarchical conceptual framing of causes, correlates and cognate constructs[J]. Oxford Review of Education, 2009, 5（3）：353-370.

[232] 陈维，刘国艳.农村留守中职生学业自我概念与应对方式的关系：学业韧性的中介作用[J].中国特殊教育，2016，（5）：23-28.

[233] Yun, S., Hiver, P. & Al-Hoorie, A. H. Academic buoyancy: exploring learners' everyday resilience in the language classroom[J]. Studies in Second Language Acquisition, 2018, 40（4）：805-830.

[234] Jahedizadeh, S., Ghonsooly, B. & Ghanizadeh, A. Academic buoyancy in higher education: Developing sustainability in language learning through encouraging buoyant EFL students[J]. Journal of Applied Research in Higher Education, 2019, 11（2）：162-177.

[235] Thomas, C. L. & Allen, K. Driving engagement: investigating the influence of emotional intelligence and academic buoyancy on student engagement[J]. Journal of Further and Higher Education, 2021, 45（1）：107-119.

[236] Azadianbojnordi, M., Bakhtiarpour, S., Makvandi, B. & Ehteshamizadeh, P. Can academic hope increase academic engagement in Iranian students who are university applicants? Investigating academic buoyancy as a mediator[J]. Journal of Psychologists and Counsellors in Schools, 2022, 32（2）：1-9.

[237] Colmar, S., Liem, G. A. D., Connor, J. & Martin, A. J. Exploring the relationships between academic buoyancy, academic self-concept, and academic performance: a study of mathematics and reading among primary school students[J]. Educational Psychology, 2019, 39（8）：1068-1089.

[238] Lei, W., Wang, X., Dai, D. Y., Gu, X., Xiang, S. & Hu, W. Academic self-efficacy and academic performance among high school students:

A moderated mediation model of academic buoyancy and social support [J]. Psychology in the Schools, 2022, 59（5）: 885-899.

[239] Martin, A. J., Colmar, S. H., Davey, L. A. & Marsh, H. W. Longitudinal modelling of academic buoyancy and motivation: Do the "5Cs" hold up over time?[J]. British Journal of Educational Psychology, 2010,（80）: 473-496.

[240] Collie, R. J., Ginns, P., Martin, A. J. & Papworth, B. Academic buoyancy mediates academic anxiety's effects on learning strategies: an investigation of English-and Chinese-speaking Australian students[J]. Educational Psychology, 2017, 37（8）: 947-964.

[241] 贾绪计, 李雅倩, 蔡林, 等.自我妨碍与学习投入的关系: 学业浮力的中介作用和父母支持的调节作用[J].心理与行为研究, 2020, 18（2）: 227-233.

[242] Rohinsa, M., Cahyadi, S., Djunaidi, A. & Iskandar, T. Z. The role of teacher support in predicting engagement through academic buoyancy[J]. International Journal of Innovation, Creativity and Change, 2019, 10（5）: 200-213.

[243] Heydarnejad, T., Ibrahim, K. A. A. A., Abdelrasheed, N. S. G. & Rezvani, E. The effect of academic emotion regulation on EFL learners' core of self-assessment and academic buoyancy: a structural equation modeling[J]. Language Testing in Asia, 2022, 12: 57.

[244] 刘宏刚.学习者学业浮力: 二语习得个体差异研究的新议题[J].山东外语教学, 2022, 43（1）: 47-55.

[245] Hoferichter, F., Hirvonen, R. & Kiuru, N. The development of school wellbeing in secondary school: High academic buoyancy and supportive class- and school climate as buffers[J]. Learning and Instruction, 2021, 71: 101377.

[246] Collie, R. J., Martin, A.J., Bottrell, D., Amstrong, D., Ungar, M. & Liebenberg, L. Social support, academic adversity and academic buoyancy: a person-certred analysis and implications for academic outcomes[J].Educational Psychology, 2017, 37（5）: 550-564.

[247] Datu, J. A. & Yang, W. Academic buoyancy, academic motivation, and academic achievement among filipino high school students[J]. Current Psychology, 2021, (40): 3958-3965.

[248] Bostwick, K. C. P., Martin, A. J., Collie, R. J., Burns, E. C., Hare, N., Cox, S., Flesken, A. & McCarthy, I. Academic buoyancy in high school: A cross-lagged multilevel modeling approach exploring reciprocal effects with perceived school support, motivation, and engagement[J]. Journal of Educational Psychology, 2022, 114 (8): 1931-1949.

[249] Martin, A. J., Yu, K., Ginns, P. & Papworth, B. Young people's academic buoyancy and adaptability: Cross-cultural comparison of China with North America and the United Kingdom[J]. Educational Psychology, 2017, 37 (8): 930-946.

[250] Hirvonen, R., Yli-Kivisto, L., Putwain, D. W., Ahonen, T. & Kiuru N. School-related stress among sixth-grade students associations with academic buoyancy and temperament[J]. Learning and Individual Differences, 2019, (70): 100-108.

[251] 连瑞瑞, 刘亚威, 陈松林.师徒关系对大学生学习倦怠的影响机制：学业浮力和心流体验的作用[J].重庆三峡学院学报, 2024, 40 (1): 118-128.

[252] Collie, R. J., Martin, A. J., Malmerg, L. E., Haoo, J. & Ginns, P. Academic buoyancy, student achievement, and the linking role of control: A cross-lagged analysis of high school students[J]. British Journal of Educational Psychology, 2015, 85 (1): 113-130.

[253] Khalaf, M. A. & Abulela, M. A. A. The academic buoyancy scale: Measurement invariance across culture and gender in Egyptian and Omani undergraduates[J]. European Journal of Educational Research, 2021, 10 (4): 2121-2131.

[254] Martin, A. J., Ginns, P., Brackett, M. A., Malmberg, L. E. & Hall, J. Academic buoyancy and psychological risk: Exploring reciprocal relationships[J]. Learning and Individual differences, 2013, (27): 128-133.

第二章 文献综述

[255] Yang, S., Noughabi, M. A. & Jahedizadeh, S. Modelling the contribution of English language learners' academic buoyancy and self-efficacy to L2 grit: evidence from Iran and China[J]. Journal of Multilingual and Multicultural Development, 2022.

[256] 王青.学业浮力概念探究[J].产业与科技论坛, 2016, 15（4）: 107-108.

[257] 赵凤青, 俞国良.日常性学业弹性: 日常学业压力下的积极适应机制[J].心理科学进展, 2018, 26（6）: 1054-1062.

[258] Cohen, S. Social relationships and health[J]. American psychologist, 2004, 59（8）: 676-684.

[259] Vangelisti, A. L. Challenges in conceptualizing social support[J]. Journal of Social and Personal Relationships, 2009, 26（1）: 39-51.

[260] Albrecht, T. L. & Adelman, M. B. Communicating social support[M]. London: Sage Publications, 1987.

[261] Lin, N. Conceptualizing social support[A].in Lin, N., Dean, A. & Ensel, W.M.（eds）. Social support, life events, and depression [C].Amsterdam: Elsevier, 1986: 17-30.

[262] Hobfoll, S. E. The ecology of stress[M]. New York: Taylor & Francis, 1988.

[263] Nardon, L., Aten, K. & Gulanowski, D. Expatriate adjustment in the digital age: The co-creation of online social support resources through blogging[J]. International Journal of Intercultural Relations, 2015,（47）: 41-55.

[264] Tardy, C. H. Social support measurement[J]. American Journal of Community Psychology, 1985, 13（2）: 187-202.

[265] Brandt, P. A. & Weinert, C. The PRQ: A social support measure[J]. Nursing research, 1981, 30（5）: 277-280.

[266] Schaefer, C., Coyne, J. C. & Lazarus, R. S. The health-related functions of social support[J]. Journal of behavioral medicine, 1981, 4（4）: 381-406.

[267] Rueger, S. Y., Malecki, C. K., Pyun, Y., Aycock, C. & Coyle,

S. A meta-analytic review of the association between perceived social support and depression in childhood and adolescence[J]. Psychological bulletin, 2016, 142 (10): 1017-1067.

[268] van der Laken, P., van Engen, M., van Veldhoven, M. & Paauwe, J. Expatriate support and success: A systematic review of organization-based sources of social support[J]. Journal of Global Mobility: The Home of Expatriate Management Research, 2016, 4 (4): 408-431.

[269] Carmack, H. J. & Holm, T. T. A little help from my friends: A relational health communication competence approach to social support for forensic educators[J]. National Forensic Journal, 2015, 33 (1).

[270] Glazer, S. Social support across cultures[J]. International Journal of Intercultural Relations, 2006, 30 (5): 605-622.

[271] Johnson, D.W. & Johnson, R.T. Social interdependence and perceived academic and personal support in the classroom[J]. The Journal of Social Psychology, 1983, 120 (1): 77-82.

[272] 刘晓红, 牛睿欣, 郭继东.英语学习师生支持及其与学习倦怠的关系[J].江西师范大学学报（哲学社会科学版）, 2020, 53 (5): 138-144.

[273] 袭开国.道德自我、社会支持对大学生非安全性行为的影响[J].中国性科学, 2024, 33 (3): 157-160.

[274] 何安明, 翟培培, 惠秋平.大学生手机冷落行为对社会心态的影响及其作用机制[J].中国临床心理学杂志, 2024, 32 (1): 177-181.

[275] 陈思宇, 李晓凤, 杜梦玲, 等.分裂型特质对领悟社会支持的影响：述情障碍与共情的链式中介作用[J].心理月刊, 2024, 19 (8): 93-96.

[276] 余青云, 王文超, 伍新春.感恩与大学生创伤后成长的关系：社会支持和希望的中介作用[J].心理发展与教育, 2022, 38 (5): 703-710.

[277] 叶青青, 刘洁, 王新柳.大学生的感戴与归因方式、领悟社会支持[J].中国心理卫生杂志, 2012, 26 (4): 315-318.

[278] 贺春荣, 田月明.领悟社会支持在大学生童年创伤与网络成瘾间的中介作用[J].校园心理, 2024, 22 (2): 98-103.

[279] 王建坤, 陈剑, 郝秀娟, 等.大学生学习倦怠对生活满意度的影

响——领悟社会支持与心理资本的中介作用[J].中国心理卫生杂志,2018,32（6）：526-530.

[280] af Ursin, P., Jarvinen, T. & Pihlaja, P. The role of academic buoyancy and social support in mediating associations between academic stress and school engagement in Finnish primary school children[J]. Scandinavian Journal of Educational Research, 2021, 65（4）：661-675.

[281] Tak, Y. R. & McCubbin, M. Family stress, perceived social support and coping following the diagnosis of a child's congenital heart disease[J]. Journal of Advanced Nursing, 2002, 39（2）：190-198.

[282] Lidy, K. M. & Kahn, J.H. Personality as a predictor of first-semester adjustment to college: The mediating role of perceived social support[J]. Journal of College Counseling, 2011, 9（2）：123-134.

[283] Rueger, S. Y., Malecki, C. K. & Demaray, M. K. Gender differences in the relationships between perceived social support and student adjustment during early adolescence[J]. School Psychology Quarterly, 2008, 23（4）：496-514.

[284] Korlat, S.K., Kollmayer, M., Holzer, J., Luftenegger, M., Pelikan, E.R., Schober B. & Spiel C. Gender differences in digital learning during COVID-19: Competence beliefs, intrinsic value, learning engagement, and perceived teacher support[J]. Frontiers in Psychology, 2021, 12.

[285] 何宇涵.社会支持与大学生主观幸福感的关系：心理弹性的中介作用[J].西北成人教育学院学报,2024,（2）：76-81.

[286] 贾旖璠,白学军,张志杰,等.社会支持对大学生生活满意度的影响：安全感与积极心理资本的链式中介效应[J].中国健康心理学杂志,2021,29（11）：1703-1707.

[287] 谢家华,范亚慧,惠沼沼,等.后疫情时代大学生社会支持与志愿动机的关系研究[J].西安交通大学学报（医学版）,2023,44（4）：621-625.

[288] 刘永存,吴贤华,张和平,等.社会支持对大学生利他行为的影响：自我效能感的中介作用[J].中国特殊教育,2021,（3）：78-83.

[289] 廖伟康,李理.体育锻炼对大学生心理灵活性的影响：领悟社会支持与自尊的链式中介作用[J].福建体育科技,2024,43（2）：96-102.

[290] 张信勇.社会支持对大学生学习投入的影响研究——基于专业承诺的中介作用[J].教育发展研究，2015，35（9）：59-64.

[291] 周焱根，桑青松，葛明贵.大学生社会支持与专业承诺的关系：职业决策效能感的中介作用[J].中国特殊教育，2012，（2）：76-80.

[292] 廖春霞，张志霞，谭雨婷，等.护理专业大学生社会支持在应对方式与负性情绪症状间的中介作用[J].职业与健康，2024，40（7）：955-959.

[293] 张骥，张杨，王莉雯，等.医学生社会支持在内卷化压力与抑郁之间的中介效应研究[J].心理月刊，2024，19（10）：90-93.

[294] 费立教，钱璟烨，林琼芳.领悟社会支持对大学生生命意义感的影响：一个链式中介效应[J].心理月刊，2024，19（10）：74-78.

[295] 洪明.安静自我与主观幸福感的关系：领悟社会支持的中介作用[J].贵州师范学院学报，2024，40（6）：43-50.

[296] 杨晓峰，许思安，郑雪.大学生社会支持、核心自我评价与主观幸福感的关系研究[J].中国特殊教育，2009，（12）：83-89.

[297] 张玲玲，徐晶，朱安宏，等.领悟社会支持对大学生应对方式的影响：生命意义感和心理韧性的链式中介作用[J].中国健康心理学杂志，2021，29（5）：758-761.

[298] 陈红艳.有留守经历大学生心理困扰与积极自我概念：领悟社会支持和希望感的链式中介作用[J].校园心理，2024，22（1）：9-14.

[299] 余青云，王文超，伍新春.感恩与大学生创伤后成长的关系：社会支持和希望的中介作用[J].心理发展与教育，2022，38（5）：703-710.

[300] 刘文科，江润杰，胡琳丽.大学生领悟社会支持和亲社会行为的关系——感恩的中介作用与公正世界信念的调节作用[J].山东高等教育，2024，（2）：38-44+90.

[301] 顾曼丽，徐济达，姜茂敏，等.领悟社会支持与大学生情绪调节的关系[J].中国学校卫生，2024，45（1）：82-86.

[302] 冯维，贺文均.社会支持与特殊教育专业大学生专业承诺、学习责任心的关系研究[J].中国特殊教育，2014，（4）：21-26.

[303] 郑琰，王秦飞，宫火良.社会支持与大学生学习适应的关系[J].保定学院学报，2019，32（4）：103-109.

第二章 文献综述

[304] Chen, J. J. L. Relation of Academic support from parents, teachers, and peers to Hong Kong Adolescents' academic achievement: The mediating role of academic engagement[J]. Genetic, Social and General Psychology Monographs, 2005, 131（2）: 77-127.

[305] 梁冰, 王娟, 穆妍.大学生的领悟社会支持与社会规范违反感知的关系[J].校园心理, 2024, 22（1）: 15-21.

[306] 贺春荣, 田月明.领悟社会支持在大学生童年创伤与网络成瘾间的中介作用[J].校园心理, 2024, 22（2）: 98-103.

[307] 庞智辉, 游志麒, 周宗奎, 等.大学生社会支持与学习倦怠的关系: 应对方式的中介作用[J].中国临床心理学杂志, 2010, 18（5）: 654-656+663.

[308] 陈梦一, 祝大鹏.同伴支持和教师支持对青少年体育道德和一般道德的影响[J].洛阳师范学院学报, 2023, 42（5）: 38-43.

[309] Keifer, S. M., Alley, K. M. & Ellerbrock, C. R. Teacher and peer support for young adolescents' motivation, engagement, and school belonging[J]. Research in Middle Level Education, 2015, 38（8）: 1-18.

[310] Liu, X., Gong, S., Zhang, H., Yu, Q. & Zhou, Z. Perceived teacher support and creative self-efficacy: The mediating role s of autonomous motivation and achievement emotions in Chinese junior high school students[J]. Thinking Skills and Creativity, 2021, 39.

[311] Granziera, H., Liem, G. A. D., Chong, W. H., Martin, A. J., Collie, R. J., Bishop, M. & Tynan, L. The role of teachers' instrumental and emotional support in students' academic buoyancy, engagement, and academic skills: A study of high school and elementary school students in different national contexts[J]. Learning and Instruction, 2022, 80: 101619.

[312] Affuso, G., Zannone, A., Esposito, Pannone, M., Miranda, M. C., Angelis, G. D., Aquilar, A., Dragone, M. & Bacchini, D. The effects of teacher support, parental monitoring, motivation and self-efficacy on academic performance over time. European Journal of Psychology of Education, 2023,（38）: 1-23.

[313] Tennant, J. E., Demaray, M. K., Malecki, C. K., Terry, M. N., Clary, M. & Elzinga, N. Students' ratings of teacher support and academic and social-emotional well-being[J]. School Psychology Quarterly, 2015, 30（4）: 494-512.

[314] Romano, L., Tang, X., Hietajarvi, L., Salmela-Aro, K. & Fiorilli, C. Students' trait emotional intelligence and perceived teacher emotional support in preventing burnout: The moderating role of academic anxiety[J]. International Journal of Environmental Research and Public Health, 2020, 17（13）: 4771.

[315] Shin, H. & Ryan, A. M. Frend influence on early adolescent disruptive behavior in the classroom: Teacher emotional support matters[J]. Development Psychology, 2017, 53（1）: 114-125.

[316] 胡保玲.家庭、同伴支持对大学生社会责任感的影响[J].宁波大学学报（教育科学版），2017，39（4）：17-22.

[317] 潘雨晴，吕墨涵，史宇晖，等.北京市某大学学生中同伴支持对体育锻炼行为的影响[J].中国健康教育，2021，37（9）：825-828.

[318] 王晓丹.同伴支持与大学生情绪适应的关系：情绪调节自我效能感的中介作用[J].平顶山学院学报，2020，35（6）：99-104.

[319] 刘林林，叶宝娟，方小婷，等.心理资本与大学生就业能力的关系：同伴支持的中介作用与调节作用[J].中国临床心理学杂志，2017，25（3）：536-538+535.

[320] 程翠萍，张雪扬，邹小英.4~6年级儿童同伴支持与学业情绪的关系：学习效能感的作用[J].重庆第二师范学院学报，2023，36（4）：97-103.

[321] 卢晨，朱宇，湛宇灿，等.我国中医药高校学生抑郁状态与同伴支持的关联研究[J].中国健康教育，2021，37（2）：153-156.

[322] 宋红波，王悦.大学英语学习者社会支持感、外语情绪与学习投入的关系探究[J].外国语文，2024，40（3）：164-176.

[323] Karimi, M. N. & Fallah, N. Academic burnout, shame, intrinsic motivation and teacher affective support among Iranian EFL learners: A structural equation modeling approach[J]. Current Psychology, 2021,（40）: 2026-2037.

[324] Gholamrezaee, S. & Ghanizadeh, A. EFL teachers' verbal and

nonverbal immediacy: A study of impact on students' emotional states, cognitive learning, and burnout[J]. Psychological Studies, 2018, (63): 398-409.

[325] 刘晓红, 郭继东, 汪梅芳.英语学习者教师支持感与课堂社交投入的关系——互动价值感和焦虑自我调节的中介作用[J]. 现代外语, 2024, 47（4）: 516-527.

[326] 刘晓红, 郭继东.外语在线教学教师支持与学生交互投入和学习愉悦的关系[J].解放军外国语学院学报, 2021, 44（5）: 34-42+160.

[327] 肖庚生, 徐锦芬, 张再红.大学生社会支持感、班级归属感与英语自主学习能力的关系研究[J].外语界, 2011, (4): 2-11.

[328] 郭继东, 牛睿欣.英语学习中的师生支持及其与学习成绩的关系研究[J].外语与翻译, 2017, 24（1）: 67-71+98.

[329] 刘晓红, 何小香, 郭继东.英语学习者师生支持感对学习适应性的影响: 自我概念的中介作用[J].外语研究, 2022, 39（5）: 71-76.

[330] Xie, X. & Guo, J. Influence of teacher-and-peer support on positive academic emotions in EFL learning: The mediating role of mindfulness[J]. The Asia-Pacific Education Researcher, 2023, (32): 439-447.

第三章 理论基础与研究假设

第一节 理论基础

本研究旨在探究应用性本科院校英语学习者的心理资本对英语学业幸福的作用机制和潜在路径。为了服务好研究目的，本研究选择幸福感理论、资源保存理论和工作要求—资源理论作为构建假设模型和假设论证的基础。

一、幸福感理论

幸福是一个亘古久远的哲学话题，得益于现代心理学的发展，有关"幸福"的话题才进入了科学实证的视野，幸福感理论随之逐步得以发展。

（一）幸福的概念界定

人们对"幸福"的关注由来已久，基于不同的哲学视角，现代心理学不同流派约定俗成地用操作性概念"幸福感"来区分抽象性概念"幸福"。从"幸福即快乐"的享乐论哲学视角出发，Diener（1984）[1]将幸福界定为主观幸福感（subjective well-being），认为幸福是个体对其生活总体质量予以综合评估的一项心理指征，是个体依照自身内在有关幸福的标准对其整体生活品质的主观评价。从"至善即幸福"的实现论哲学视角出发，Waterman（1993）[2]将幸福界定为心理幸福感（psychological well-being），认为幸福涉及个体与真实自我的和谐一致；Ryff和Singer（1998）[3]认为幸福是努力呈现出完美的真实的潜力；Ryan和Deci（2001）[4]认为幸福不仅包括自我实现，还包括自我实现的意义以及如何实现的途径。同样遵从实现论的哲学视角，

Keyes（1998）[5]将焦点由个体转至社会，将幸福界定为社会幸福感（social well-being），认为幸福是个体从社会角度出发，依照个体的内在标准评估自身与他人、集体、社会之间的关系质量和社会功能。整合并超越享乐论和实现论的哲学视角，"积极心理学之父"Seligman（2011）[6]认为幸福不仅涉及生活满意度，还涉及增强生命的充盈力和蓬勃力。

（二）幸福感理论的主要内容

基于不同流派对于幸福的界定，幸福感理论的内容也在不断地完善和发展。在此主要涉及主观幸福感理论、心理幸福感理论、社会幸福感理论和积极心理学幸福感理论。

主观幸福感理论认为幸福主要由三个部分组成：生活满意度（life satisfaction），正向情绪和负向情绪（positive and negative emotions）（Diener，2000）[7]。换言之，主观幸福感不仅包含个体对生活的满意，还包含高频次的正向情绪体验和低频次的负向情绪体验。主观幸福感具有三个明显特点：主观性、整体性和相对稳定性。其中，主观性即指幸福感的评价全然依赖于个体的内在标准；整体性即对幸福的评价是基于对生活方方面面的综合评价；相对稳定性即幸福感并不会随着时间或环境的一般性改变而发生重大变化（苗元江，2003）[8]。

心理幸福感理论占主导地位的有Ryff和Singer的六维模型，和Ryan和Deci的自我决定理论。Ryff和Singer（1995）[9]在实证研究的基础上提出心理幸福感六维模型，包括自我接受（self-acceptance），个人成长（personal growth），生活目标（purpose in life），良好关系（positive relation with others），环境控制（environmental master），独立自主（autonomy）。Ryan和Deci（2001）[4]提出满足个体的自主需要（autonomy）、认可需要（competence）、关系需要（relatedness）是心理幸福感的关键要素；Kasser和Ryan（1993）[10]通过实证进一步强调自我接受、社交情感、友谊与个体的自我实现和生命活力密切相关。

社会幸福感理论认为幸福主要由五个部分组成：社会贡献（social contribution）、社会整合（social integration）、社会和谐（social coherence）、社会实现（social actualization）、社会认同（social acceptance）（Keyes，

1998）[5]。其中，社会贡献是指个体相信自己能够为社会创造价值，相信自己是社会的重要成员等。社会整合是指个体认为自己归属于某个社会团体，并且能够与该团体中的其他成员一同分享共同利益。社会和谐是指个体对社会充满兴趣，并且相信社会是可以理解和预测的。社会实现是指个体对社会发展和社会潜力持有信心。社会认同是指个体能够积极看待并接受他人。

积极心理学幸福感理论包括五大要素和三大支柱。五大要素包括积极情绪（positive emotions）、投入（engagement）、关系（relationships）、意义（meaning）和成就（achievement），是促进个体积极发展、提升幸福的关键要素。取其英文首字母，Seligman称其为PERMA模型（Seligman，2011）[6]。其中，积极情绪是指个体预见正向情绪的产生，感受、延长并建构该类情绪体验的能力；该类情绪囊括了主观幸福感涉及的所有变量，诸如愉悦、狂喜、入迷、温暖、舒适等。投入是指个体拥有较为浓厚的兴趣、好奇心、专注力，以及当个体完全沉浸于某项引人入胜的活动时，宛若处于时间停止、自我意识消融的"心流"状态。关系是指促进个体与自身、与他人建立深度链接的技巧、能力和达成的状态。意义是指个体对从事的活动具有服务社会、他人，及超越自我的价值感知。成就是指个体超越于积极情绪、意义、关系之外的终极追求。三大支柱包括主观积极体验、个体积极特质和集体积极环境（Seligman，2002）[11]。第一支柱关注个体的主观幸福感和幸福体验；第二支柱关注个体积极属性的特质，这些特质与积极体验相结合有助于最大限度地提升个体的幸福感。第三支柱关注集体环境层面，聚焦组织、社会与文化环境等对个体积极发展的促进作用及幸福提升作用。

（三）学业幸福及其相关研究

作为幸福在教育教学领域中的从属概念，国内外学术界对学业幸福没有达成共识的概念界定和测量操作规范。基于现代心理学对幸福感的界定、理论构建和测量实践，部分学者对学业幸福的概念内涵、可操作测量等进行了实证探索。

基于幸福感相关理论，Troccoli（2017）[12]认为学业幸福指的是学生认识到自身的潜力、应对学业压力、能够取得学业成就、能够为所属学校和社会做出贡献的状态。Schwartz等（2021）[13]认为学业幸福涉及学生未来成为

第三章　理论基础与研究假设

出色的从业者、关爱社会的公民、终身学习者所需要的基础知识、专业素养和能力。它不仅包含学生对校园话题和相关事务的热爱，还包含学生对自我的积极情感和认知。基于此，本研究将英语学业幸福界定为英语学习者在语言学习过程中体验到的愉悦感、满足感和成就感，反映着学习者在认知、情感和行为三方面的积极体验和积极的自我认知。

现有文献报告了学者们在实证研究中对学业幸福的可测量操作及其研究结果。将学业幸福作为一维概念测量，如Sadeghi和Mahdavi（2019）[14]将学业满意度作为学业幸福的唯一指标，以400名伊朗大学生为样本，探究自我效能、目标进展、环境支持和资源与学业幸福的关系，发现尽责性的人格特质与学业幸福呈显著正相关，发现包括神经质、尽责性和外向性的人格特质通过自我效能、环境支持和资源对学业幸福发挥间接影响。

将学业幸福视为二维概念测量，Shek和Chai（2020）[15]将学业压力和学业满意度作为学业幸福的维度指标，以我国香港中学生为研究对象，分别进行了间隔时间24个月和36个月的两轮历时性调查研究，发现积极青年发展品质通过生活满意度的部分中介作用正向预测学业满意度，还通过生活满意度的完全中介作用反向预测学业压力。Timms等（2018）[16]以129名心理学专业一年级学生为研究对象，将学习倦怠和学习投入作为学业幸福的维度指标，考察课程体验、明确的学习标准和目标、同学支持、自主性与学业幸福的关系，研究结果表明：课程积极体验与学习投入正相关。同样，Salmela-Aro等（2021）[17]将学习倦怠和学习投入作为学业幸福的维度指标，以芬兰2755名中小学生为样本，在疫情前后通过两轮调查研究，研究结果表明：学生自身社会情感能力与学业幸福呈正相关。

将学业幸福作为三维概念测量，例如，Korhonen等（2014）[18]将学业自我概念、感知学习困难、学习倦怠作为学业幸福的维度指标。以芬兰1152名中学生为研究对象。通过潜在剖面分析，研究结果表明：低学业成绩组和负向学业幸福组的学生更易辍学。Widlund等（2018）[19]将学习倦怠、学习投入和自我概念作为学业幸福的维度指标，以芬兰583名中小学生为样本，探究学业幸福与接受教育意愿的关系。通过潜在剖面分析，研究结果表明成绩优异组的学生接受教育的意愿最高，低学业表现组的学生接受教育的意愿最低。

无论将学业幸福视为二维还是多维概念，从上述测量操作中不难发现：学业幸福分别包括正向的积极体验和负向的消极体验。除此之外，三维操作中还会加上学习者对自我概念的认知。考虑到学习倦怠和学习投入能分别反映个体的正向积极体验和负向消极体验，并且学习倦怠的低效能维度已包含个体对自我概念的认知；考虑到在文献综述谈及的"倦怠"和"投入"可被视为幸福感的重要指征，因此本研究更倾向将学业幸福视为二维操作，即英语学业幸福由英语学习倦怠和英语学习投入两个维度构成。

综上所述，无论是幸福还是学业幸福，尽管现有文献对其概念界定、理论构建、实证测量尚无定论，但两者皆处于不断完善和发展的进程中。整合享乐论和实现论的幸福感理论，积极心理学将幸福感理论及其实证研究推向新高度。关于幸福感理论的文献梳理不仅为本研究构建假设框架提供了宏观的理论支撑，也为学业幸福的内涵界定和测量实操提供了坚实的理论基础。

二、资源保存理论

资源保存理论（Conservation Resource Theory，简称COR理论）以资源为核心概念，通过资源的流动来阐释压力产生的机制以及个体在压力情境下的应对策略。这些应对策略不仅适用于个体面临压力的情境，也适用于个体没有压力的状况，因此COR理论被广泛地用于解释导致工作倦怠和工作投入的过程（Hobfoll，1998；Hobfoll & Freedy，2017；Ito & Brotheridge，2003）[20-22]，也被用于探究教育环境下资源流动、学习倦怠和学习投入的作用机制（Alarcon等，2011；曾练平等，2020；Thi & Duong，2024）[23-25]。

（一）资源的概念界定及其分类

"资源"是资源保存理论的核心概念，对这一概念的界定主要包含两个视角。从资源分类视角出发，Hobfoll（1988）[26]将资源界定为个体认为对自己具有珍贵价值的物品、个体特质、条件，以及获取这些珍视之物的媒介或手段。他认为当个体感受到现有资源面临损失威胁时，或现有资源出现实际损失时，或个体进行资源投入后出现低回报甚至零回报时，压力即产生（Hobfoll，1988）[26]。从保存和获取资源的视角出发，Halbesleben等（2014）

将资源界定为个体感知到能够助力实现目标的事物。他们强调个体对特定事物是否能够帮助个体实现目标的主观感知和评估。

关于资源的分类，Hobfoll（1989）[27]首先将资源细分为以下四类：首先，物质性资源，这类资源主要用于彰显个体的社会经济地位，也可以是开展工作和学习所需的工具等，如住房、车辆、设备等，其价值源于自身固有的物理属性、稀缺性和获取成本。其次，条件性资源，这类资源是个体获取更多资源的有利的先决条件，如年龄、工龄、婚姻状况等，其价值源于该类资源对个体未来工作和生活的积极意义。再次，个体特质资源，该类资源涵盖了个体具有的积极人格特质，如自我效能、乐观和自尊等。最后，能源性资源，该类资源是帮助个体获取前述三类资源的媒介或手段，如时间、金钱、知识和经验等（Hobfoll，1989）[27]。

借鉴以上资源分类方法，ten Brummelhuis和Bakker（2012）[28]对资源分类予以进一步的细化。如图3-1所示，资源分类根据横轴的资源来源和纵轴的资源稳定性两个维度来进行细分。就横轴的资源来源维度而言，资源可分为外部资源（或情境资源）和内部资源（或个人资源）。显而易见，外部或情境资源存在于个体之外，即个体所处的社会情境中；包括物质性资源和条件性资源，以及社会支持。内部或个人资源与个体密切相关；包括个体特质资源和能量性资源（Hobfoll，2002）[29]。就纵轴的能量稳定性维度而言，资源可分为长期持稳性资源和短暂易变性资源。具体而言，长期持稳性资源具有相对稳定性，在一定时期或一定条件下，不受时间限制可以反复利用；包括物质性资源、条件性资源、个体特质资源。短暂易变性资源具有不稳定性、短暂性，严重受到时间制约或只具有单次效应，例如与特定任务相关的具体建议和反馈等社会支持，以及情绪、时间等能源性资源。在此基础上，ten Brummelhuis和Bakker（2012）[28]还把Hobfoll（2002）[29]提出的"关键资源"这一类别纳入资源分类中，并与之对应增补了"宏观资源"这一新的类别。其中，关键资源是指帮助个体管理其他资源的个体特质资源，如乐观、自我效能和自尊等。关键资源比其他个体特质（如经验和知识）更稳定，因为教授个体掌握知识比教授个体习得乐观更为容易。正是由于更高的稳定性，关键资源在图3-1的二维网格分类中被视为高于个体特质资源的内部资源。宏观资源是指影响个体生存和发展的环境因素，包括公共政策、社会平等、人口经济状况以及决定个体行为规范的社会文化等主要因素。同样，由于宏观资源比其他外部情境资源更具稳定性，并且常常超出个人直接掌控范围，宏观资源也被定位为高于物质性和条件性的情境资源（Halbesleben等，2014；ten Brummelhuis & Bakker，2012）[30][28]。

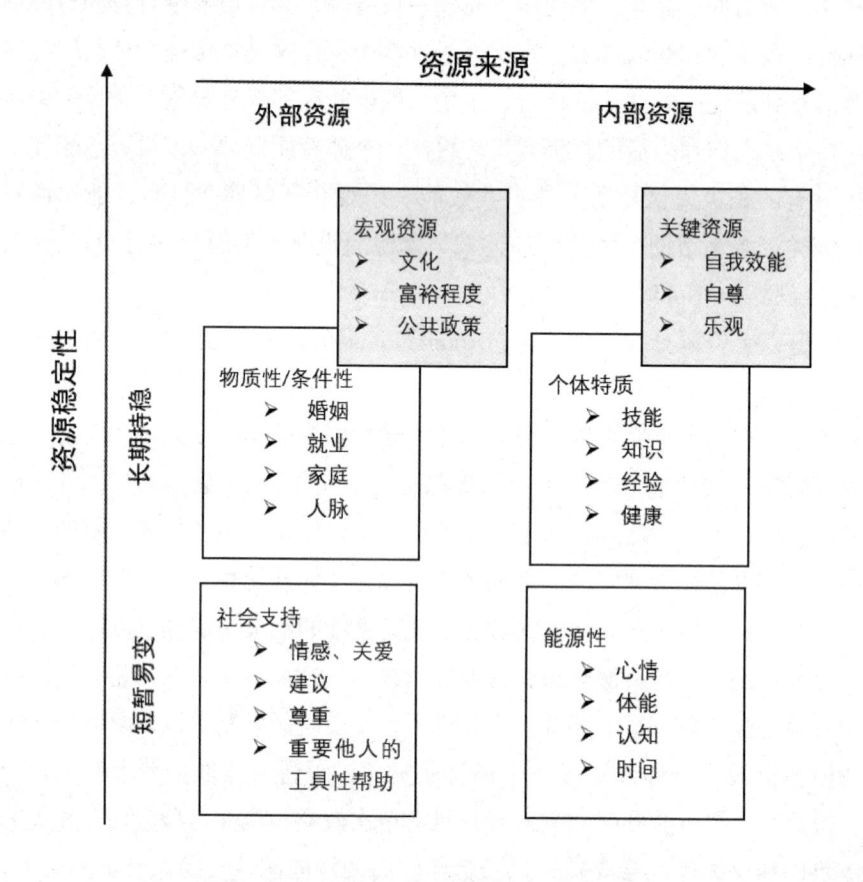

图3-1 资源分类

（二）资源保存理论的主要内容

COR理论在不断更新有关资源的界定和分类的同时，也不断发展和完善其主要内容。Hobfoll等（2018）[31]将COR理论的主要内容概括为一个基本假设、五项原则和三条推论。

第三章 理论基础与研究假设

COR理论的基本假设认为个体为了避免潜在的或实际上的资源损失所带来的压力，具有努力获取、保持、培育和保护其所珍视的资源的倾向（Hobfoll，1989）[27]。这一基本假设强调了个体会利用其拥有的资源来应对当前压力，也会通过对其现有资源储备的积极主动建构和保护去应对未来可能出现的压力情境。这一基本假设凸显了个体为了适应环境、维持生存和发展的基本需要，努力获取、保护现有资源和培育、扩大资源拥有量的动机，是COR理论的核心（Hobfoll等，2018）[31]。

COR理论的五项原则包括：损失优先、资源投资、获得悖论、资源绝境、资源车队和通道。第一，损失优先原则认为对个体而言，"资源损失比资源获取更为显著"（Hobfoll，1998）[26]。换言之，资源损失比资源获取在心理上更具破坏性，其影响不仅迅速而且持久（Halbesleben等，2014）[30]。第二，资源投资原则认为尽管资源损失具有威胁性，但个体可能会通过不断地投资资源来避免现有资源的继续流失，更快地从资源损失中得以恢复，并且获取新的资源。换言之，为了防止负面结果的出现，个体会主动投入资源来抵消资源损失，用以应对压力（Halbesleben等，2014）[30]。第三，获得悖论原则认为在资源急剧损失的情境中，资源的增补尤为重要，对个体也更加具有价值。对于资源越是短缺、匮乏的个体来说，资源的注入和增加更有助于帮助个体缓解紧张和压力。第四，资源绝境原则认为资源耗尽的绝境有可能触发个体自我保护的防御机制，使个体表现出非理性、具有攻击性的行为。防御机制的启动能够为个体重新部署应对措施、等待他人援助、等待压力源消解提供了缓冲时间。第五，资源车队原则认为由于个体不仅受到保护现有资源的动机驱动，而且还受到积累资源的动机驱动，因此资源不太可能孤立存在（Hobfoll，1989；Ouweneel等，2011）[27][32]。也就是说，个体拥有的资源并非种类单一，而是如行进的"车队"一样种类繁多且相互联系。此外，类似于车队的通道，资源通常存在于特定的生态环境中。外在环境既可能对存于其中的资源发挥培育和滋养的积极作用，也可能发挥制约和阻碍的消极作用。

COR理论的三条推论包括：初始资源效应、资源丧失螺旋、资源增益螺旋。首先，初始资源效应推论认为拥有较多初始资源的个体遭受资源损失的可能性更低，获取新资源的能力更强。反之，拥有较少初始资源的个体则更容易遭受资源损失，且获取新资源的能力亦更弱。初始资源效应强调了个体资源储备在其资源保护、构建、抵御资源损失方面发挥着重要的作用。其次，资源丧失螺旋推论认为经历资源损失的个体更加难以进行有效的资源投资活动，并且阻止资源损失的难度亦更大（Dohrenwend，1978）[33]。此外，由于资源损失会加剧个体的紧张和压力反应，其更加强烈的消极影响可能会使得资源损失更加迅猛，形成急剧向下的资源丧失螺旋（Hobfoll，1989）[27]。因此，资源丧失螺旋常常用来阐释"倦怠"的形成与发展过程。最后，资源增益螺旋推论认为处于资源获得过程中的个体在资源投资方面更具优势。前期的资源获得有助于个体进一步获得新的资源，从而不断壮大自身的资源拥有量。相较于资源损失，资源获得的力度和速度都相对较慢，但只要个体始终处于资源获得的进程中，便可形成缓慢向上的资源增益螺旋（Salanova等，2010）[34]。因此，资源增益螺旋常常用来解释"投入"的形成与发展过程。

（三）资源保存理论的相关研究

资源保存理论对压力的产生、资源流动、个体应对压力策略等详尽的阐述为压力管理的相关研究提供了有力的理论支撑，因而在组织管理领域涌现了大量的实证研究。

关于外部情境资源，有研究聚焦宏观资源。例如，Payne等（2012）[35]以美国高校身为学龄儿童家长的教职员工为样本，发现其对幼儿托管便利满意度和离职倾向这两个变量与因孩子问题缺勤率均呈负相关，强调了组织宏观环境资源的重要作用。有研究聚焦物质性和条件性资源。例如，Shin等（2012）[36]以韩国员工为样本，发现组织诱因与员工对改革的承诺呈正相关，突出了组织诱因作为物质性资源对促进员工积极投入组织改革的积极作用。Selenko等（2013）[37]以芬兰两所高校的临时员工为样本，发现工作不稳定性与自陈式工作绩效的相关性以U形呈现，并且工作热情在两个变量之间发挥了部分中介效应；强调了就业状况作为条件性资源对工作动机和工作绩效可能发挥的影响效应。还有研究聚焦社会支持。例如，Xanthopoulou等（2009）[38]以希腊员工为样本，发现员工每日受到的工作指导正向预测其每日工作投入水平。Zimmermann等（2011）[39]以德国代理商为样本，发现顾客积极情感引发来自顾客的社会支持，进而增强了代理商们的积极情感，结果又

第三章 理论基础与研究假设

进一步提升了顾客们的积极情感。Halbesleben和Wheeler（2015）[40]以美国员工为研究对象，发现来自同事的社会支持和信任之间的资源增益螺旋促进了同事们更多的个人资源投资。这三项研究分别强调了来自组织内外不同来源的社会支持是一种不容忽视的重要资源。

关于内部个人资源，有研究关注了关键资源。例如，Salanova等（2006）[41]以西班牙高中教师为样本，发现心流、工作资源与自我效能之间的正向互惠关系；De Cuyper等（2012）[42]以瑞士经历重组的公司员工为样本，发现自我效能是员工就业能力的重要指标，并且反向预测工作倦怠；Lee & Ok（2014）[43]以美国酒店业员工为样本，发现在由工作倦怠发挥中介效应的情绪失调与服务破坏行为之间，情绪智力具有缓冲作用。这三项研究强调了自我效能和情绪智力作为关键资源的重要作用。有研究关注了个体特质资源。例如，Penney等（2011）[44]以美国情绪稳定性较低的员工为样本，发现尽责性与反生产性工作行为呈负相关；Hochwarter等（2006）[45]以美国零售业代表为样本，发现其社交技能与主管评估工作绩效呈正相关；Andresen（2015）[46]以跨国公司驻外人员为样本，发现社区嵌入性正向预测工作业绩，社区嵌入性和组织嵌入性均正向预测组织公民行为；Kammeyer-Mueller等（2016）[47]以美国护士为样本，发现神经质正向预测情绪耗竭。这四项研究分别突出了尽责性、社交技能、社区与组织嵌入性作为个体特质资源的积极作用，以及神经质作为个体特质资源的消极影响。还有研究关注了能量资源。例如，Westman & Etzion（2002）[48]在以色列员工中展开调查，发现尽管公务出差过程中员工工作辛苦，但员工在出差结束后体验到了降低的工作压力；Davidson等（2010）[49]以美国、新西兰和以色列高校休假教职员工为样本，发现休假返岗后，教职员工的资源丧失螺旋衰落，资源增益螺旋和幸福感提升。这两项研究结果强调了公务出差及休假助力能量性资源恢复的重要作用。

鉴于在组织管理领域中丰富的实证经验，资源保存理论逐渐扩展至高等教育领域以及外语教育教学领域。在高等教育领域中，如Alarcon等（2011）[50]以美国中西部454名大学一年级新生为研究对象，以资源保存理论为理论基础构建路径模型探究学习倦怠和学习投入的前置变量，发现聚焦情绪应对策略在感知学业需求与学习倦怠之间发挥中介效应，聚焦问题应对策略在感知学业需求与学习投入之间发挥中介效应。曾练平等（2020）[51]基于资源保存理论，以我国贵州省6所高校的617名大学生为样本，发现社会自我效能分别通过人生意义和压力知觉的部分中介作用正向预测大学生主观幸福感。在外语教育教学领域，如Thi和Duong（2024）[52]以越南6所管理学院11个班级的502名大学生为样本，开展历时一个学期的调查研究，发现英语焦虑与自我效能呈显著负相关，曾经的英语学习经历与自我效能呈显著正相关；并且，英语学习倦怠与英语学习焦虑呈显著正相关，与英语学业成绩呈显著负相关。

综上所述，通过对资源保存理论的概念、内容及相关研究的系列梳理，可以发现该理论能够充分地服务本课题的研究目的，为相关假设论证提供有力的理论支撑。因此，本研究决定将COR理论作为构建假设模型的理论基础之一。

三、工作要求—资源理论

工作要求—资源理论（Job demands-resource theory，简称JDR理论）根据对工作特征的认知和评价，将工作特征划分为工作要求和工作资源，用以解释职业倦怠和工作投入的形成机制。因而，JDR理论被广泛地用于组织行为管理领域，也被用于解释教育领域中的学习倦怠和学习投入的形成和发展过程。

（一）工作要求—资源理论的核心概念及其类别

JDR理论认为每种职业都有影响工作者身心健康及工作状况的独特因素，并根据工作特征划分为工作要求和工作资源两大核心概念。

Bakker和Demerouti（2007）[53]将工作要求界定为工作中与身体、社会或组织有关的，需要员工持续投入体力和心理成本，付出情感和认知努力的因素。从性质上讲，工作要求可以分为定量和定性两类。定量工作要求是指"与工作特征有关的，员工需要通过体力和心力的努力应该完成的工作量和工作进度"（Van Veldhoven，2014）[54]，通常被称为"工作量"或"工作强度"。具体而言，定量工作要求与可观察的因素有关，包括时间、速度和工作数量。例如，每天几小时工作制，或者在既定时间内要求员工完成多少工作量。如果员工有足够的时间和资源满足工作要求，意味着工作要求的定量合理。如果工作要求远高于员工可利用的时间和资源，则意味着工作超负荷（Leiter等，2014）[55]。例如，Demerouti，Bakker等（2001）[56]将时间压力作为工作要求的一个要素来研究工作要求与耗竭的关联性，Schaufeli等（2008）[57]聚焦时间压力与工作投入之间的关系。可见，定量工作要求是一个不容忽视的因素。

定性工作要求是指完成工作任务所需要的包括认知、情感、身体等方面的技能类型和努力程度（Van Veldhoven，2014）[54]。具体而言，认知要求是指员工需要投入认知监控和注意力来满足工作要求的程度（Jackson等，1993）[58]。情感要求是指工作特征对员工进行情绪管理方面的要求，即员工可能需要克制自身的真实感受而在客户、同事和上司面前所做出的情绪管理（de Jonge等，2012）[59]。例如，服务行业通常对员工有显性的以及隐性的情感要求，规定员工需要通过规定的情感表达，以确保对客户的感受、态度和行为产生积极影响（Martínez-Iñigo等，2007）[60]。身体要求主要与肌肉和骨骼行为有关，包括静态以及动态负荷。实际上，定性工作要求通常与工作的难度或复杂性有关。它可能包括处理复杂工作问题的需求，如角色模糊和角色冲突（Van Yperen & Janssen，2002）[61]。

Bakker & Demerouti（2007）[53]将工作资源界定为工作中与身体、社会或组织有关的，能够帮助员工实现工作目标，降低工作要求对生理和心理成本的投入，促进员工个人学习、成长和发展的因素。从层次上讲，工作资源可分为组织、人际、工作岗位、具体任务四个类别。组织层次的工作资源包括明确的组织愿景、公平公正的组织氛围、支持性的组织和人力资源管理政策，如薪酬、职业发展空间和工作保障（Bakker等，2003；Albrecht，2012）[62-63]。人际层次的工作资源是指员工与组织内外利益相关者建立的牢固关系以及组织内部良好的人际环境，如来自上司、同事、客户的社会支持和良好的团队氛围。工作岗位层次的工作资源主要涉及如何有效工作的充分且明确的信息，如角色清晰度和决策参与。任务层次的工作要求主要涉及控制和促进任务完成的要素，如自主性、任务重要性、绩效反馈和技能多样性（Bakker等，2003）[62]。此外，工作资源还可分为外部资源和内部资源。例如外部资源可以是组织资源和社会资源，内部资源可以是员工认知特征和行为模式。尤其值得注意的是，随着JDR理论的拓展和完善，个人资源也被纳入，如自我效能、基于组织的自尊和乐观等个体特质（Bakker & Demerouti, 2007；Xanthopoulou等，2007）[53][64]。

（二）工作要求—资源理论的主要内容

工作要求—资源理论（JDR）是通过探讨工作特征对职业倦怠和工作投入等结果变量影响而构建的一个启发式理论模型。JDR理论的主要内容涉及一个核心假设和两个心理过程。

JDR理论的核心假设是：任何职业的工作条件和工作环境都有影响员工工作状况和身心健康的独特因素，所有这些因素可被归纳为工作要求和工作资源。基于这一核心假设，JDR理论进一步推论：工作要求和工作资源会引发两个相对独立的心理过程，即健康损害过程和动机驱动过程（Bakker & Demerouti, 2007；Demerouti, Bakker, Nachreiner等，2001）[53][56]。一方面，长期或过高的工作要求会不断消耗员工的身心资源，这个持续能量损耗的过程会导致健康受损，即引发健康损害过程（Xanthopoulou等，2007）[64]。另一方面，工作资源具有动机潜力，因为它不仅能够助力工作目标的实现，而且还能激励员工学习、成长和发展的内在动机，即激活动机驱动过程（Schaufeli & Bakker, 2004）[65]。基于这两个潜在的心理机制，JDR理论认为工作资源能够缓冲工作要求，当工作要求超过工作资源时，员工会严重疲劳进而出现职业倦怠；当工作资源超过工作要求时，因为工作资源的可用性降低了与持续工作要求相关的投入成本，员工会积极参与工作呈现工作投入（Hodges, 2018）[66]。换言之，JDR理论认为工作要求可能造成工作压力，并与职业倦怠有关；工作资源可以减少工作要求，并与工作投入有关。

（三）工作要求—资源理论的相关研究

工作要求—资源理论通过对工作特征的分类以及健康受损和动机驱动双重心理机制的假设，为职业倦怠和工作投入的相关研究提供了理论基础。因此，在组织行为管理领域累积了大量的实证研究。

具体而言，如Demerouti等（2001）[56]以德国员工为研究对象，发现工作

第三章　理论基础与研究假设

要求（包括体力工作量、时间压力、物理环境、倒班制等）与耗竭相关，而缺乏工作资源（诸如反馈、奖励、工作控制、工作保障和主管支持等）导致工作疏离。（Bakker等，2003）[67]以荷兰家庭护理员工为研究对象，发现当某些工作要求（包括工作量、身体要求、情感要求、计划问题、性骚扰、患者骚扰）较高，而工作资源（包括同事的社会支持、自主权、反馈、职业发展机会、财务回报）有限时，就会产生职业倦怠。Bakker等（2005）[68]以荷兰员工为样本，发现过高工作要求（包括工作超负荷、情感要求、体力要求、工作与家庭之间的相互影响）与过低工作资源（包括自主性、绩效反馈、与上司的关系质量、同事的社会支持）的相互作用导致了较高的工作倦怠水平。Hakanen等（2006）[69]以芬兰教师为样本，研究职业倦怠在高工作要求（包括学生不当行为、工作超负荷、物理工作环境）对健康不良的影响中起中介作用，工作投入在工作资源（包括工作控制、上司支持、信息、社会氛围、创新氛围）在组织承诺的影响中起中介作用，而职业倦怠在资源短缺对低工作投入的影响中起中介作用。Xanthopoulou等（2007）[64]针对荷兰员工进行，发现个人资源（包括自我效能、基于组织的自尊、乐观）影响着工作资源（包括自主性、同事的社会支持、主管指导、个人发展机会）和员工的工作投入度。Kim（2016）[70]以韩国音乐治疗师为样本，研究发现工作要求（工作压力）与职业倦怠呈正相关，而工作资源（包括自主权以及来自上司和同事的社会支持）与职业倦怠呈负相关。此外，工作要求与自主权在预测离职意向方面存在相互作用，而社会支持对离职意向有显著的负向影响。我国学者黄杰等（2010）[71]运用元分析和结构方程建模，确认工作资源对情绪耗竭和个人成就感降低的影响完全通过个人资源的中介作用得以实现。

随着倦怠和投入由组织行为管理领域扩展至教育领域，基于JDR理论聚焦大学生和外语学习者的相关研究也开始逐步增长。在高等教育领域，如Sanseverino等（2023）[72]注意到在新冠疫情期间意大利高校大学生普遍感受到更强的学业压力和学习焦虑，于是以意大利11所高校6736名大学生为样本，基于JDR理论模型探究学业自我效能与情绪倦怠和学习狂等几个变量之间的作用机制。其研究结果表明：学业自我效能通过学习狂的部分中介作用反向预测情绪倦怠。在外语教育教学领域，Wu等（2024）[73]聚焦中国若干省份的1234名中学英语学习者，基于JDR理论模型探究了学习倦怠与学习投入。

综上所述，通过对工作要求—资源理论核心概念、主要内容及相关研究的系统梳理，可以确定JDR理论能够为同时聚焦倦怠和投入为结果变量的研究提供良好的理论基础。JDR理论作为COR理论的补充，可以更有效地为本研究的假设论证提供强有力的理论支撑。

第二节　研究假设

本研究基于资源保存理论（COR理论）和工作要求—资源理论（JDR理论）进行学理论证，再结合前人的相关实证研究结果作为实证支撑，提出了共计十三条假设（Hypothesis，简写H），构建了由这十三条假设组成的模型A和竞争模型B（见图2-2和图2-3）。

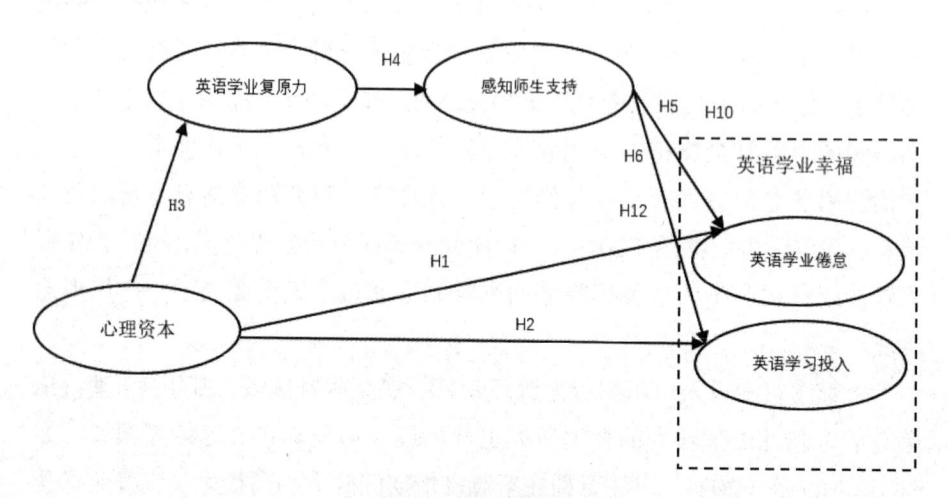

图3-2　假设模型A

第三章 理论基础与研究假设

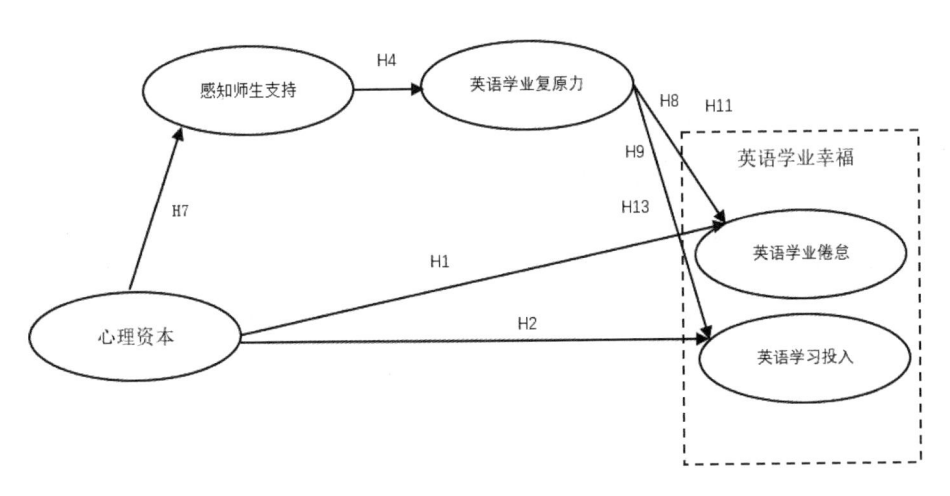

图3-3 竞争模型B

一、心理资本与英语学习倦怠

根据COR理论的资源分类，心理资本属于关键资源，能够帮助个体部署和管理其他资源以应对正在面临或潜在的压力。因此对于英语学习者而言，当其心理资本水平越高，意味着学习者拥有的应对英语课程学习压力的资源越丰富，学习者体验到英语学习倦怠的可能性会越小。具体而言，心理资本自我效能有助于学习者树立英语学习和应对挑战的信心；心理资本希望能够帮助学习者设定合理的学习目标，并且在遇到困难的时候会采用灵活的备选策略和路径加以应对；心理资本乐观能够帮助学习者采取客观且合理的归因方式看待自身的学习风格、学习能力和面临的挫折与失败，从而使学习者胜不骄、败不馁；心理资本韧性能够帮助学习者有效评估自身实力，合理规避失败，并能够视偶然的失败为超越自我的机会，因此迎难而上、逆风而行。

根据现有文献，大量的实证研究也已经确认了心理资本与学习倦怠的负相关。例如，付立菲和张阔（2010）[74]以天津师范大学的389名大学生为研究对象展开的调查研究，报告了心理资本反向预测学习倦怠。Fatin 等（2018）[75]以291名伊朗高中生为研究对象，考察社会解决问题能力、心理资本、学术良知、寻求同伴支持与学习倦怠的关联性，同样确定了心理资本与学习倦怠的负向关联。

尽管在外语教育教学领域中，鲜有研究验证心理资本与英语学习倦怠的相关性，但已有研究报告了心理资本的子维度与英语学习倦怠的关联性。例如，王震和江艳（2021）[76]以115名非英语专业大二学生为研究对象，探究英语学习焦虑、学习倦怠和自我效能的关联性，研究结果发现自我效能与英语学习焦虑和英语学业倦怠皆呈负相关。李宜娟和陈小葵（2022）[77]以济南市5所高校的910名英语专业学生为研究对象，考察自我效能、学习动机与学习倦怠的关联性，结果表明自我效能通过学习动机的部分中介作用反向预测了学习倦怠，再次验证了自我效能与英语学习倦怠的负相关。

基于以上的学理论证和前人实证研究结果，本研究在此提出第一条假设：

假设1（H1）：应用型本科院校英语学习者心理资本反向预测其英语学习倦怠。

二、心理资本与英语学习投入

根据JDR理论，作为个人资源的心理资本也属于工作资源，它能够帮助英语学习者降低学习要求以及在情绪、认知等方面的投入成本，还能够激活学习者动机驱动程序，促使学习者呈现较高水平的英语学习投入。根据COR理论，心理资本属于关键资源，有利于学习者调遣和部署其他个人资源。因此，拥有较高水平心理资本的英语学习者，具有充足的资源储备应对英语课程学习，更易呈现投入的学习状态。

根据现有文献，丰富的实证研究也已验证了心理资本与学习投入的正相关。例如，Siu等（2014）[78]以我国香港103名大学生为样本，通过为期4月的历时研究，验证了心理资本与学习投入的互惠作用关系。汤倩和葛明贵（2014）[79]以安徽省芜湖市328名大学生为样本，考察大学生知识共享、心理资本和学习投入之间的关系，研究结果显示心理资本在知识共享和学习投入之间发挥了部分中介效应，即验证了心理资本与学习投入的正相关。杜衍姝（2021）[80]在内蒙古10所高校的500名大学生中进行调查研究，结果表明心理资本通过学习倦怠的部分中介效应正向预测学习投入，再次确定了心理资本

第三章 理论基础与研究假设

与学习投入的正向关联。

在外语教育教学领域，相关研究鲜见。Lin（2020）[81]以我国台湾245名高校英语学习者为研究对象，探究心理资本、正念学习（mindful learning）和英语学习投入三个变量之间的作用机制，研究结果发现心理资本通过正念学习的完全中介作用正向预测英语学习投入。该研究尽管未能验证心理资本与英语学习投入的直接关联，但至少确认了两者的正向关联，为本研究留下向前推进的空间。

基于以上理论论证和实证研究相关报告，本研究提出第二条假设如下：

假设2（H2）：应用型本科院校英语学习者心理资本正向预测其英语学习投入。

三、心理资本与英语学业复原力

根据COR理论，心理资本是关键资源，英语学业复原力是个人资源。那么，关键资源的心理资本可以帮助英语学习者采取正确、匹配的其他资源应对在日常英语课程学习中遇到的诸如差强人意的测验成绩、同学或教师对口语指导或书面作业的负面反馈，帮助学习者迅速驱散因此而来的沮丧和失落，从而快速恢复常态，表现为较高水平的英语学业复原力。根据JDR理论，心理资本是个人资源，作为工作资源的一种，能够保护学习者较少承受因英语课程学习过高要求而导致的压力，并成为激发学习者视挫折为超越自我的机会，获得更高水平的学业复原力。

尽管在现有文献中很少见到关注心理资本与学业复原力的实证研究，但已有研究报告了心理资本的某构成维度与学业复原力相关性。例如，Martin和Marsh（2008）[82]以598名澳大利亚中学生为样本，考察学业复原力的前置变量，研究结果显示自我效能正向预测学业复原力。Azadianbojnordi等（2022）[83]以353名伊朗高中学生为研究对象，考察希望、学业复原力和学习投入之间的关系，研究结果显示学业复原力在希望和学习投入之间发挥部分中介效应，确认希望和学业复原力之间存在正相关。在外语教育教学领域，Yun等（2018）[84]在韩国高校的787名英语学习者中进行问卷调查研究，探究影响英语学业复原力的可能因素，研究结果发现自我效能是有效的影响因素之一，并且与英语学业复原力呈正相关。

基于上述学理论证和实证研究相关结果，本研究提出第三条假设如下：

假设3（H3）：应用型本科院校英语学习者心理资本正向预测其英语学业复原力。

四、英语学业复原力与感知师生支持

根据COR理论的资源分类，英语学业复原力和感知师生支持属于不同类型的资源，前者是内部个人资源，后者是外部情境资源。COR理论的投资原则认为个体会主动投资已有资源来增加资源储备，COR理论的资源车队原则认为资源并非以单一形式而是多种类型并存的形式存在。根据这两项原则，可以预测英语学习者会主动投入已有的英语学业复原力资源来换取感知师生支持资源。再根据COR理论的初始资源效应，当学习者拥有越高的英语学业复原力，丰厚的初始资源状态令其拥有更多的优势去获得感知师生支持；相反，当学习者拥有越低水平英语学业复原力，稀薄的初始资源储备令其处于获取感知师生支持的劣势地位。因此，根据COR理论可以预测英语学业复原力与感知师生支持存在负向关联。

在现有文献中，已有研究报告了学业复原力与师生支持的相关性。例如，Lesmana和Savitri（2019）[85]以印度尼西亚230名学生为研究对象，考察由信息、尊重、动机和倾诉几个维度构成的学术支持与学业复原力的关联性。研究结果表明学业复原力与尊重、动机和倾诉三个维度的学术支持呈显著正相关。Bostwick等（2022）[86]在澳大利亚292所中学的71681名学生中展开为期一个学年的历时研究，探讨学业复原力与学习动机、学习投入、包含学习支持、教师关系支持、校园归属感和课堂管理的感知校园支持之间的作用机制，研究结果表明学业复原力和感知校园支持存在相生互惠的正向关联。

尽管在外语教育教学领域中很少看到英语学业复原力与感知师生支持的相关研究，但基于上述的理论论证和已有的相关实证报告，本研究提出第四条假设如下：

假设4（H4）：应用型本科院校英语学习者英语学业复原力正向预测其感知师生支持。

五、感知师生支持与英语学习倦怠

根据COR理论，感知师生支持是外部情境资源。根据COR初始资源效应，当学生相信或实际得到越多来自英语教师和同学的社会支持，例如教师提供的资源帮助，给予的英语学习策略指导，同学的帮助和欣赏等，都可能帮助学习者体验积极情绪，从而减少无谓的情感支出，对教师、同学和英语学习持有正向的积极情感，提升自我英语学习效能评价，体验较低水平的英语学习倦怠。根据JDR理论，感知师生支持是工作资源，它有利于帮助学习者降低因英语课程学习要求而招致的压力水平，促进学习者的外在和内在学习动机，减少体验较高水平英语学习倦怠的概率。

在现有文献中，已有研究考察了来自教师和同学的社会支持与学习倦怠的关联性。例如，Jacobs & Dodd（2003）[87]以美国中西部高校的149名大学生为研究对象，探究性格、来自家庭、感知来自朋友和重要他人的社会支持、学业负荷对学习倦怠的影响，研究结果发现感知社会支持与学习倦怠呈显著负相关。王雨晴和李明蔚（2021）[88]以南京3所高校的773名师范专业学生为研究对象，考察感知由家庭、朋友和教师组成的社会支持对学习倦怠的作用机制，研究结果发现感知社会支持通过自我效能的部分中介作用反向预测学习倦怠，验证了感知社会支持与学习倦怠之间存在负相关。在外语教育教学领域中，也有研究报告了相关研究结果。例如，刘晓红、牛睿欣和郭继东（2020）[89]以中国59所高校的361名英语专业学生为样本，探究来自英语课堂上教师和同学的学业和情感支持与英语学习倦怠的关系，研究结果确定了两个变量之间的显著负相关。

基于以上论证和实证研究结果，本研究提出第五条假设如下：

假设5（H5）：应用型本科院校英语学习者感知师生支持反向预测其英语学习倦怠。

六、感知师生支持与英语学习投入

根据COR理论，感知师生支持是外部情境资源；根据COR理论资源投资原则和初始资源效应，当英语学习者相信或实际得到的来自英语教师和同学的社会支持越多，充足的资源储备不仅有助于学习者应对英语课程学习的任务和挑战，而且还有助于学习者进行深度学习、思考，呈现较高水平的英语学习投入。具体而言，来自教师和同学的学业支持，能够帮助学习者在认知方面受到更多启发，了解自己的语言学习风格，并采取与之匹配的语言学习策略，使得语言学习事半功倍。来自教师和同学的情感支持，能够帮助学习者在情感层面与教师、同学和英语课程建立牢固的正向链接；进而在行为层面上不仅会按时到堂，更会积极主动地主持和参与各项讨论和小组活动。

在现有文献中，已有许多实证研究报告了来自教师或同学的社会支持与学习投入的相关性。例如，吴国强和梁渊（2022）[90]以中国西部地区2所中学10个班级的453名高中生为研究对象，基于自我决定理论探讨由教师提供的自主支持对学习投入的影响路径，研究结果发现教师自主支持不仅正向预测学习投入，而且还可通过自主动机的部分中介作用间接对学习投入发挥积极影响。Olana & Tefera（2022）[91]以埃塞俄比亚278名中学生为研究对象，探究感知来自家庭、教师和同学的情感支持、工具支持、评价支持和信息支持对学习投入的作用，研究结果显示来自三个源头的感知社会支持均与学习投入呈正相关，确认了师生支持对学习投入的积极影响。

在外语教育教学领域，也有部分实证研究聚焦了来自教师或同学的社会支持对英语学习投入的影响。例如，Sadoughi & Hejazi（2021）[92]以伊朗5所高校7个班级的450名英语学习者为研究对象，考察感知教师学业支持和情感支持对英语学习投入的影响效应，研究结果显示感知教师学业支持和情感支持通过积极学业情绪的部分中介作用正向预测英语学习投入，验证了教师支持与英语学习投入的正相关。Fan & Xu（2020）[93]以中国某一流大学的21名具有中等英语水平的非英语专业大学生为研究对象，探讨同伴反馈对英语写作的投入度，研究结果发现同伴反馈对英语写作投入具有显著的影响作用。

基于以上理论论证和实证结果支撑，本研究提出第六条假设如下：

假设6（H6）：应用型本科院校英语学习者感知师生支持正向预测其英语学习投入。

七、心理资本与感知师生支持

根据COR理论，心理资本和感知师生支持属于两种不同类型的资源。心理资本是具有部署和管理个体其他资源的内部关键资源，感知师生支持是外部情境资源。根据COR理论的投资原则、资源车队原则和初始资源效应，英语学习者会主动地通过投资现有资源来增加资源储备用以提升自身的抗压能力，拥有较高水平心理资本的英语学习者处于获得更多资源的优势地位，因此往往更容易获得作为外部情境资源的感知师生支持。具体而言，心理资本效能有利于帮助学习者树立对英语课程学习的信心，高水平的自信会促使学习者在遇到自身难以应对的困难时，积极主动地向教师和同学求助，因此也更容易让教师和同学了解到学习者的问题所在而提供恰当的帮助。另外，心理资本资源丰富的学习者往往更加慷慨大方、乐于助人。比如，有研究发现大学生的心理资本与亲社会行为有显著正相关，并且可以通过感恩的部分中介作用对亲社会行为发挥间接的积极影响（傅俏俏，2018）[94]。乐于助人的学习者往往容易与教师和同学建立良好的人际关系，进而相信能够或实际得到更多的来自教师和同学的社会支持。

在现有文献中，已有部分研究报告了心理资本及其子维度与社会支持之间的相关性。例如，Li等（2014）[95]以中国武汉高校381名学生为样本，考察心理资本、由主观支持、客观支持和支持可靠性三个维度构成的社会支持和主观幸福感的关系时，确认了心理资本与社会支持的正向关联。李超等（2022）[96]以中国346名医学院大学生为研究对象，考察心理资本、来自同学和恋人的社会支持和就业能力三个变量之间的关系。其研究结果发现心理资本通过社会支持的部分中介作用正向预测就业能力，验证了心理资本与社会支持的正相关。郭焱和李孟璐（2022）[97]在广西612名"00后"高职生中展开调查，探究心理资本、社会支持和生命意义感的关系，研究结果表明社会支持通过心理资本的部分中介作用影响其生命意义感，再次确认了心理资本与社会支持的正向关联。

尽管在外语教育教学领域鲜见聚焦心理资本与感知社会支持的研究，但基于以上学理论证和有关两个变量的实证研究结果，本研究提出第七条假设如下：

假设7（H7）：应用型本科院校英语学习者心理资本正向预测感知师生支持。

八、英语学业复原力与英语学习倦怠

根据JDR理论，作为个人积极品质的英语学业复原力是工作资源，不仅具有缓解英语课程学习压力的保护作用，还具有启动和激发学习者外在和内在动机的积极作用，因此英语学业复原力水平高的学生往往可能体验较低水平的英语学习倦怠。根据COR理论，英语学业复原力是个人资源，拥有丰富的英语学业复原力的学生，在遇到学习困难、考试成绩不理想、受到负面评价时，能够快速地从消极情绪中恢复，降低了情绪倦怠的概率；继而有利于学生保持对英语课程学习相关人、事、物的积极态度，减少出现疏离态度的可能性。此外，英语学业复原力有利于学习者在英语课程学习过程中保持较强的毅力，持续不断的英语课程学习减少了学生对英语自我效能的极低评价。鉴于英语学业复原力对学习倦怠三个子维度的积极作用，可以预见英语学业复原力与英语学习倦怠的反向关联。

在现有文献中，部分研究关注了心理韧性和学业复原力对学习倦怠的保护作用。例如，武帅等（2016）[98]在中国唐山市3所职业高中的676名学生中进行调查研究，探讨学习倦怠、心理韧性、学业自我效能的作用机制。研究结果表明学生的心理韧性和学业自我效能水平越低，学习倦怠程度越高，验证了心理韧性与学习倦怠的负相关。将心理韧性聚焦为学业复原力，Vinter（2019）[99]以来自埃塞俄比亚6所中学的224名学生为研究对象，通过一个学年的三个测量点获得数据，来考察学习倦怠及其差异在学业复原力和认知情绪调整策略方面的表现。运用潜在剖面分析方法，该研究将148名最终样本的学习倦怠特征分为"高于平均水平"和"低于平均水平"两组，并且确认学业复原力是防止或减缓学习倦怠的最重要的因素，即学业复原力和学习倦怠之间的负相关。

在外语教育教学领域，尽管相关实证报告鲜见，但已有研究关注到英语学业复原力与英语学习动机的关系。例如，Xu & Wang（2022）[100]指出在积极心理学的影响下，作为积极心理品质的学业复原力受到了二语习得领域学者们的关注，但现有研究主要聚焦了英语教师群体。该文经过文献梳理和学理论证，强调英语学业复原力可能与英语学习动机和学习兴趣存在极强的关联性。而英语学习动机的缺失、英语学习兴趣的了然全无恰恰是英语学习倦怠出现的重要原因，因此英语学业复原力与英语学习倦怠的关系值得检验。

基于以上理论论证和相关研究成果回溯，本研究提出第八条假设如下：

假设8（H8）：应用型本科院校英语学习者的英语学业复原力反向预测其英语学习倦怠。

九、英语学业复原力与英语学习投入

根据COR理论，英语学业复原力和英语学习投入皆是内部个人资源。COR理论初始资源效应认为，个体资源储备充足的个体占据保存、获取资源的优势地位，因此拥有较高水平英语学业复原力的学习者更易避免其资源流失，并且更易获取其他资源。COR理论资源车队原则认为，资源不会以单一类型存在，而是以多种类型组成的资源车队形式并存。因此，拥有充足的英语学业复原力资源的学习者更易吸引英语学习投入资源。具体而言，当学习者在日常英语课程学习中，遇到挫败、打击时，学业复原力水平低的学习者则会陷在失败和沮丧中难以自拔，长期反复地深陷其中使得学习者在情感、认知和行为方面消耗了大量的资源，从而再无充足的资源去应对英语课程学习；而学业复原力水平高的学习者会迅速地从挫折和打击中恢复，未曾消耗的大量情感、认知和体力资源能够帮助学习者以饱满的热情和精力从容地继续英语课程学习，呈现出较高水平的英语学习投入。

在现有文献中，已有研究检验了学习复原力和学习投入的关联性。例如，Ghenaati等（2019）[101]以伊朗341名研究生为研究对象，探究有效教师特征、学业复原力和学习投入的作用机制，发现两两变量之间皆存在正向关联，验证了学业复原力对学习投入的积极影响。Layla等（2022）[102]以伊朗高校304名大学生为被试，构建基于个人、家庭、同学和其他教育因素对学业复原力的作用模型，发现学业复原力在学业自我效能与学习投入之间发挥部分中介作用，再次确定了学业复原力与学习投入的正相关。

尽管在外语教育教学领域，少有研究聚焦英语学业复原力和英语学习投入的关系，但考虑到Xu & Wang（2022）[100]强调英语学业复原力和英语学习动机、英语学习兴趣之间可能存在的关联性，以及上述的理论论证和相关实证研究结果支撑，本研究提出第九条假设如下：

假设9（H9）：应用型本科院校英语学习者的英语学业复原力正向预测其英语学习投入。

十、心理资本到英语学习倦怠的链式中介效应

本研究基于JDR理论和COR理论，假设英语学业复原力和感知师生支持两个变量在心理资本和英语学习倦怠之间可能发挥链式中介作用。

根据JDR理论，心理资本、英语学业复原力和感知师生支持都属于工作资源，能够帮助学习者满足英语课程学习的种种要求、降低英语学习压力；JDR理论假设当匮乏的工作资源难以满足工作要求时，持续的身体、认知、情感等方面的资源消耗往往促使个体无法继续满足工作要求，倦怠之态很有可能逐步形成。而当学习者拥有心理资本、英语学业复原力和感知师生支持三种工作资源时，丰富适配的资源有助于学习者去满足英语课程的学习任务，因此学生体验到英语学习倦怠的可能性也随之大大降低。

根据COR理论，心理资本、英语学业复原力和感知师生支持属于不同类型的资源。其中，心理资本是高于个人资源的关键资源，作为强大的积极心理品质能够帮助学习者调遣和管理其他各种资源；英语学业复原力是个人资源，作为与英语学科紧密相关的心理资源，能够帮助学习者在面临日常英语课程学习中的困难、挫折和挑战时快速恢复到正常的学习状态；感知师生支持是一种外部情境资源，在英语课程的学习环境下，是最为重要的社会支持来源，能够为学习者提供英语课程学习资源、方法、策略等方面的学业帮助，还能够为学习者提供尊重、理解、关爱、鼓励、陪伴等方面的情感帮助。根据COR理论的投资原则、资源驱动通道原则和初始资源效应，为了应对现存或潜在压力，个体会主动投资现有资源来增加资源储量和资源种类，因此拥有低水平心理资本资源的学习者较难获取英语学业复原力和感知师生支持这两类资源；根据COR理论的资源丧失效应，稀薄的资源储备或持续的资源损失使得个体在资源投资中往往处于低回报、零回报、甚至净流失的状

第三章　理论基础与研究假设

态，如此状态很可能会持续恶化、形成向下的资源丧失螺旋，因此拥有低水平心理资本的学习者由于较难获得英语学业复原力和感知师生支持，匮乏的心理资本资源在持续地应对英语课程学习压力时会难以为继，从而呈现出英语学习倦怠的状态。概而述之，基于以上论证，本研究预测心理资本可以通过英语学业复原力和感知师生支持的链式中介效应间接影响英语学习倦怠。

在现有文献中，尽管少有研究关注复原力在心理资本和学习倦怠之间的中介作用，但已有研究报告了积极应对策略在心理资本和学习倦怠间发挥的中介效应。例如，黄丹丹（2018）[103]以中国福州市204名高中生为研究对象，探讨心理资本、自我控制能力和学习倦怠三者之间的关系，研究结果显示心理资本通过自我控制能力的完全中介作用反向预测学习倦怠。Zhang等（2019）[104]以中国386中小学教师为研究对象，探究心理资本、应对风格、职业压力和职业倦怠的关系；研究结果发现心理资本对职业倦怠具有保护性作用，并且积极应对风格是心理资本与职业倦怠之间的有效中介变量。因为从某种程度而言，学业复原力可以是积极应对策略范畴中的一个概念，基于这两例实证结果可以预测学业复原力在心理资本与学习倦怠之间的中介作用。

在现有文献中，已有部分研究聚焦了社会支持在心理资本和倦怠之间的中介作用。例如，Sihag（2021）[105]以印度IT行业420名从业者为研究对象，考察心理资本、感知包括组织公正和来自主管的社会支持两个变量与工作投入之间的关系，研究结果显示感知来自组织的社会支持在心理资本和工作投入之间扮演了完全中介变量。这一研究结果再度确认了社会支持在心理资本和倦怠之间的中介作用。刘罗等（2020）[106]以中国湖南某地方本科院校的698名大学生为研究对象，考察心理资本、感知社会支持和学习倦怠三者之间的关系；研究结果表明心理资本负向预测学习倦怠，并且感知社会支持在两者之间发挥了部分中介作用。此研究结果验证了感知社会支持是心理资本和学习倦怠之间的有效中介变量。

尽管在外语教育教学领域中，很少有研究关注英语学业复原力或感知师生支持在心理资本和英语学习倦怠之间发挥中介作用，但基于以上论证和相关实证研究结果支撑，本研究假设在心理资本和英语学习倦怠的关系之间可能存在英语学业复原力和感知师生支持的链式中介效应。此外，基于COR理论的资源分类,鉴于三个变量中,作为关键资源的心理资本来自学习者个体内部,而且就资源功力来说高于英语学业复原力,就资源发挥功用的范围来说要广于英语学业复原力,本研究坚持将心理资本设定为英语学习倦怠的远端前置变量。但由于鲜有研究聚焦心理资本、英语学业复原力和感知师生支持对英语学习倦怠的影响,难以预测在链式中介的路径上英语学业复原力和感知师生支持孰先孰后,本研究决定通过数据验证结果再下定论,因此提出第十条和第十一条假设如下:

假设10(H10):应用型本科院校英语学习者的心理资本依次通过英语学业复原力和感知师生支持反向预测英语学习倦怠。

假设11(H11):应用型本科院校英语学习者的心理资本依次通过感知师生支持和英语学业复原力反向预测英语学习倦怠。

十一、心理资本到英语学习投入的链式中介效应

本研究JDR理论和COR理论,假设英语学业复原力和感知师生支持两个变量在心理资本和英语学习投入之间可能发挥链式中介作用。

根据JDR理论,心理资本、英语学业复原力和感知师生支持都是工作资源,它们能够帮助个体满足工作要求。该理论假设当工作资源远远高于工作要求时,个体会免于持续、严重的体力、情感和认知消耗,充沛的资源有助于个体呈现投入的状态。因此,当学习者同时拥有较高水平的心理资本、英语学业复原力和感知师生支持资源,充足的资源能够帮助学习者轻松完成英语课程学习任务,丰富的资源储备很有可能使英语学习者呈现投入的学习状态。

根据COR理论的资源分类,心理资本、英语学业复原力和感知师生支持分别属于不同类型的资源。其中,心理资本是关键资源,具有部署、调遣和使用其他资源的功能;本研究将心理资本界定为学生在校园学习环境下的、由自我效能、希望、乐观和韧性四个维度构成的个体积极心理品质。英语学业复原力是个人资源,本研究将其界定为学生在英语课程学习环境下的、克服日常英语学习中遇到的困难、失败和挫折的能力;感知师生支持是外部情境资源,本研究将其界定为在英语线上线下课堂环境中、由英语教师和同学

第三章 理论基础与研究假设

提供的学业和情感方面的帮助。

根据COR理论的初始资源效应和资源车队原则，资源丰富的初始状态使个体可以通过已有资源的低投资获得高回报，也就是说，心理资本水平高的英语学习者更容易得到英语学业复原力和感知师生支持。COR理论的资源增益效应认为，当个体拥有的资源种类和总量处于较高水平时，个体在应对压力之余会出现资源逐步累积的状态；越来越多的资源储备使个体的抗压能力越来越强，进而形成了向上的资源增益螺旋，个体因而呈现较高水平的投入状态。换言之，相较于心理资本水平低的英语学习者，当拥有较高水平心理资本资源的英语学习者获得更多的英语学业复原力和感知师生支持，三种资源的积聚会使得学习者逐步累增其资源拥有量，促成向上的资源增益螺旋，因此学习者很可能体验到较高水平的英语学习投入。概而述之，基于以上论证，本研究预测心理资本可以通过英语学业复原力和感知师生支持的链式中介效应间接影响英语学习倦怠。

在现有文献中，已有研究报告了学业复原力是心理资本的子维度和学习投入之间的中介变量；还有研究报告了与具体专业相关的个人资源是心理资本和学习投入之间的有效中介变量。具体而言，Martin & Marsh（2006）[107]以402名澳大利亚中学生为研究对象，探究学业复原力的前置变量和影响作用，研究结果表明自我效能是学业复原力的有效前置变量，同时表明学业复原力会后续预测包括对学校的喜爱和课堂参与度。从某种意义上来说，该研究结果意味着学业复原力在心理资本之自我效能和学习投入之间发挥了中介作用。丁奕（2015）[108]以中国浙江省某地方本科院校的833名大学生为样本，考察心理资本、专业承诺和学习投入的影响效应，研究结果发现心理资本不仅直接正向预测学习投入，而且还可通过专业承诺的中介作用间接地对学习投入发挥积极影响。该研究结果表明与具体专业相关的积极因素作为一种重要的资源可以在心理资本和学习投入之间扮演中介变量。

在现有文献中，也有研究探索了感知社会支持是心理资本与心理健康、心理资本与工作投入之间的中介变量。具体而言，Khan等（2024）[109]以中国武汉华中科技大学的443名大学生为研究对象，考察心理资本、心理健康和感知社会支持之间的关系，研究结果显示心理资本和感知社会支持两个变量都正向预测心理健康，而且感知社会支持还充当了心理资本与心理健康之间的中介变量。鉴于从某种意义上来说，投入可被视为健康和幸福感的指标之一，依此研究结果可推测感知社会支持可能会在心理资本和投入之间发挥中介作用。Rara（2019）[110]以在印度尼西亚若干公司工作达一年以上的100名千禧一代员工为研究对象，探究心理资本、感知组织支持和工作投入的作用机制，研究结果发现感知组织支持是心理资本和工作投入之间的有效中介变量。

尽管在外语教育教学领域，鲜少有研究关注英语学业复原力或感知师生支持在心理资本和英语学习投入之间发挥的中介作用，但基于上述论证和相关的实证研究结果报告，本研究假设在心理资本和英语学习投入的关系之间可能存在着英语学业复原力和感知师生支持的链式中介作用。此外，考虑到根据COR理论的资源分类，心理资本是关键资源，可以部署和管理其他资源如英语学业复原力和感知师生支持；而且本研究将心理资本界定在广义的校园学习生活环境，因此本研究坚持将心理资本锁定为英语学习投入的远端前置变量。鉴于英语学业复原力和感知师生支持属于英语课程学习环境中的个人资源和外部资源，本研究将这两个变量设定为中介变量。但由于现有文献中极少有研究同时关注心理资本、英语学业复原力、感知师生支持对英语学习投入的影响，为了严谨起见，本研究暂不武断预测英语学业复原力和感知师生支持在此链式中介路径上的位置前后，特提出第十二条和第十三条假设如下：

假设12（H12）：应用型本科院校英语学习者的心理资本依次通过英语学业复原力和感知师生支持正向预测英语学习投入。

假设13（H13）：应用型本科院校英语学习者的心理资本依次通过感知师生支持和英语学业复原力正向预测英语学习投入。

本章小结

本章首先对幸福感理论、资源保存理论和工作—要求资源理论的核心概念、理论框架及其在实证研究中的运用进行了介绍。基于对幸福感理论的梳理，本研究将积极心理学幸福感理论的三大支柱作为选择五个研究变量的总体指导；通过对幸福感及学业幸福相关研究的梳理，本研究确定了英语学业幸福由英语学习倦怠和英语学习投入两个维度构成。接着，本研究以资源保存理论和工作要求—资源理论作为理论论证基础，构建了探究心理资本与英语学业幸福作用机制和潜在路径的假设模型A及其竞争模型B，完成了包含在这两个假设模型中的十三条假设论证。

本章参考文献

[1] Diener, D. Subjective well-being[J]. Psychological Bulletin, 1984, 95（3）: 542-575.

[2] Waterman, A. S. Two conceptions of happiness: Contrasts of personal expressiveness (eudaimonia) and hedonic enjoyment[J]. Journal of Personality and Social Psychology, 1993, 64（4）: 678-691.

[3] Ryff, C.D. & Singer, B. The contours of positive human health[J]. Psychological Inquiry, 1998, 9（1）: 1-28.

[4] Ryan, R. M. & Deci, E.L. To be happy or to be self-fulfilled: A review of research on hedonic and eudaimonic well-being[J]. Annual Review of Psychology, 2001,（52）: 141-166.

[5] Keyes, C. L. Social well-being[J]. Social Psychology Quarterly, 1998, 61（2）: 121-140.

[6] Seligman, M. Flourish: A new understanding of happiness and well-being-and how to achieve them[M]. London: Free Press, 2011.

[7] Diener, E. Subjective well-being: The science of happiness and a proposal for a national index[J]. American Psychologist, 2000, 55（1）: 34-43.

[8] 苗元江.心理学视野中的幸福[D].南京师范大学, 2003.

[9] Ryff, C. D. & Keyes, C. L. M. The structure of psychological well-being revisited[J]. Journal of Personality and Social Psychology, 1995, 69（4）: 719-727.

[10] Kasser, T. & Ryan, R. M. A dark side of the American dream: Correlates of financial success as a central life aspiration[J]. Journal of Personality and Social Psychology, 1993, 65（2）: 410-422.

[11] Seligman, M. Authentic Happiness: Using the new positive psychology to realize your potential for lasting Fulfillment[M]. New York: Free Press, 2002.

[12] Troccoli, A. E. Attitudes toward accommodations and academic well-being of college students with disabilities[D]. Roman University, 2017.

[13] Schwartz, K. D., Exner-Cortens, D., McMorris, C. A., Makarenko, E., Arnold, P. & Van Bavel, M. COVID-19 and student well-being: Stress and mental health during return-to-school[J]. Canadian Journal of School Psychology, 2021, 36（2）: 166-185.

[14] Sadegin, A. & Mahdavi, F. Social-cognitive predictors of Iranian college students' academic wellbeing[J]. Journal of Career Development, 2019, 47（5）.

[15] Shek, D. & Chai, W. The impact of positive youth development attributes and life satisfaction on academic well-being: A longitudinal mediation study[J]. Frontiers in Psychology, 2020（11）.

[16] Timms, C., Fishman, T., Godineau, A., Granger, J. & Sibanda, T. Psychological engagement of university students: Learning community and family relationships[J]. Journal of Applied Research in Higher Education, 2018, 10（3）: 243-255.

[17] Salmela-Aro, K., Upadyaya, K., Winni-Laakso, J. & Hietajarvi, L. Adolescents' longitudinal school engagement and burnout before and during COVID-19: The role of socio-emotional skills[J]. Journal of Research on Adolescence, 2021, 31（3）: 796: 807.

[18] Korhonen, J., Linnanmaki, K. & Aunio, P. Learning difficulties, academic wellbeing and educational dropout: A person-centered approach[J]. Learning and Individual Differences, 2014,（31）: 1-10.

[19] Widlund, A., Tuominen, H. & Korhonen, J. Academic well-being, mathematics performance, and educational aspirations in lower secondary education: Changes within a school year[J]. Frontiers in Psychology, 2018,（9）.

[20] Hobfoll, S. E. The Plenum series on stress and coping. Stress, culture, and community: The psychology and philosophy of stress[M]. New York, NY, US: Plenum Press, 1988.

[21]Hobfoll, S. E. & Freedy, J. Conservation of resources: A general stress theory applied to burnout Professional burnout[M].Routledge, 2017.

[22] Ito, J. K. & Brotheridge, C. M. Resources, coping strategies, and emotional exhaustion: A conservation of resources perspective[J]. Journal of Vocational Behavior, 2003, 63 (3): 490-509.

[23] Alarcon, G. M., Edwards, J. M., Menke, L. E. Student burnout and engagement: A test of the conservation of resources theory[J]. The Journal of Psychology, 2011, 145 (3): 211-227.

[24] 曾练平, 韦光彬, 黄大炜, 等.资源保存理论视角下社会自我效能感对大学生主观幸福感的影响：链式中介效应分析[J].教育导刊, 2020, (5): 33-38.

[25] Thi, T. D. P. & Duong, N. T. Investigating learning burnout and academic performance among management students: a longitudinal study in English courses[J]. BMC Psychology, 2024, (12): 219.

[26]Hobfoll, S. E. The ecology of stress[M]. Taylor & Francis, 1988.

[27] Hobfoll, S. E. Conservation of resources: A new attempt at conceptualizing stress[J]. American Psychologist, 1989, 44 (3): 513-524.

[28] ten Brummelhuis, L. L. & Bakker, A. B. A resource perspective on the work-home interface: The work-home resources model[J]. American psychologist, 2012, 67 (7): 545-556.

[29] Hobfoll, S. E. Social and psychological resources and adaptation[J]. Review of general psychology, 2002, 6 (4): 307-324.

[30] Halbesleben J. R., Neveu J.-P., Paustian-Underdahl, S. C. & Westman, M. Getting to the "COR" understanding the role of resources in conservation of resources theory[J]. Journal of Management, 2014. 40 (5): 1334-1364.

[31] Hobfoll S. E., Halbesleben, J., Neveu J.-P. & Westman, M. Conservation of resources in the organizational context: The reality of resources and their consequences[J]. Annual Review of Organizational Psychology and Organizational Behavior, 2018, (5): 103-128.

[32] Ouweneel, E., Le Blanc, P. M. & Schaufeli, W. B. Flourishing

students: A longitudinal study on positive emotions, personal resources, and study engagement[J]. The Journal of Positive Psychology, 2011, 6 (2): 142-153.

[33] Dohrenwend, B. S. Social status and responsibility for stressful life events[J]. Stress and Anxiety, 1978, 5 (1-4): 105-127.

[34] Salanova, M., Schaufeli, W. B., Xanthopoulou, D. & Bakker, A. B. The gain spiral of resources and work engagement: Sustaining a positive worklife[J]. Work engagement: A handbook of essential theory and research, 2010 (10): 118-131.

[35] Payne, S. C., Cook, A. L. & Diaz, I. Understanding childcare satisfaction and its effect on workplace outcomes: The convenience factor and the mediating role of work-family conflict[J]. Journal of occupational and organizational psychology, 2012, 85 (2): 225-244.

[36] Shin, J., Taylor, M. S. & Seo, M.-G. Resources for change: The relationships of organizational inducements and psychological resilience to employees' attitudes and behaviors toward organizational change[J]. Academy of management Journal, 2012, 55 (3): 727-748.

[37] Selenko, E., Mäkikangas, A., Mauno, S. & Kinnunen, U. How does job insecurity relate to self-reported job performance? Analysing curvilinear associations in a longitudinal sample[J]. Journal of occupational and organizational psychology, 2013, 86 (4): 522-542.

[38] Xanthopoulou, D., Bakker, A. B., Demerouti, E. & Schaufeli, W. B. Reciprocal relationships between job resources, personal resources, and work engagement[J]. Journal of Vocational Behavior, 2009, 74 (3): 235-244.

[39] Zimmermann, B. K., Dormann, C. & Dollard, M. F. On the positive aspects of customers: Customer-initiated support and affective crossover in employee-customer dyads[J]. Journal of occupational and organizational psychology, 2011, 84 (1): 31-57.

[40] Halbesleben, J. R. & Wheeler, A. R. To invest or not? The role of coworker support and trust in daily reciprocal gain spirals of helping behavior[J]. Journal of management, 2015, 41 (6): 1628-1650.

[41] Salanova, M., Bakker, A. B. & Llorens, S. Flow at work: Evidence for an upward spiral of personal and organizational resources[J]. Journal of Happiness studies, 2006, 7 (1): 1-22.

[42] De Cuyper, N., Raeder, S., Van der Heijden, B. I. & Wittekind, A. The association between workers' employability and burnout in a reorganization context: Longitudinal evidence building upon the conservation of resources theory[J]. Journal of occupational health psychology, 2012, 17 (2): 162-174.

[43] Lee, J. J. & Ok, C. M. Understanding hotel employees' service sabotage: Emotional labor perspective based on conservation of resources theory[J]. International Journal of Hospitality Management, 2014, (36): 176-187.

[44] Penney, L. M., Hunter, E. M. & Perry, S. J. Personality and counterproductive work behaviour: Using conservation of resources theory to narrow the profile of deviant employees[J]. Journal of occupational and organizational psychology, 2011, 84 (1): 58-77.

[45] Hochwarter, W. A., Witt, L. A., Treadway, D. C. & Ferris, G. R. The interaction of social skill and organizational support on job performance[J]. Journal of applied psychology, 2006, 91 (2): 482-489.

[46] Andresen, M. What determines expatriates' performance while abroad? The role of job embeddedness[J]. Journal of Global Mobility, 2015, 3 (1): 62-82.

[47] Kammeyer-Mueller, J. D., Simon, L. S. & Judge, T. A. A head start or a step behind? Understanding how dispositional and motivational resources influence emotional exhaustion[J]. Journal of management, 2016, 42 (3): 561-581.

[48] Westman, M. & Etzion, D. The impact of short overseas business trips on job stress and burnout[J]. Applied psychology, 2002, 51 (4): 582-592.

[49] Davidson, O. B., Eden, D., Westman, M., Cohen-Charash, Y., Hammer, L. B., Kluger, A. N., Perrewé, P. L. Sabbatical leave: who gains and how much?[J] Journal of applied psychology, 2010, 95 (5): 953-964.

[50] Alarcon G. M., Edwards J. M., Menke L. E. Student burnout and

engagement: A test of the conservation of resources theory[J]. The Journal of Psychology, 2011, 145(3): 211-227.

[51] 曾练平, 韦光彬, 黄大炜, 等.资源保存理论视角下社会自我效能感对大学生主观幸福感的影响: 链式中介效应分析[J].教育导刊, 2020, (5): 33-38.

[52] Thi T. D. P. & Duong N. T. Investigating learning burnout and academic performance among management students: a longitudinal study in English courses[J]. BMC Psychology, 2024, (12): 219.

[53] Bakker, A. B. & Demerouti, E. The job demands-resources model: State of the art[J]. Journal of Managerial Psychology, 2007, 22(3): 309-328.

[54] Van Veldhoven, M. Quantitative job demands[A].in Peeters, M. C., de Jonge, J. & Taris, T. W. An introduction to contemporary work psychology (pp117-143). Wiley-Blackwell, 2014.

[55] Leiter, M. P., Bakker, A. B. & Maslach, C. Burnout at work: A psychological perspective[M]. Psychology Press, 2014.

[56] Demerouti, E., Bakker, A. B., Nachreiner, F. & Schaufeli, W. B. The job demands-resources model of burnout[J]. Journal of applied psychology, 2001, 86(3): 499-512.

[57] Schaufeli, W. B., Taris, T. W. & Van Rhenen, W. Workaholism, burnout, and work engagement: Three of a kind or three different kinds of employee well-being?[J] Applied psychology, 2008, 57(2): 173-203.

[58] Jackson, P. R., Wall, T. D., Martin, R. & Davids, K. New measures of job control, cognitive demand, and production responsibility[J]. Journal of applied psychology, 1993, 78(5): 753-762.

[59] de Jonge, J., Spoor, E., Sonnentag, S., Dormann, C. & van den Tooren, M. "Take a break?" Off-job recovery, job demands, and job resources as predictors of health, active learning, and creativity[J]. European Journal of work and organizational psychology, 2012, 21(3): 321-348.

[60] Martínez-Iñigo, D., Totterdell, P., Alcover, C. M. & Holman, D. Emotional labour and emotional exhaustion: Interpersonal and intrapersonal

mechanisms[J]. Work & Stress, 2007, 21（1）: 30-47.

[61] Van Yperen, N. W. & Janssen, O. Fatigued and dissatisfied or fatigued but satisfied? Goal orientations and responses to high job demands[J]. Academy of management Journal, 2002, 45（6）: 1161-1171.

[62] Bakker, A. B., Demerouti, E., De Boer, E. & Schaufeli, W. B. Job demands and job resources as predictors of absence duration and frequency[J]. Journal of Vocational Behavior, 2003, 62（2）: 341-356.

[63] Albrecht, S. L. The influence of job, team and organizational level resources on employee well-being, engagement, commitment and extra-role performance[J]. International Journal of Manpower, 2012, 33（7）: 840-853.

[64] Xanthopoulou, D., Bakker, A. B., Demerouti, E. & Schaufeli, W. B. The role of personal resources in the job demands-resources model[J]. International Journal of stress management, 2007, 14（2）: 121-141.

[65] Schaufeli, W. B. & Bakker, A. B. Job demands, job resources, and their relationship with burnout and engagement: A multi-sample study[J]. Journal of Organizational Behavior: The International Journal of Industrial, Occupational and Organizational Psychology and Behavior, 2004, 25（3）: 293-315.

[66] Hodges, J. Employee Engagement for Organizational Change: The Theory and Practice of Stakeholder Engagement[M]. Routledge, 2018.

[67] Bakker, A. B., Demerouti, E., Taris, T. W., Schaufeli, W. B. & Schreurs, P. J. A multigroup analysis of the job demands-resources model in four home care organizations[J]. International Journal of stress management, 2003, 10（1）: 16-38.

[68] Bakker, A. B., Demerouti, E. & Euwema, M. C. Job resources buffer the impact of job demands on burnout[J]. Journal of occupational health psychology, 2005, 10（2）: 170-180.

[69] Hakanen, J. J., Bakker, A. B. & Schaufeli, W. B. Burnout and work engagement among teachers[J]. Journal of school psychology, 2006, 43（6）: 495-513.

[70] Kim, Y. Music therapists' job demands, job autonomy, social

support, and their relationship with burnout and turnover intention[J]. The Arts in Psychotherapy, 2016, (51): 17-23.

[71] 黄杰, 鲍旭辉, 游旭群, 等.个体资源对JD-R模型与工作倦怠关系的中介作用[J].心理科学, 2010, 33(4): 963-965.

[72] Sanseverino D., Molinaro D., Spagnoli P. & Ghislieri C. The dynamic between self-efficacy and emotional exhaustion through studyholism: Which resources could be helpful for university students?[J]. The International Journal of Environmental Research and Publish Health, 2023, 20(15): 6462.

[73] Wu H., Zeng Y. & Fan Z. Unveiling Chinese senior high school EFL students' burnout and engagement: Profiles and antecedents[J]. Acta Psychologica, 2024, (243).

[74] 付立菲, 张阔.大学生积极心理资本与学习倦怠状况的关系[J].中国健康心理学杂志, 2010, 18(11): 1356-1359.

[75] Fatin S., Hosseinian S., Farid A. A. & Abolmaal K. Evaluating social problem solving and psychological capital model on academic burnout through mediating help seeking from peers and academic consciousness[J]. Journal of Positive Psychology Research, 2018, 3(3): 75-90.

[76] 王震, 江艳.大学生英语学习焦虑、学习倦怠和自我效能感现状及关系研究[J].浙江海洋大学学报(人文科学版), 2021, 38(2): 52-59.

[77] 李宜娟, 陈小葵.学业自我效能感、学习动机对高校英语专业学生学习倦怠的影响[J].山东青年政治学院学报, 2022, 38(4): 39-44.

[78] Siu, O. L., Bakker A. B. & Jiang X. Psychological capital among university students: Relationships with study engagement and intrinsic motivation[J]. Journal of happiness Studies, 2014, (15): 979-994.

[79] 汤倩, 葛明贵.大学生知识共享、积极心理资本与学习投入关系的实证研究[J].图书馆学研究, 2014, (6): 97-101+96.

[80] 杜衍姝.大学生心理资本对学习投入的影响: 学习倦怠的中介效应研究[J].内蒙古财经大学学报, 2021, 19(6): 20-23.

[81] Lin, Y. The interrelationship among psychological capital, mindful learning, and English learning engagement of university students in Taiwan. Sage

第三章 理论基础与研究假设

Open, 2020.

[82] Martin, A. J. & H. W. Marsh. 2008. Academic buoyancy: Towards an understanding of students everyday academic resilience[J]. Journal of School Psychology, 46 (1): 53-83.

[83] Azadianbojnordi, M., Bakhtiarpour, S., Makvandi, B. & Ehteshamizadeh, P. Can academic hope increase academic engagement in Iranian students who are university applicants? Investigating academic buoyancy as a mediator[J]. Journal of Psychologists and Counsellors in Schools, 2022, 32 (2).

[84] Yun, S., Hiver, P. & Al-Hoorie, A. H. (2018). Academic buoyancy: exploring learners' everyday resilience in the language classroom[J]. Studies in Second Language Acquisition, 40 (4): 805-830.

[85] Lesmana, J. & Savitri, J. Tipe student academic support dan academic buoyancy pada Mahasiswa[J]. Humanitas (Jurnal Psikologi), 2019, 3 (3).

[86] Botstwick, K. C. P., Martin, A. J., Collie, R. J., Burns, E. C., Hare, N., Cox, S., Flesken, A. & McCarthy, I. Academic buoyancy in high school: A cross-lagged multilevel modeling approach exploring reciprocal effects with perceived school support, motivation, and engagement[J]. Journal of Educational Psychology, 2022, 114 (8): 1931-1949.

[87] Jacobs, S.R. & Dod, D.K. Student Burnout as a Function of Personality, Social Support, and Workload[J]. Journal of College Student Development, 2003, 44 (3): 291-303.

[88] 王雨晴, 李明蔚. 领悟社会支持对师范生学习倦怠的影响：一个有调节的中介模型[J]. 中国特殊教育, 2021, (11): 90-96.

[89] 刘晓红, 牛睿欣, 郭继东. 英语学习师生支持及其与学习倦怠的关系[J]. 江西师范大学学报（哲学社会科学版）, 2020, 53 (5): 138-144.

[90] 吴国强, 梁渊. 教师自主支持对青少年学习投入的影响：自主动机的中介作用[J]. 西安文理学院学报（社会科学版）, 2022, 25 (3): 70-74.

[91] Olana, E. & Tefera, B. Family, teachers and peer support as predictors of school engagement among secondary school Ethiopian adolescent students[J]. Cogent Psychology, 2022, 9 (1): 2123586.

[92] Sadoughi, M. & Hejazi, S.Y. Teacher support and academic engagement among EFL learners: The role of positive academic emotions[J]. Studies in Educational Evaluation, 2021,（70）.

[93] Fan, Y. & Xu, J. Exploring student engagement with peer feedback on L2 writing[J]. Journal of Second Language Writing, 2020,（50）: 100775.

[94]傅俏俏.贫困大学生心理资本与亲社会行为的关系——感恩的中介作用[J].莆田学院学报, 2018, 25（6）: 39-44.

[95] Li, B., Ma, H., Guo, Y., Xu, F., Yu. F. & Zhou, Z. Positive psychological capital: A new approach to social support and subjective well-being[J]. Social Behavior and Personality, 2014, 42（1）: 135-144.

[96]李超,李贞,申贝贝,等.大学生心理资本、社会支持与就业能力的关系研究——以某医学院为例[J].黑龙江科学, 2022, 13（19）: 10-13.

[97]郭焱,李孟璐.领悟社会支持与"00后"高职生生命意义感的关系: 积极心理资本的中介作用[J].教育观察, 2022, 11（20）: 20-23+68.

[98]武帅,谢一鸣,吴晓凡,等.职高生心理韧性、学业自我效能感与学习倦怠的关系[J].河北联合大学学报（医学版）, 2016, 18（2）: 135-138.

[99] Vinter, K. Examing academic burnout: profiles and coping patterns among Estonia middle school students[J].Educational Studies, 2021, 47（1）: 1-18.

[100] Xu, X. & Wang, B. EFL students' academic buoyancy: Does academic motivation and interest matter?[J]. Frontiers in Psychology, 2022, 13.

[101] Ghenaati, A. & Nastiezaie, N. Investigating the relationship between characteristics of a good teacher and academic engagement with mediation of academic buoyancy of graduate students[J]. Journal of Medical Education Development, 2019, 12（33）: 34-42.

[102] Layla, J.-E., Solmaz, Y. & Nasibeh, L.-A. Designing and validating a structural model for academic engagement based on personal, family, peer, and educational factors with the mediating role of academic buoyancy in university students[J]. International Journal of Body, Mind and Culture, 2022, 9（4）: 296.

[103]黄丹丹.高中生心理资本自我控制能力与学习倦怠的关系[J].校园心理, 2018, 16（2）: 96-99.

[104] Zhang, Y., Zhang, S. & Hua, W. The impact of psychological capital and occupational stress on teacher burnout: Mediating role of coping styles[J]. The Asia-Pacific Education Researcher, 2019, (28): 339-349.

[105] Sihag, P. The mediating role of perceived organizational support on psychological capital-employ engagement relationship: a study of Indian IT industry[J]. Journal of Indian Business Research, 2021, 13 (1): 154-186.

[106] 刘罗, 李美仪, 欧芯露, 等.地方本科院校大学生积极心理资本、领悟社会支持与学习倦怠的关系研究[J].当代教育实践与教学研究, 2020, (14): 61-62.

[107] Martin, A. J. & Marsh, H. W. Academic resilience and its psychological and educational correlates: A construct validity approach[J]. Psychology in the Schools, 2006, 43 (3): 267-281.

[108] 丁奕.大学生心理资本对学习投入的影响——基于专业承诺的中介机制研究[J].教育与教学研究, 2015, 29 (3): 48-52.

[109] Khan, A., Zhang, Y., Fazal, S. & Ding, J. Relationship between psychological capital and mental health at higher education: Role of perceived social support as a mediator[J]. Heliyon, 2024 (10).

[110] Rara, P. G. Millennials in the workplace: The effect of psychological capital on work engagement with perceived organizational support as mediator[J]. Russian Journal of Agricultural and Social-Economic, 2019 (18).

第四章 研究方法

第一节 研究对象

本书的研究对象为湖北某应用型本科院校非英语专业学生。在"以学生为中心、以教师为主导"的理念和"分类培养、因材施教"的原则指导下，该校针对不同生源、不同专业中存在着英语基础不平衡的校本特点，对大学英语课程实施了分层教学，以期通过多元化、个性化的大学英语课程教学体系，满足不同层次、不同类型学生的英语学习需求，实现大学英语教与学的效果最优化。

具体的分层方法是在新生入学之初，组织英语分层考试。按照英语分层考试和高考英语成绩各占50%的权重，得出英语分层考试的成绩，作为分层分班的依据。该校将大学英语新生分为基础级（A级）、提高级（B级）和发展级（C级）三个层级。将分层考试成绩由低分到高分进行排序，位于前20%的学生被分到基础级（A级），中间55%的学生被分到提高级（B级），后25%的学生被分到发展级（C级）。针对不同层级的学生，制定不同的教学目标，选取不同的英语教材，采用与之匹配的分级教学运行模式。每学期学生的英语成绩均通过形成性评价和终结性评价相结合的方式给出。每学年，根据英语成绩和任课教师的建议，学生可以申请升高或降低至邻近层级的教学班继续下一学年的英语学习。

第二节　抽样方法

抽样方法的选择是研究设计过程中非常关键的一个环节，它对有效达到研究目的、确保研究的成功至关重要。在选择抽样方法时，需要仔细考虑研究目的、总体特征、可用资源以及期望的准确性和代表性。合适的抽样方法可以确保样本能够有效地代表总体，减少偏差和抽样误差。根据目的院校大学英语分层教学的具体情况，本研究选择了比例分层随机抽样法。在具体实施过程中，根据在校非英语专业每一层级班级和学生总数在总体的比例确定相应比率。确定样本量时，本研究首先参考了Yamane（1973）[1]提出的简化公式：

$$n = \frac{N}{1 + N(e)^2}$$

根据非英语专业大学生在校总数及Yamane（1973）建议使用 ± 5% 的精度水平计算公式，计算出样本量至少为377名学生。另一方面，本研究结合粗略的经验法则：N=100为足够，N=200为良好，N=400+为极好，本研究确定每个英语能力层级样本量大约为400人。

第三节　问卷设计

调查问卷是开展实证研究获取数据的一种重要途径。问卷设计的合理性和科学性是研究数据有效性、研究结果可靠性的基础和保障。量表的设计主要有两种方式：沿用现有的成熟量表或依据研究内容自行设计量表。两种设计方式各有其优点。例如，成熟量表具有更好的信效度，使用成熟量表得出的研究结果更容易与现有研究进行比较、进行对话（Meadows，2003）[2]。自行设计量表与研究情境更匹配、更贴切。通过权衡，本研究综合上述两种设计方式的优点，在沿用成熟量表的同时，结合本研究的具体情况，对量表中部分题目进行了适当的调整。

第四节　量表选择

一、心理资本

纵观国内外相关研究，对心理资本概念持有二维、三维、四维和多维的不同界定方法，测量工具种类繁多。本研究依照Luthans等，对心理资本的界定，将心理资本界定为由自我效能、希望、乐观和韧性四个维度构成的概念，在此介绍与该界定相关的测量工具种类及最终选择。

基于心理资本概念界定，Luthans等（2007）[3]开发了由24个题目组成的自陈式心理资本量表（PsyCap Questionnaire），简称PCQ-24。一年后，Luthans等学者（2008）[4]将PCQ-24量表缩减为由12个题目组成的迷你版量表。若干年后，Luthans等（2012）[5]以最早开发且广受认可的PCQ-24为蓝本，以美国某高校95名大学生为样本，针对校园环境进行适度调整，修订为适应大学生的心理资本量表。在国内，张阔（2010）[6]以PCQ-24主要适用于组织员工且缺乏充分的效度支撑为由，在PCQ-24和中国本土文化背景的基础上，以223名大学生为样本，编制了由26个题目组成的心理资本量表（简称PCQ-26），国内聚焦大学生的诸多研究都使用了该量表。尽管如此，通过梳理国内外相关文献，本研究发现使用PCQ-24仍然最为广泛。同时，经过深究发现，张阔（2007）[6]认为PCQ-24侧重测量心理状态可能会导致其重测信度不够理想，因此PCQ-26更侧重个体能力和结构的测量。然而，根据Luthans等（2007）[7]的另一项研究发现，在进行以115名工程师和技术人员（平均年龄44.83，标准差7.31）为样本的相关假设检验之前，Luthans等，以美国中西部某大学的学生为样本进行PCQ-24的信效度检验，他们给出的理由是大学生可被视为准组织公司员工。他们首先以167名学生为被试（平均年龄22.25岁，标准表1.41）进行第一轮数据收集，检验PCQ-24量表的信度和效度；5个月后以该校另外404名学生为样本（平均年龄21.1，标准差2.66）进行第二轮数据收集，确认该量表的稳定性。换言之，排除了张阔（2007）[6]提及的重测信效度之虞。

鉴于上述关于由四个维度构成的心理资本量表梳理，结合本研究将高校

第四章 研究方法

学习活动等同于组织工作性质，决定采用由李修平翻译的PCQ-24，仅在题目的表述上将组织环境调整为校园环境。该量表由四个维度的子量表组成，其中希望（6项）、效能（6项）、韧性（6项）和乐观（6项），以Likert五点等级计分。现有研究已验证了该量表良好的信效度以及在我国大学生中的适应性。例如，Virga等（2022）[8]以142名印度大学生和178名罗马尼亚大学生为样本，检验心理资本对学业成绩、学习倦怠和无聊的作用时，报告了该量表印度样本的Cronbach系数为0.90，罗马尼亚样本的Cronbach系数为0.89。宋木子等人（2021）[9]以我国244名学前教育大学生为样本，探讨心理资本对学业成绩的作用，汇报了良好的聚合效度和信度。本量表题目具体内容如表4-1所示。

表4-1 心理资本量表

维度	题目
心理资本希望	1.目前，我在精力饱满地完成自己设定的学习目标。
	2.就我目前的状态来说，我认为自己在学习和生活上很成功。
	3.我能想出很多办法来实现我目前的学习目标。
	4.目前，我正在实现我为自己设定的学习目标。
	5.任何问题都有很多解决办法。
	6.如果我发现自己在学习中陷入了困境，我能想出许多方法。
心理资本效能	7.我相信自己能够分析长远的问题并找到解决方案。
	8.在陈述自己学习范围之内的事情方面我很自信。
	9.我相信自己对集体事务的讨论有贡献。
	10.我相信自己能够设定好学习目标。
	11.我相信自己能够与同学（例如本校本专业、跨专业或跨学校）联系并讨论问题。
	12.我相信自己能够向一群同学演讲或陈述信息。

续表

维度	题目
心理资本乐观	13.对自己的学习和生活，我总是看到事情光明的一面。
	14.对我的学习与未来会发生什么，我是乐观的。
	15.在学习和生活中，我总相信"黑暗的背后是光明，不用悲观"。
	16.在我目前的学习与生活中，事情从来没有像我希望的那样发展。（反向）
	17.在学习与生活中，当遇到不确定的事情时，我通常期盼最好的结果。
	18.如果某件事情会出错，即使我明智地处理，它也会出错。（反向）
心理资本韧性	19.在学习与生活中，如果不得不去做，我也能独立应战。
	20.我通常对学习与生活中的压力都泰然处之。
	21.因为以前经历过很多磨难，所以现在我可以挺过学习或生活中的困难时期。
	22.在学习中遇到挫折时，我很难从中恢复并继续前进。（反向）
	23.在我目前的学习与生活中，我感觉自己能同时处理很多事情。
	24.在学习与生活中，无论如何我都会去解决遇到的问题。

PCQ-24 Luthans 等人（2007）

二、英语学习倦怠

回顾国内外已有研究，测量与本研究维度界定一致的英语学习倦怠主要有三种量表。

第一种，是基于Schaufeli等（2002）[10]修订的由15题组成的自陈式学习倦怠量表进行，简称MBI-SS-15量表（Maslach Burnout Inventory-Student Survey）。该量表以广受认可的由Schaufeli等（1996）[11]开发的职业倦怠普适量表为基础，以来自西班牙（623名）、葡萄牙（727名）和荷兰（311名）的大学生为样本，结合高校背景修订而成。学者们在MBI-SS-15问卷的题目表述中添加"英语"用以测量英语学习倦怠。

第二种，是基于MBI-SS-15量表，Li等（2021）[12]以我国中学英语学习者为样本，验证并修订的、由10个题目组成的英语学习倦怠量表，简称MBI-EFL-SS-10量表（Maslach Burnout Inventory-EFL Student Survey）。

第三种，是参考MBI-SS-15量表和杨涛[13]的研究，刘晓红等人（2020）[14]以我国631名英语专业学生为样本进行调查及验证编制的《英语学习倦怠情况量表》。

经过上述相关量表梳理,结合本研究情境及样本特点,本研究决定采用由Li等(2021)[12]编校的MBI-EFL-SS-10量表来测量英语学习倦怠。该量表由三个子量表组成,其中情绪耗竭(4项)、疏离(3项)、低效能(3项),以Likert五点等级计分。现有研究已验证了该量表良好的内部一致性。例如,一项以中国英语学习者为样本的研究报告了Cronbach系数为0.89(2021)[15]。本量表题目具体内容如表4-2所示:

表4-2 英语学习倦怠量表

维度	题目
情绪耗竭	1.英语学习让我心力交瘁。
	2.早晨起床时,想到新的一天又要面对英语,我会疲惫。
	3.英语学习或者上英语课对我而言真的是一种折磨。
	4.英语学习让我觉得自己被消耗殆尽。
疏离	5.自从上大学以来,我对英语学习的兴趣减少了。
	6.我对英语学习的热情减少了。
	7.我越来越怀疑学英语的用处。
低效能	8.我不相信我能够在英语课上发挥积极的作用。
	9.达到英语学习目标时,我不会受到鼓舞。
	10.英语课上,我没有自信做好正在做的事情。

MBI-EFL-SS-10 Li等(2021)

三、英语学习投入

因研究背景和研究目的的不同,对英语学习投入的概念界定、维度聚焦、测量工具也随之不同。纵观国内外研究,对英语学习投入概念的界定涉及行为投入、情感投入、认知投入、学术投入和社会投入中一个或多个不同维度的组合。本研究采用广受认可的三维说,将英语学习投入视为由认知投入、情感投入和行为投入相互作用、相互影响的有机体,在此介绍与该界定相关的测量工具及本研究的最终选择。

基于三维说,存在多种测量英语学习投入的工具来服务不同的研究目的。第一种,聚焦宏观教育环境下的英语学习投入,最为广泛使用的测量工具是基于Schaufeili等学者（2002）[10]修订的由14道题目组成的自陈式学习投入量表，简称UWES-S-14（Utrecht Work Engagement Scale-Student）量表。该量表将学习投入视为与高校教育活动（包括学习、科研、就业等）相关的，具有持久性、稳定性、呈现积极充沛的情感和认知倾向的心理状态，由活力、奉献和专注三个子量表组成。学者们在问卷的题目表述中添加"英语"用以测量英语学习投入。第二种，聚焦语言课堂环境下的英语学习投入，任庆梅（2021）[16]参照国外学者的前期研究修订的由27道题目组成的英语课堂学习投入量表。第三种，聚焦高校语言课程环境的英语学习投入，测量工具是基于Handelsman等学者（2005）[17]开发的由20道题目组成的大学生课程学习量表，简称SCEQ-20量表（Student Course Engagement Questionnaire）。在量表题目表述中添加"英语"用以测量英语课程英语学习投入。

通过上述相关量表梳理，考虑到进行数据收集时正当疫情原因导致英语课程的讲授时而线上、时而线下进行，结合本研究的研究目的，决定选用聚焦语言课程环境的量表来测量英语学习投入。该量表总计20题，由三个维度的子量表组成，其中认知投入（9项）、情感投入（5项）、行为投入（6项），以Likert五点等级计分。现有研究已使用该量表测量了中国学生的英语学习投入。Lin（2020）[18]以我国台湾学生为样本，报告了该量表各子量表的信度在0.79~0.88之间。本量表的20个题目如表4-3所示。

表4-3　英语学习投入量表

维度	题目
认知投入	1.我能确保日常规律的英语学习。
	2.我在英语学习上努力投入。
	3.我完成所有的英语作业。
	4.为了学习英语，我熬夜。
	5.我会提前预习，确保自己上英语课时能理解授课内容。
	6.我的英语学习活动安排得井井有条。
	7.在阅读、看课件、听音频或看视频讲座时，我会做笔记。
	8.在英语课堂上，我仔细听讲。
	9.上英语课，我缺勤。（反向）

第四章　研究方法

续表

维度	题目
情感投入	10.我能想办法让英语学习内容与我的生活相关。
	11.我将英语课程内容运用到我的生活中。
	12.我设法让自己喜欢英语。
	13.英语课间休息时，我会思考课程内容。
	14.我渴望学习英语课程内容。
行为投入	15.在英语课上，我会主动发言。
	16.当英语老师讲得没听懂时，我会主动提问。
	17.我觉得上英语课有意思。
	18.我会积极参加小组讨论。
	19.英语课后，我会与老师同学交流作业、测验或提问。
	20.我会帮助其他同学学习英语。

SCEQ-20 Handelsman等学者（2005）

四、英语学业复原力

国内外已有研究对英语学业复原力的测量主要有两种量表。第一种，是基于Martin and Marsh（2008）[19]开发的由4道题目组成的自陈式学业复原力量表，简称ABS-4（Academic Buoyancy Scale）量表。他们以来自澳大利亚18所中学的637名教职人员（平均年龄43.77，标准差10.7）和3450名中学生（平均年龄14.03，标准差1.58）为样本，开发了工作复原力和学业复原力量表。两个量表均为单维度，4道题目的内容完全一致，仅在文字表述上分别反映了教职员工或学生所处的不同环境。该量表一经开发，信效度得到反复验证。在其基础上，Yun等学者（2018）[20]以韩国高校英语学习者为样本，首次用ABS-4量表测量英语学业复原力。第二种，是由Jahedizadeh等学者（2019）[21]开发的由27道题目组成的自称式英语学业复原力量表。他们以316名伊朗高校学习英语翻译的大学生和研究生（平均年龄24.6，标准差6.56）为样本展开调查，开发了由可持续性、规律适应性、积极个人品质和积极学业态度4个维度构成的英语学业复原力量量表。鉴于ABS-4的广泛认可和单一维度界定更符合本研究的研究背景和研究目的，决定选用ABS-4量表。测量英语学业复原力时，在各个题目中添加了"英语"一词。如前所述，该量表只有一个维度4个题目，以Likert五点等级计分。大量研究已经验证了该量表具有良好的内部一致性。例如，Lei等（2022）[22]以我国860名中学生为样本，报告了Cronbach系数为0.86；王幼琨（2024）[23]以我国某重点大学研究生一年级的非英语专业学生为样本进行的研究，报告了Cronbach系数为0.877。本量表题目如表4-4所示：

表4-4 英语学业复原力量表

维度	题目
英语学业复原力	1.我不会让英语学习压力压倒我。
	2.我认为我擅长应对英语学业压力。
	3.我不会让糟糕的分数影响我的自信。
	4.我善于应对英语学习上的挫折（例如糟糕的分数，负面评价）。

ABS-4 Martin and Marsh（2008）

五、感知师生支持量表

纵观国内外研究，同时聚焦英语课程中教师支持和同学支持的研究不多，测量英语课程感知师生支持的工具主要有两种。第一种是郭继东和牛睿欣（2017）[24]编制的由11道题目构成的自陈式《师生支持问卷》。该量表是通过参考Johnson & Johnson（1983）[25]研制的课堂师生互动量表、程幼强和张岚（2011）[26]编制的大学生英语学习态度问卷，以我国某省三所高校的193名英语专业学生为样本编制而成。该量表由教师支持、学伴支持和学伴影响三个维度组成。第二种是刘晓红等人（2020）[14]编制的由18道题目组成的《英语学习师生支持情况量表》。该量表是在郭继东和牛睿欣（2017）编制的《师生支持问卷》的基础上，参考Ghaith（2002）[27]研制的合作学习课堂师生互动量表，以来自我国某省四所高校的英语专业学生为样本编制而成。该量表由教师学业支持、教师情感支持、同伴学业支持和同伴情感支持四个维度组成。

尽管上述两种量表都是以英语专业学生为被试，通过系统梳理发现Xie

第四章　研究方法

和Guo（2021）[28]以我国若干所高校的299名非英语专业学生为被试，使用《英语学习师生支持情况量表》展开了相关研究。基于此，通过进一步系统梳理相关研究，比较上述两个测量工具的维度和测量内容，结合本研究的研究背景和研究目的，最终决定使用由刘晓红等人（2020）编制的《英语学习师生支持情况量表》[14]。如上所述，该量表由四个子维度量表组成：教师学业支持、教师情感支持、同伴学业支持、同伴情感支持，以Likert五点等级计分。刘晓红等人（2020）[14]以我国高校外语学习者为样本的研究报告了该量表具有良好的信度，其Cronbach系数为0.93。该量表18个题目如表4-5所示。

表4-5　感知师生支持量表

维度	题目
教师学业支持	1.英语老师会向我们提供一些学习资源。
	2.英语老师会给我们介绍学习的方法和策略。
	3.英语老师建议我们阅读英语原著。
	4.英语老师会帮助我们解决学习上的问题，给予我意见或建议。
	5.英语老师注重培养我们自主学习的意识和能力。
教师情感支持	6.英语老师与我相处融洽、愉快。
	7.英语老师比较尊重我们。
	8.生活中，英语老师会关心和鼓励我。
	9.英语老师会关注我们的思想动态和心理状况。
	10.英语老师理解和接受我们的一些观点和做法。
同伴学业支持	11.我与同学结伴学习英语。
	12.在英语学习上，同伴会给予我建议和指导。
	13.同伴与我分享学习经验和资源。
	14.同伴会主动邀请我一起参加课外英语学习活动。
	15.同伴帮助我解决或克服英语学习中的问题或困难。
同伴情感支持	16.同伴积极的英语学习行为会激励我努力学习。
	17.遇到生活上的问题，同伴会安慰和开导我。
	18.当我情绪低落或面对压力时，同伴往往是我倾诉的对象。
《英语学习师生支持情况量表》刘晓红等人（2020）[14]	

第五节　控制变量

控制变量是指与研究理论和待检验假设无直接显著关联的外部变量（Spector & Brannick，2011）[29]。它们被视为混淆因素，可能影响研究结果的可靠性和有效性。常用的控制变量通常包括人口统计学因素、与工作或学习相关的特征等（Bernerth & Aguinis，2016）[30]。基于对现有文献的回顾，本研究将年龄、性别、年级和英语能力分层班级作为控制变量，以确保能够更准确地评估主要变量（即心理资本、英语学业复原力和英语课程感知师生支持）对因变量英语学业幸福（即英语学习倦怠和英语学习投入）的影响。

一、年龄

年龄通常被视为控制变量，用以控制虚假效应（Jyoti & Kour，2017）[31]。回顾已有研究，发现年龄与本研究因变量存在一定的相关性。关于学习投入，如奥地利研究人员Timms等（2018）[32]以大学一年级学生为样本开展研究，发现年龄较大的学生比年龄较小的学生学习投入程度更高。究其原因，年龄不同的学生可能会采用不同的学习策略。具体而言，年龄较大的学生更倾向于采用深度学习和策略性学习方法，探寻学习内容的根本意义（Burton，2009）[33]；年龄较小的学生更有可能采用表层学习的方法，即往往通过死记硬背去处理学习内容或仅仅关注课程要考的内容（Grosset，1991）[34]。关于学习倦怠，如Lee等（2013）[35]以韩国中小学生为研究对象，发现随着年龄的增长、学生感知压力的增加，学习倦怠呈现了与年龄显著的正相关。比利时研究人员Kilic等（2021）[36]以医学专业的大学生和研究生为样本进行研究，得出了不同的结论。他们研究发现年龄与学习倦怠呈显著负相关。究其原因，可能因为随着年龄增长，学生对所学专业知识逐渐拥有的掌控感，使他们对专业知识学习能力有了自信，呈现了随之降低的学习倦怠感。根据前人的研究结果，学习投入和学习倦怠皆与年龄存在统计学意义上的相关性。因此，本研究将年龄设定为控制变量之一。在进行数据分析时，用实际数字来测量。

二、性别

为了提高研究的有效性和可靠性，将性别作为控制变量是一种重要的研究策略。不同性别的个体在诸多方面可能存在差异，如生理特征、心理状态、社会行为等。在分析中，控制性别有助于隔离性别差异可能产生的效应，减少研究结果的偏差；同时，控制性别有助于减少混杂效应，能更准确地评估自变量与因变量之间的关系。

现有研究已对性别与学习投入和倦怠的关联进行了探究，得出了不同的结论。关于学习投入，Bru学者（2018）[37]对一组挪威中学生样本进行考察，发现女生比男生在行为投入维度呈现更高水平的学习投入。Santos等学者（2021）[38]以1507名葡萄牙大中小学生为样本进行调查，发现女生在学习投入的认知、情感和行为三个维度均报告了比男生更高的水平。Tison等学者（2011）[39]以1193名美国大学生为样本，发现性别与学习投入的关系受到学生主修专业中性别构成的调节作用，强调了性别与学习投入关系的复杂性。在二语习得领域，Quint等学者（2017）[40]以423名日本10至11岁的外语学习者为样本，发现男生呈现比女生更低的外语学习投入。关于学习倦怠，Cabras等学者（2023）[41]以俄罗斯和意大利大学生为样本，发现女生比男生在学习倦怠第一维度（即情感耗竭）呈现了更高水平的倦怠。Herrmann等学者（2019）[42]以德国中学生为样本，得出同样的结论，并且发现女生这样的体验可能与她们更高水平的自尊心和学习动机相关。Aguayo等学者（2019）[43]以西班牙大学生为样本，发现男生比女生在学习倦怠第二和第三维度（即疏离和低效能）呈现更高水平的倦怠，认为如此差异可能源于在面对学业困难的时候应对风格的差异所致。Bikar等学者（2018）[44]以伊朗高中生为样本，发现男生在学习倦怠的三个维度均呈现比女生更高的学习倦怠；在二语习得领域，Jahedizadeh等（2015）[45]以伊朗高校英语学习者为样本，得出同样的结论。Onuoha（2015）[46]以尼日利亚大学生为样本，发现在学习倦怠上并不存在显著性的性别差异。

根据前人研究结果，学习倦怠和学习投入皆与性别存在在统计学意义上的相关性，并且在二语习得领域性别与两个因变量的关系同样受到关注；因此，本研究决定将性别设为控制变量之一。进行数据分析时，性别被视为虚拟变量（1=男生，2=女生）。

三、年级

年级反映着学生的在校时长，为了更准确地评估其他变量对教育成果的影响，有必要将年级作为控制变量。已有研究发现了年级与学习投入和学习倦怠的关联性。例如，Asghar（2014）[47]以492名沙特阿拉伯女大学生为样本，发现低年级学生（大一和大二）比高年级学生（大三和大四）学习更投入。Aguayo等学者（2019）[43]在西班牙大学生中展开研究，发现大一新生较之学长在学习倦怠第一维度（即情感耗竭）呈现了更高水平的倦怠。因此，本研究将年级设为控制变量之一。在数据分析时，年级被设为虚拟变量（1=大一，2=大二，3=大三，4=大四）。

四、英语能力分层班级

英语能力分层班级显示着英语成绩不同的班级群体。在许多教育和心理学的研究中，成绩被用作控制变量，有助于更准确地理解和评估其他变量对学生学习成果、心理状态或行为的影响。回顾已有研究，发现成绩与本研究因变量存在一定的相关性。例如，Poorthuis等（2015）[48]在375名荷兰11—14岁的学生中进行调查，发现学生的成绩与他们的情感投入和行为投入呈负相关。Salmela-Aro等（2008）[49]以88172名芬兰中学生为样本对学习倦怠的三个维度进行了调查，发现成绩较差的学生经历了更高程度的倦怠。因此，本研究选定英语能力分层班级为控制变量之一。在进行数据分析时，英语能力分层班级设为标称变量（1=A级，2=B级，3=C级）。

第六节　统计分析方法

本研究主要采用偏最小二乘结构方程模型（Partial Least Square Structural Equation Modeling，简称PLS-SEM）进行数据统计分析。PLS-SEM提供了多种统计方法，如简单和多元回归分析、路径分析和结构方程模型（Hammer

第四章　研究方法

等，1978）[50]。PLS-SEM能够同时分析多个假设。特别是需要处理复杂的模型关系时，PLS-SEM简化了数据分析过程（Abdi，2007）[51]。PLS-SEM允许最大化解释因变量中的方差，并根据测量模型的特性评估数据质量。此外，与传统的基于协方差结构方程模型（CB-SEM）相比，PLS-SEM更加灵活，不严格要求数据必须正态分布（Kline，2015）[52]，而且也非常适合包含大量指标的潜变量和概念模型（Hair等，2011）[53]。鉴于多重优势，PLS-SEM已广泛用于社会科学研究中，如市场营销（Change等，2016）[54]、人力资源管理（Kianto等，2017）[55]、高校英语教育（Fu，2023）[56]。

考虑本研究的具体情况，采用PLS-SEM进行数据统计分析颇显合理。首先，本研究涉及多个潜变量包含较大数目的指标。比如，心理资本变量拥有多达24个指标，英语学习投入有20个指标，英语课程感知师生支持有18个指标。其次，本研究需要对复杂的模型进行分析。具体而言，需要进行三个一重中介路径分析，还需要进行二个链式中介分析。另外，本研究收集的数据存在非正态分布的可能。综上所述，本研究决定选择PLS-SEM进行模型和假设验证分析。具体统计分析工具为Warp-PLS7.0版本。

本章小结

本章首先介绍了研究对象、抽样方法和问卷设计；基于系统文献梳理，结合本研究的研究背景、研究目的等，介绍了最终敲定的测量纳入本研究模型的五个研究变量（心理资本、英语学习倦怠、英语学习投入、英语学业复原力和英语课程感知师生支持）的量表。其次，基于前人相关研究，介绍了本研究锁定的控制变量（年龄、性别、年级和英语能力分层班级）。最后，介绍了本研究计划主要使用的数据分析方法——偏最小二乘结构方程模型（Partial Least Square Structural Equation Modeling，简称PLS-SEM）的特点及选择理由。本研究将在下一章就数据分析与假设检验进行相关汇报。

本章参考文献

[1]Yamane, T. Statistics: An introductory analysis[M]. London: John Weather

Hill, 1973.

[2] Meadows, K. A. So you want to do research?: Questionnaire design[J]. British journal of community nursing, 2003, 8 (12): 562-570.

[3] Luthans, F., Youssef, C. M., Avolio, B. J. Psychological Capital: Developing the human Competitive Edge[M].Oxford University Press, 2007.

[4] Luthans, F., Avey, J. B., Clapp-Smith, R. & Li, W. More evidence on the value of Chinese workers'psychological capital: A potentially unlimited competitive resource?[J].The International Journal of Human Resource Mangagement, 2008, 19 (5): 818-827.

[5]Luthans, B. C., Luthans, K. W. & Jensen, S.M. The impact of business school students' psychological capital on academic performance[J].Journal of Education for Business, 2012, 87 (5): 252-259.

[6]张阔, 张赛, 董颖红.积极心理资本: 测量及其与心理健康的关系[J].心理与行为研究, 2010, 8 (1): 58-64.

[7]Luthans, F., Avolio, B. J., Avey, J. B. & Norman, S.M. Positive psychological capital: Measurement and relationship with performance and satisfaction[J]. Personnel Psychology, 2007, 60 (3): 541-572.

[8] Vîrgă, D., Pattusamy, M. & Kumar, D. P. How psychological capital is related to academic performance, burnout, and boredom? The mediating role of study engagement[J]. Current Psychology, 2020, 41 (11): 6731-6743.

[9] 宋木子, 艾桃桃, 付红珍. 大学生心理资本对学业成绩的影响——竞争模型的比较与选择[J].高教论坛, 2021, (3): 114-119.

[10] Schaufeli, W. B., Martinez, I. M., Pinto, A. M., Salanova, M. & Bakker, A.B. Burnout and Engagement in University Students: A Cross-National Study[J]. Journal of Cross-Cultural Psychology, 2002, 33 (5): 464-481.

[11] Schaufeli, W., Leiter, M., Maslach, C. & Jackson, S. Maslach Burnout Inventory-General Survey.in Maslach, C., Jackson, S. E. & Leiter, M. P. (eds), The Maslach Burnout Inventory: Test Manual. Palo Alto[M].California: Consulting Psychologists Press, 1996.

[12] Li, C., Zhang, L. J. & Jiang, G. Conceptualisation and measurement

of foreign language learning burnout among Chinese EFL students[J]. Journal of Multilingual and Multicultural evelopment, 2012, 1-15.

[13] 杨涛.外语学习倦怠与动机关系研究[M].北京：科学出版社, 2015.

[14] 刘晓红, 牛睿欣, 郭继东.英语学习师生支持及其与学习倦怠的关系[J].江西师范大学学报（哲学社会科学版）, 2020, 53（5）: 138-144.

[15] Liu, C., He, J., Ding, C., Fan, X. & Hwang, G. J. Self-oriented learning perfectionism and English learning burnout among EFL learners using mobile applications: The mediating roles of English learning anxiety and grit[J]. Learning and Individual Differences, 2021, (88).

[16] 任庆梅.混合式教学环境下动机调控对大学英语课堂学习投入的影响研究[J].外语电化教学, 2021, (1): 44-50+60+7.

[17] Handelsman, M. M., Briggs, W. L., Sullivan, N. & Towler, A. A measure of college student course engagement[J]. The Journal of Educational Research, 2005, 98（3）: 184-192.

[18] Lin, Y. T. The interrelationship among psychological capital, mindful learning, and English learning engagement of university students in Taiwan[J]. Sage Open, 2020 (18).

[19] Martin, A. J. & Marsh, H. W. Workplace and academic buoyancy: Psychometric assessment and construct validity amongst school personnel and students[J]. Journal of Psychoeducational Assessment, 2008, 26（2）: 168-184.

[20] Yun, S., Hiver, P. & Al-Hoorie, A. H. Academic buoyancy: Exploring learners' everyday resilience in the language classroom[J]. Studies in Second language Acquisition, 2018, (40): 805-830.

[21] Jahedizadeh, S., Ghonsooly, B. & Ghanizadeh, A. Academic buoyancy in higher education: Developing sustainability in language learning through encouraging buoyant EFL students[J]. Journal of Applied Research in Higher Education, 2019, 11（2）: 162-177.

[22] Lei, W., Wang, X., Dai, D. Y., Guo, X., Xiang, S. & Hu, W. Academic self-efficacy and academic performance among high school students: A moderated mediation model of academic buoyancy and social support[J]. Psychology

in the Schools, 2022, 59（5）: 885-899.

[23] 王幼琨.二语坚毅与学业浮力对学习投入的影响[J].现代外语, 2024, 47（3）: 370-382.

[24] 郭继东, 牛睿欣.英语学习中的师生支持及其与学习成绩的关系研究[J].外语与翻译, 2017, 24（1）: 67-71+98.

[25] Johnson, D. W. & Johnson, R. T. Social interdependence and perceived academic and personal support in the classroom[J]. The Journal of Social Psychology, 1983, 120（1）: 77-82.

[26] 程幼强, 张岚.大学生英语学习态度问卷的编制及其信效度分析[J].天津外国语大学学报, 2011, 18（3）: 41-48.

[27] Ghaith, G. M. The relationship between cooperative learning, perception of social support, and academic achievement[J]. System, 2002, 30（3）: 263-273.

[28] Xie, X. & Guo, J. Influence of teacher-and-peer support on positive academic emotions in EFL learning: The mediating role of mindfulness[J]. Asia-Pacific Education Researcher, 2023,（32）: 439-447.

[29] Spector, P. E. & Brinnick, M.T. Methodological urban legends: The misuse of statistical control variables [J]. Organizational Research Methods, 2011, 14（2）: 287-305.

[30] Bernerth, J. B. & Aguinis, H. A critical review and best-practice recommendations for control variable usage[J]. Personnel Psychology, 2016, 69（1）: 229-283.

[31] Jyoti, J. & Kour, S. Factors affecting cultural intelligence and its impact on job performance: Role of cross-cultural adjustment, experience and perceived social support[J]. Personnel Review, 2017, 46（4）: 767-791.

[32] Timms, C., Fishman, T., Godineau, A., Granger, J. & Sibanda, T. Psychological engagement of university students: Learning communities and family relationships[J]. Journal of Applied Research in Higher Education, 2018, 10（3）: 243-255.

[33] Burton, L. J., Taylor, J. A., Dowling, D. G. & Lawrence, J. Learning

approaches, personality and concepts of knowledge of first-year students: mature-age versus school leaver[J]. Studies in Learning Evaluation Innovation and Development, 2009, 6 (1): 65-81.

[34] Grosset, J. M. Patterns of integration, commitment, and student characteristics and retention among younger and older students[J]. Research in Higher Education, 1991, 32 (2): 159-178.

[35] Lee, J., Puig, A., Lea, E. & Lee, S. M. Age-related differences in academic burnout of Korean adolescents[J]. Psychology in the Schools, 2013, 50 (10): 1015-1031.

[36] Kilic, R., Nasello, J. A., Melchior, V. & Triffaux, J.M. Academic burnout among medical students: Respective importance of risk and protective factors[J]. Public Health, 2021, (198): 187-195.

[37] Bru, E., Virtanen, T., Kjetilstad, V. & Niemiec, C.P. Gender differences in the strength of association between perceived support from teachers and student engagement[J]. Scandinavian Journal of Educational Research, 2021, 65 (1): 153-168.

[38] Santos, A.C., Simoes, C., Cefai, C. & Freitas, E. Emotion regulation and student engagement: Age and gender differences during adolescence[J]. International Journal of Educational Research, 2021, (109): 101830.

[39] Tison, E. B., Bateman, T. & Culver, S.M. Examination of the gender-student engagement relationship at one university[J]. Assessment & Evaluation in Higher Education, 2011, 36 (1): 27-49.

[40] Quint, W. L., Baldwin, O. & Nakata, Y. Engagement, gender, and motivation: A predictive model for Japanese young language learners[J]. System, 2017, (65): 151-163.

[41] Cabras, C., Konyukhova, T., Lukianova, N. & Mondo, M. Gender and country differences in academic motivation, coping strategies, and academic burnout in a sample of Italian and Russian first-year university students[J]. Heliyon, 2023, (9): 16617.

[42] Hermann, J., Koeppen, K. & Kessels, U. Do girls take school too

seriously? Investigating gender differences in school burnout from a self-worth perspective[J]. Learning and Individual Differences, 2019,(69): 150-161.

[43] Aguayo, R., Canadas, G.R. & Assbaa-Kaddouri, L. A risk profile of sociodemographic factors in the onset of academic burnout syndrome in a sample of university students[J]. International Journal of Environmental Research and Public Health, 2019, 16(5): 707.

[44] Bikar, S., Marziyeh, A. & Pourghaz, A. Affective structures among students and its relationship with academic burnout with emphasis on gender[J]. International Journal of Instruction, 2018, 11(1): 183-194.

[45] Jahedizadeh, S., Ghanizadeh, A. & Ghapanchi, Z. A cross-contextual analysis of EFL students' burnout with respect to their gender and educational level[J]. International Journal of English and Educaiton, 2015, 4(3): 10-22.

[46] Onuoha, U. C. Evidence of academic self efficacy, perceived teacher support, age and gender as predictors of school burnout[J]. Global Journal of Human-Social Science: A Arts & Humanities-Psychology, 2015, 15(2): 11-17.

[47] Asghar, H. Patterns of engagement and anxiety in university students: First year to senior year. Students' work engagement and anxiety: Are they related? [A]. In Pracana (ed.), Psychology Application & Developments. Lisboa: inScience Press, 2014.

[48] Poorthuis, A. M. G., Juvonen, J., Thomas, S. & Denissen, J.J.A. Do grades shape students' school engagement? The psychological consequences of report card grades at the beginning of secondary school[J].Journal of Educational Psychology, 2015, 107(3): 842-854.

[49] Salmela-Aro, K., Kiuru, N., Pietikainen, M. & Jokela, J. Does School matter? The role of school context in adolescents' school-related burnout[J]. European Psychologist, 2008, 13(1): 12-23.

[50] Hammer, M. R., Gudykunst, W. B. & Wiseman, R.L. Dimensions of intercultural effectiveness: An exploratory study[J]. International Journal of Intercultural Relations, 1978, 2(4): 382-393.

[51] Abdi, H. PLS-Regression[A]. in Salkind, N. J. (ed), Encyclopedia of Measurement and statistics. Thousand Oaks: Sage, 2007.

[52] Kline, R. B. Principles and practice of structural equation modeling[M]. Guilford publications, 2015.

[53] Hair, J. F., Ringle, C. M. & Sarstedt, M. PLS-SEM: Indeed a silver bullet[J]. Journal of Marketing theory and Practice, 2011, 19 (2): 139-152.

[54] Chang, S. E., Shen, W. C. & Liu, A. Y. Why mobile users trust smartphone social networking services? A PLS-SEM approach[J]. Journal of Business Research, 2016, 69 (11): 4890-4895.

[55] Kianto, A., Sáenz, J. & Aramburu, N. Knowledge-based human resource management practices, intellectual capital and innovation[J]. Journal of Business Research, 2017, (81): 11-20.

[56] Fu, L. Social support in class and learning burnout among Chinese EFL learners in higher education: Are academic buoyancy and class level important? [J]. Current Psychology, 2024, 43 (2): 5789-5803.

第五章　数据分析与假设检验

第一节　预调查

预调查是保证大规模数据调查研究成功的关键步骤。通过较小规模样本的预调查，有助于提前发现并解决潜在问题，优化研究设计，提高调查问卷的清晰度、理解性和适用性，减少误解和误差，使研究结果更加准确、可靠。

本研究预调查于2021年12月进行。正值目的院校所在的城市经历了新冠肺炎疫情第二波后的第三个月份。笔者通过与目的院校大学英语负责人之一联系，确定预调查的时间、地点及班级。随后，笔者亲赴选定班级，向学生简要介绍了本研究的目的与可能产生的价值。通过选定班级英语教师的协助，共发放纸质问卷222份，全额回收。剔除不完整信息问卷，获得有效问卷199份，问卷利用率89.6%。预调查样本的个人基本信息如表5-1所示。

表5-1　预调查受试者基本信息

人口统计特征变量	类别	样本数	百分比
性别	男	33	16.6
	女	166	83.4
生源地	城市	44	22.1
	农村	155	77.9
独生子女	是	56	28.1
	否	143	71.9

第五章　数据分析与假设检验

续表

人口统计特征变量	类别	样本数	百分比
所属学院	数理学院	1	0.5
	生物工程学院	77	38.7
	师范学院	69	34.7
	经济与管理学院	52	26.1
所在年级	大一	130	65.3
	大二	68	34.2
	大三	1	0.5
担任学生干部	是	56	28.1
	否	143	71.9

年龄：均值=18.86　标准差=0.943　最小值=17　最大值=21

由表5-1所示，在199名样本中，男生33人，占比为16.6%；女生166人，占比为83.4%。其中，有44人来自城市，占比为22.1%；有155人来自农村，占比为55.9%。56人是独生子女，占比为28.1%；143人非独生子女，占比71.9%。就所属专业来看，1人来自数理学院，占比为0.5%；77人来自生物工程学院，占比为38.7；69人来自师范学院，占比为34.7%；还有52人来自经济与管理学院，占比为26.1%。就在校时长来看，有130人是大一新生，占比65.3%；有68人是大二学生，占比为34.2%；还有一人是大三学生，占比0.5%。问及是否担任过学生干部，有56人给予肯定回答，占比为28.1%；有143人给予否定回答，占比为71.9%。受试者平均年龄为18.86，标准差为0.943；其中，年龄最小的17岁，年龄最大的21岁。

基于199人样本，本研究对采用量表进行了初步测试。根据测试结果，对设计的问卷在某些题目的文字表述方面、个别题目的顺序进行了微调，以确保问卷的质量。

第二节　数据收集

　　大规模数据收集于2022年春季学期初启动。笔者与目的院校大学英语另一名负责人接洽，确定初步的数据收集计划，并与相关大学英语任课教师约定具体的时间和地点。随后，笔者逐一亲赴现场，详细地向学生介绍本研究目的和研究意义，告知学生调查问卷获取信息绝对匿名，既不针对某个学生也不针对某个教师，以消除一些不必要的顾虑。同时，笔者还告知学生问卷中的所有题目既没有标准答案，也没有对错与否，邀请学生根据自身的具体情况和真实感受完成问卷并提交。数据收集历时大约一个月。根据预先设定的英语能力分层三个等级的比例，笔者先后走进了47个班级。在学生自愿参与的前提下，收回问卷1955份。剔除某些信息缺失的问卷，最终收集有效问卷1934份，问卷利用率为98.9%。

第三节　样本描述

　　现对受试者人口统计学信息进行报告。受试者平均年龄为19.2，标准差为1.106，最低年龄为17岁，最高年龄为28岁。有关受试者年龄的详细信息如表5-2所示。

表5-2　受试者年龄均值及分布

年龄	频率	百分比	有效百分比	累积百分比
17	30	1.6	1.6	1.6
18	531	27.5	27.5	29
19	669	34.6	34.6	63.6
20	499	25.8	25.8	89.4
21	160	8.3	8.3	97.7
22	35	1.8	1.8	99.5

第五章 数据分析与假设检验

续表

年龄	频率	百分比	有效百分比	累积百分比
23	7	0.4	0.4	99.8
27	1	0.1	0.1	99.9
28	2	0.1	0.1	100
总计	1934	100	100	
均值=19.2 标准差=1.106				

在1934名受试者中，男生有844名，占比43.6%；女生有1090名，占比为56.4%。就生源地而言，有603名学生来自城市，占比31.2%；有1331名学生来自农村，占比为68.8%。就是否独生子女而言，有591名学生是独生子女，占比30.6%；有1343名学生并非独生子女，占比为69.4%。就是否有锻炼身体的习惯而言，有1250名学生回答"是"，占比64.6%；有684名学生回答"否"，占比35.4%。有关这些人口统计信息如表5-3所示。

表5-3 受试者其他人口统计信息

变量	类别	频率	百分比
性别	男	844	43.6
	女	1090	56.4
生源地	城市	603	31.2
	农村	1331	68.8
独生子女	是	591	30.6
	否	1343	69.4
锻炼习惯	是	1250	64.6
	否	684	35.4

现对受试者与英语学习相关信息进行报告。就所在年级而言，有1064名为大一新生，占比55%；有830名为大二学生，占比42.9%；有37名为大三学生，占比1.9%；有3名为大四学生，占比0.2%。1934名受试者分别来自11个不同专业。其中，有88名学生来自数理学院，占比4.6%；有192名学生来自计算机学院，占比9.9%；有108名学生来自生物工程学院，占比5.6%；有242名学生来自通航学院机械学院，占比12.5%；有107名学生来自电子信息

工程学院，占比5.5%；有155名学生来自化工与药学院，占比8%；有146名学生来自医学院，占比7.5%；有267名学生来自师范学院，占比13.8%；有124名学生来自文学与传媒学院，占比6.4%；有245名学生来自经济与管理学院，占比12.7%；有260名学生来自艺术学院，占比13.4%。就所属英语能力分层班级而言，有594名学生来自基础班（A级班），占比30.7%；有995名学生来自提高班（B级班），占比51.4%；有345名学生来自发展班（C级班），占比17.8%。抽取样本大体反映了英语能力班级分层的橄榄形分布。问及是否已参加大学英语四级考试，其中275名学生报告已参加，占比14.2%；1659名学生报告尚未参加，占比85.8%。问及是否担任学生干部，其中575名学生回答"是"，占比29.7%；1359名学生回答"否"，占比70.3%。有关受试者学习特征信息如表5-4所示。

表5-4 受试者学习特征信息

变量	类别	频率	百分比
年级	大一	1064	55
	大二	830	42.9
	大三	37	1.9
	大四	3	0.2
所属学院	数理学院	88	4.6
	计算机学院	192	9.9
	生物工程学院	108	5.6
	通航学院机械学院	242	12.5
	电子信息工程学院	107	5.5
	化工与药学院	155	8
	医学院	146	7.5
	师范学院	267	13.8
	文学与传媒学院	124	6.4
	经济与管理学院	245	12.7
	艺术学院	260	13.4

续表

变量	类别	频率	百分比
英语能力分层班级	基础级（A级）	594	30.7
	提高级（B级）	995	51.4
	发展级（C级）	345	17.8
大学英语四级考试	已参加	275	14.2
	未参加	1659	85.8
担任学生干部	是	575	29.7
	否	1359	70.3

第四节 正态分布检验

进行数据正态分布检验有助于选择正确的统计方法，因为许多统计测试方法都假设数据是正态分布的，如t检验和方差分析。本研究通过偏度检验、峰度检验、Jarque-Bera正态性检验和Robust-Bera正态性检验来描述和检验数据的正态性，分析结果见表5-5。

偏度是指与正态分布相比样本数据分布的不对称程度，反映不对称性程度的指标被称作偏度系数（Ho & Yu，2015）[1]。正态分布是完全对称的，所以偏度系数为0。偏度系数大于0描述了右侧尾部较长的分布，而偏度系数小于0则描述了左侧尾部较长的分布（Kim，2013）[2]。West等学者（1995）[3]建议，偏度系数的绝对值大于2表示潜在变量的正态分布呈显著偏离。从表5-5中可以看到，所有潜在变量的偏度系数绝对值都低于2。因此，偏度检验结果表明样本数据分布服从正态分布。

峰度是指与正态分布相比潜在变量分布的尖峭程度，反映尖峭程度的指标被称作峰度系数（Ho & Yu，2015）[1]。通常情况下，峰度系数的原始值被称作正常峰值。正常峰值等于3代表正态分布。为了简化数据解读，大多数统计软件包括本研究使用的PLS在内皆提供超额峰度系数，即将正常峰值减去3得到的值（kim，2013）[2]。因此，当超额峰度系数为0，代表正态分布。

超额峰度系数大于0代表尖峰态分布，描绘了潜在变量的分布具有窄肩膀和细长尾部的形态。超额峰度系数小于0代表低峰态，描绘了潜在变量的分布具有宽肩膀和短粗尾部的形态（Ho & Yu，2015）[1]。West等（1995）[3]提出，当正常峰值的绝对值大于7表示与正态分布显著偏离。也就是说，将超额峰度系数的绝对值4设定为临界值，超过4即为非正态分布。从表5-5中可以看到，除了年龄的超额峰度系数4.947大于临界值4，其余变量的超额峰度系数绝对值均小于4。因此，峰度检验结果表明样本数据并非全部服从正态分布。

Jarque-Bera正态性检验（简称JB检验）和Robust-Bera正态性检验（简称RJB检验）都是基于偏度和峰度进行计算，并通过与卡方分布的临界值进行比较来检验样本数据是否服从正态分布的统计方法。比较这两种检验方法，当样本数据存在异常值或偏离正态分布的情况时，RJB检验法能够提供更可靠的正态性检验结果。JB检验和RJB检验的结果都以"是"或"否"的文字形式提供。"是"意味着样本数据服从正态分布，"否"意味着样本数据不服从正态分布。从表5.5中可以看到，所有潜在变量的JB检验和RJB检验结果均为"否"，表明样本数据中并非所有变量都服从正态分布。

正如前文提及，PLS-SEM统计分析方法并不严格要求数据的正态分布，且已有大量研究表明在样本数据不满足正态分布要求时，PLS-SEM统计分析方法提供了可靠的数据分析结果（Hair等，2012；Nitzl，2016）[4][5]。因此，根据正态分布检验结果，本研究采用PLS-SEM作为统计分析方法是适宜的。

表5-5 正态分布检验结果

	心理资本	英语学习倦怠	英语学习投入	英语学业复原力	英语课程感知师生支持	年龄	性别	年级	英语能力分层班级
偏度系数	-0.727	0.412	-0.103	-0.223	-0.104	1.122	-0.256	0.610	0.170
超额峰度系数	0.861	0.112	0.543	0.022	0.177	4.947	-1.934	-0.408	-0.878
JB检验	NO	NO	NO	NO	NO	NO	NO	NO	NO
RJB检验	NO	NO	NO	NO	NO	NO	NO	NO	NO

第五节 测量模型

在进行模型评估之前，区分形成性测量和反应性测量是非常重要的。在当前研究中，对所有变量都采用了反应性测量，因为所有指标都预期与彼此及潜在变量本身高度相关（Kock & Mayfield, 2015）[6]。当采用反应性测量时，必须检验所有量表的可靠性和有效性。测试可靠性，本研究进行了Cronbach系数检验和组合可靠性检验。测试有效性，本研究进行了收敛效度检验、区分效度检验和异质性—同质性比率检验（Heterotrait-Monotrait ratio，简称HTMT检验）。

一、信度检验

在社会科学研究中，对潜变量进行可靠性检验是必要的。可靠性检验有助于确保潜变量的内部一致性，从而得出可靠的结果（Nunnally，1978）[7]。否则，缺乏可靠性的测量可能导致不准确的研究结果和错误的结论。本研究通过两种检验方法来测试潜变量的可靠性，一种是Cronbach系数，另一种是组合可靠性检验。检验结果详见表5-6。

（一）Cronbach系数检验

Cronbach系数是一种常用的测量潜变量内部一致性的方法（Hair等，2012）[4]。该系数考虑了量表内各个题目之间的相关性，以及每个题目与量表总分之间的相关性。Cronbach系数通常被视为衡量可靠性的指标之一。Cronbach系数介于0和1之间，数值越大表明内部一致性越好。Fornell & Larcker（1981）[8]建议Cronbach系数的临界值为0.7。Cronbach系数大于或等于0.7代表潜变量的内部一致性可以接受，Cronbach系数大于0.9代表潜变量的内部一致性很好。如表5-6所示，所有潜变量的Cronbach系数值介于0.821和0.937之间，均高于临界值0.7，表明本研究所使用的量表具有良好的信度。

（二）组合可靠性检验

组合可靠性是另一种测量潜变量内部一致性的方法，特别是在结构方程模型（SEM）中。组合可靠性考虑了测量误差，计算得出的结果更准确。因此，组合可靠性被视为衡量可靠性的另一重要指标（Peterson & Kim, 2013）[9]。由于组合可靠性考虑了单个指标的载荷，因此，组合可靠性数值比Cronbach系数更精确，并且通常高于Cronbach系数（Hair等，2019；Hair等，2012）[10][4]。组合可靠性的值介于0和1之间，通常建议的值为大于0.7。如表5-6所示，所有潜变量的组合可靠性值介于0.882和0.944之间，略高于它们的Cronbach系数，并且均高于临界值0.7，反映了良好的内部一致性，表明本研究所使用的量表具有良好的信度。

综合Cronbach系数和组合可靠性检验结果，本研究确定所有潜在变量均呈现了良好的内部一致性，本研究使用的所有量表均具有良好的信度。换言之，从信度检验的角度而言，本研究测量模型可靠。

表5-6 信度检验结果

	心理资本	英语学习倦怠	英语学习投入	英语学业复原力	英语课程感知师生支持
Cronbach系数	0.937	0.923	0.931	0.821	0.926
组合可靠性值	0.944	0.936	0.939	0.882	0.935

二、效度检验

在社会科学研究中，对潜在变量进行有效性检验是必要的。效度检验旨在评估潜在变量被测量的程度（Hair等，2012）[4]。量表的良好效度说明目的预测潜变量被如实准确地测量到了。本研究通过三种检验方法来测试量表的有效性，即收敛效度检验、区分效度检验和异质性—同质性比率检验。

（一）收敛效度检验

收敛效度检验是常用的效度检验的一种方法。收敛效度检验旨在检测量

第五章　数据分析与假设检验

表中的每个题项是否准确地测量了所属的潜变量（Hair等，2011）[11]，即检测同一潜变量下的各个题项之间是否具有良好的相关性。本研究采用因子载荷数来检验收敛效度。Hair等（2011）[11]建议因子载荷数的最低值为0.5。如表5-7所示，心理资本共有24个题项，它们的因子载荷数介于0.539至0.896之间。如表5-8所示，英语学习倦怠共有10个题项，它们的因子载荷数介于0.618至0.872之间。如表5-9所示，英语学习投入共有20个题项，它们的因子载荷数介于0.526至0.734之间。如表5-10所示，英语学业复原力共有4个题项，它们的因子载荷数介于0.750至0.837之间。如表5-11所示，感知师生支持共有18个题项，它们的因子载荷数介于0.549至0.777之间。

表5-7　心理资本因子载荷数及交叉载荷数

		心理资本	英语学习倦怠	英语学习投入	英语学业复原力	英语课程感知师生支持
心理资本	题1	0.597	−0.074	0.003	−0.022	−0.066
	题2	0.560	−0.043	0.021	−0.066	−0.068
	题3	0.652	−0.103	0.049	−0.131	−0.003
	题4	0.646	−0.107	0.104	−0.115	−0.034
	题5	0.559	−0.069	0.038	−0.118	0.015
	题6	0.896	0.029	0.017	0.001	0.003
	题7	0.636	0.012	0.277	−0.097	0.001
	题8	0.600	0.071	0.159	0.041	0.004
	题9	0.661	0.080	0.146	−0.021	−0.038
	题10	0.648	0.015	0.028	−0.091	−0.048
	题11	0.576	0.024	−0.091	0.027	0.025
	题12	0.656	0.049	0.016	0.072	0.003
	题13	0.623	0.032	−0.117	0.038	−0.042
	题14	0.653	−0.016	−0.214	0.102	0.010
	题15	0.627	−0.035	−0.215	0.133	0.060
	题16	0.544	−0.133	−0.109	−0.191	0.015
	题17	0.609	0.042	0.013	0.000	0.029
	题18	0.610	−0.061	−0.041	−0.167	−0.004

续表

		心理资本	英语学习倦怠	英语学习投入	英语学业复原力	英语课程感知师生支持
心理资本	题19	0.539	−0.009	−0.131	0.048	0.061
	题20	0.853	−0.010	−0.079	0.072	−0.004
	题21	0.634	0.064	−0.116	0.192	−0.014
	题22	0.554	0.130	0.060	0.012	0.011
	题23	0.846	0.021	−0.023	−0.006	0.018
	题24	0.575	0.065	−0.003	0.247	0.077

表5-8　英语学习倦怠因子载荷数及交叉载荷数

		心理资本	英语学习倦怠	英语学习投入	英语学业复原力	英语课程感知师生支持
英语学习倦怠	题1	0.002	0.730	0.100	−0.060	0.021
	题2	−0.001	0.834	0.033	0.002	0.030
	题3	0.039	0.857	0.009	0.002	−0.008
	题4	0.002	0.872	0.065	0.030	−0.030
	题5	−0.013	0.791	−0.061	−0.009	0.012
	题6	−0.045	0.781	−0.075	0.014	0.040
	题7	−0.024	0.690	0.072	0.054	0.016
	题8	−0.015	0.783	−0.065	−0.005	−0.049
	题9	0.036	0.618	−0.012	0.048	−0.040
	题10	0.022	0.728	−0.068	−0.071	0.006

表5-9　英语学习投入因子载荷数及交叉载荷数

		心理资本	英语学习倦怠	英语学习投入	英语学业复原力	英语课程感知师生支持
英语学习投入	题1	0.072	−0.069	0.636	−0.068	−0.054
	题2	0.085	−0.085	0.698	−0.045	−0.023
	题3	0.074	−0.173	0.797	−0.012	−0.030
	题4	−0.070	0.186	0.549	−0.014	−0.088

第五章　数据分析与假设检验

续表

		心理资本	英语学习倦怠	英语学习投入	英语学业复原力	英语课程感知师生支持
英语学习投入	题5	−0.110	0.052	0.640	0.102	0.017
	题6	0.022	−0.041	0.733	0.017	−0.026
	题7	0.087	−0.089	0.526	−0.045	0.053
	题8	0.017	−0.174	0.535	0.010	0.096
	题9	−0.073	0.235	0.589	0.003	−0.040
	题10	0.102	0.045	0.688	−0.131	−0.058
	题11	0.043	0.065	0.686	−0.110	0.013
	题12	0.112	−0.143	0.549	−0.024	0.006
	题13	−0.034	0.069	0.661	−0.002	0.013
	题14	−0.069	−0.102	0.690	0.106	−0.005
	题15	−0.096	0.130	0.687	0.040	−0.055
	题16	−0.026	0.184	0.710	0.005	−0.030
	题17	−0.125	−0.149	0.666	0.170	0.098
	题18	0.002	−0.074	0.711	0.063	0.018
	题19	−0.028	0.068	0.734	−0.024	0.086
	题20	0.022	0.070	0.655	−0.050	0.022

表5-10　英语学业复原力因子载荷数及交叉载荷数

		心理资本	英语学习倦怠	英语学习投入	英语学业复原力	英语课程感知师生支持
英语学业复原力	题1	0.035	−0.097	0.059	0.750	0.025
	题2	0.053	0.006	0.051	0.805	−0.043
	题3	−0.103	0.030	−0.118	0.837	0.016
	题4	0.021	0.051	0.016	0.832	0.002

表5-11 英语课程感知师生支持因子载荷数及交叉载荷数

		心理资本	英语学习倦怠	英语学习投入	英语学业复原力	英语课程感知师生支持
英语课程感知师生支持	题1	−0.037	−0.027	−0.110	−0.038	0.661
	题2	−0.005	−0.030	−0.172	−0.068	0.714
	题3	−0.163	0.034	0.008	0.054	0.663
	题4	0.000	−0.030	−0.105	−0.025	0.777
	题5	0.013	−0.053	−0.134	0.057	0.753
	题6	0.015	−0.152	−0.225	−0.025	0.678
	题7	0.098	−0.107	−0.274	−0.056	0.658
	题8	0.038	0.044	−0.049	−0.007	0.719
	题9	−0.012	−0.027	−0.138	−0.026	0.766
	题10	0.030	−0.086	−0.210	−0.003	0.766
	题11	−0.019	0.047	0.337	0.016	0.574
	题12	−0.011	0.082	0.251	0.004	0.663
	题13	0.013	0.063	0.179	0.000	0.647
	题14	−0.058	0.176	0.368	0.057	0.549
	题15	−0.037	0.093	0.253	0.026	0.644
	题16	0.003	−0.038	0.204	0.032	0.562
	题17	0.075	0.057	0.041	0.054	0.580
	题18	0.053	0.029	0.043	−0.022	0.571

综合表5-7至表5-11显示的收敛效度检验结果，可以看到每个潜变量的所有题项的因子载荷数都超过了门槛值0.5，表明本研究使用的量表具有良好的收敛效度。

（二）区分效度检验

区分效度检验是常用的效度检验方法之一。区分效度检验旨在考察某个潜变量与其他潜变量之间的区分程度（Farrell，2010）[12]。换言之，不同潜变量应该有不同的测量维度，彼此之间不应该高度相关。如果不同潜变量的相关性低于它们各自内部项目之间的相关性，表明具有良好的区分效度。区分效度通过计算平均提取方差值（Average Variance Extraction，简称AVE）

第五章 数据分析与假设检验

的平方根，同时比较每个潜变量的平方根与该变量和其他潜变量的相关系数进行检验（Donth & Yoo, 1998; Kline, 2015）[13][14]。Fornell & Larcker（1981）[8]建议每个潜变量的AVE平方根应大于它所涉及的任何潜变量的相关性。如表5-12所示，对角线所示各变量的AVE平方根均大于该变量与其他变量的相关系数，表明本研究使用的量表具有良好的区分效度。

表5-12 区分效度检验结果

	心理资本	英语学习倦怠	英语学习投入	英语学业复原力	英语课程感知师生支持	年龄	性别	年级	英语能力分层班级
心理资本	0.647								
英语学习倦怠	−0.409***	0.772							
英语学习投入	0.532***	−0.619***	0.661						
英语学业复原力	0.588***	−0.430***	0.486***	0.807					
英语课程感知师生支持	0.425***	−0.364***	0.467***	0.367***	0.668				
年龄	−0.012	0.081***	−0.048*	−0.018	−0.047*	1			
性别	−0.104***	0.016	−0.105***	−0.147***	−0.057*	−0.053***	1		
年级	−0.015	0.059*	−0.041	−0.048*	−0.073***	0.584***	0.119***	1	
英语能力分层班级	0.245***	−0.328***	0.500***	0.255	0.184***	−0.077***	−0.027	−0.092***	1

注：*P<0.05，**P<0.01，***P<0.001

（三）异质—同质比值检验

异质—同质比率（Heterotrait-Monotrait Ratio Test，简称HTMT）检验也是一种评估潜变量区分效度的方法。HTMT比率检验通过计算两个潜变量之间的相关系数与同一个潜变量内部各指标的相关系数的比值来评估不同潜变量之间的区分程度。HTMT比率值越小，表明两个潜变量之间的区分度越高。Henseler等学者（2015）[15]认为，当构面概念相近时，单做区分效度检验不足以判别有效性，通过HTMT比率检验予以进一步检验是非常必要的。Kline（2015）[14]建议一般两个潜变量的HTMT比值不能高于0.85；当两个构面概念非常接近时，HTMT比值可以放宽至0.9。

在文献综述部分，本研究已提及学业复原力与学业韧性被视为同源概念，而心理资本恰恰包含韧性维度，即英语学业复原力和心理资本其中的一个维度存在构面概念相近的嫌疑。为了进一步确认英语学业复原力和心理资本的有效性，本研究对所有潜变量进行了HTMT比率检验。如表5-13所示，在90%置信区间范围内，本研究所有潜变量两两HTMT比值介于0.363和0.671之间，均低于0.85，进一步确认了各个潜变量具有令人满意的区分度。

概述之，第一，本研究通过收敛效度检验结果，确定本研究使用的所有量表皆具有良好收敛效度。也就是说，下属每一个潜变量的所有题目都汇聚指向既定潜变量，表明本研究使用的所有量表均能够达到准确测量需要测量的潜变量的目的。第二，本研究通过区分效度检验结果，确定本研究使用的所有量表皆具有良好的区分效度。也就是说，本研究中的不同潜变量之间存在明显的差异。第三，考虑到英语学业复原力与心理资本可能包含概念相近的维度，本研究再次通过HTMT比率检验，进一步确认了本研究中不同潜变量之间的区分程度达标。综合这三步的检验结果，从效度检验结果而言，本研究测量模型有效。

综合信度检验与效度检验结果，表明本研究测量模型既可靠又有效。此外，Hair等（2012）[4]认为当信度检验与效度检验的结果满足推荐的阈值时，也可确定据此得出的研究结果是无偏见的。

表5-13 异质—同质比率检验结果

	心理资本	英语学习倦怠	英语学习投入	英语学业复原力
英语学习倦怠	0.440 P<0.001 CI.$_{90}$[0.404；0.476]			
英语学习投入	0.560 P<0.001 CI.$_{90}$[0.524；0.597]	0.666 P<0.001 CI.$_{90}$[0.630；0.703]		
英语学业复原力	0.671 P<0.001 CI.$_{90}$[0.635；0.708]	0.497 P<0.001 CI.$_{90}$[0.460；0.533]	0.558 P<0.001 CI.$_{90}$[0.521；0.594]	
英语课程感知师生支持	0.462 P<0.001 CI.$_{90}$[0.425；0.498]	0.399 P<0.001 CI.$_{90}$[0.363；0.435]	0.513 P<0.001 CI.$_{90}$[0.477；0.550]	0.428 P<0.001 CI.$_{90}$[0.477；0.550]

三、多重共线性检验

多重共线性是指多元线性回归模型中两个或多个变量高度相关的一种统计现象（Farrar & Glauber，1967）[16]。该现象可能导致回归系数的估计不准确，模型解释性下降。因此，在测量模型检验结果达标后，应进行多重共线性检验，以排除因潜在的多重共线性问题损害回归结果使模型估计失真的隐患。通过计算方差膨胀系数（Variance Inflation Factor，简称VIF）并将其与推荐的阈值进行比较，可以有效地评估模型中是否存在多重共线性问题（Kock & Lynn，2012）[17]。VIF值越大，说明共线性越强。本研究采用完整方差膨胀系数（Full Variance Inflation Factor，简称完整VIF）测试来排查多重共线性问题，因为它可以同时评估横向与纵向共线性（Kock & Lynn，2012）[17]。完整方差膨胀系数的阈值建议低于3.3（Petter，Straub & Rai，2007）。如表5-14所示，本研究模型中所有变量的完整VIF系数介于1.071与2.401之间，均低于3.3，表明多重共线性不是一个严重的问题，增强了对模型结果的信任度。

此外，通过多重共线性检验还能够检测共同方法偏差，以及由于使用相同方法或数据来源而产生的系统性误差。共同方法偏差可能导致变量之间的关系被高估或低估，从而影响模型的准确性。由于本研究中所有变量的完整VIF系数均在可接受范围内，表明共同方法偏差亦不是一个严重的问题。

综上所述，通过进行全共线性VIF测试并仔细分析其结果，本研究排除了研究结果可能因多重共线性和共同方法偏差的严重问题导致模型预测功能失效的担忧。

表5-14　多重共线性检验结果

	心理资本	英语学习倦怠	英语学习投入	英语学业复原力	英语课程感知师生支持	年龄	性别	年级	分层班级
完整VIF系数	1.788	1.712	2.401	1.706	1.386	1.560	1.071	1.585	1.354

第六节　研究变量描述性分析

在确认使用量表的信度和效度、排除了多重共线性和共同方法偏差隐患后，本研究首先基于样本数据对纳入研究模型的变量进行描述性分析。具体而言，本研究在这一部分使用IBM SPSS 20统计分析软件通过比较均值及标准差对应用型本科院校英语学习者的心理资本、英语学业幸福（即英语学习倦怠和英语学习投入）、英语学业复原力和英语课程感知师生支持的现状进行描述性分析。

本研究使用的量表皆为李克特5级，因此判定均值等级分为5档：1—1.8（最低档），1.8—2.6（次低档），2.6—3.4（一般），3.4—4.2（次高档），4.2—5（最高档）。在描述每个变量时需根据量表测量分值的具体情况而定。测量心理资本，依次由1分至5分，分值越高表明心理资本水平越高。如表5-15所

第五章　数据分析与假设检验

示，心理资本的均值为3.338，落在"一般"区间，表明应用性本科院校的英语学习者心理资本水平一般；标准差为0.508，表明个体之间的差异不大。具体比较四个维度的均值，可以发现：自我效能、希望、乐观和韧性四个维度的均值依次由高到低，分别为3.276、3.330、3.332和3.413，均落在"一般"区间；此外，标准差均小于0.6，表明样本之间的差异亦不大。测量英语学习倦怠，依次由1分至5分，分值越高表明英语学习倦怠水平越高。如表5-15所示，英语学习倦怠的均值为2.497，落在次低档，说明英语学习倦怠程度尚可；但标准差为0.815，说明个体之间的差异较大。具体比较三个维度的均值，可以发现：均值由低至高为低效能（2.441）、情绪耗竭（2.469）、疏离（2.591）。此外，标准差由低至高为低效能（.848）、情绪耗竭（.944）、疏离（.958），表明在三个维度的个体差异亦依次增大。由此，可以看到，应用型本科院校英语学习者的英语学习倦怠水平以疏离为最主要的表现，而且个体之间的差异亦最大。

测量英语学习投入，依次由1分至5分，分值越高表明投入程度越高。由表5-15可知：英语学习投入均值为2.888，落在一般档，说明应用型本科院校学生的英语学习投入水平一般；此外，标准差为0.608，特别是与英语学习倦怠的标准差进行比较，可以发现个体在英语学习投入方面的差异不大。具体比较三个维度的均值，可以发现：均值由低至高依次为行为投入（2.709）、情感投入（2.985）、认知投入（2.985）；标准差由低至高依次为认知投入（.657）、情感投入（.659）、行为投入（.705）。由此可见，应用型本科院校学生的英语学习投入水平以认知投入为主要表现，但个体差异在行为投入表现最为突出。测量英语学业复原力，依次由1分至5分，分值越高表明英语学业复原力水平越高。由表5-15可知：英语学业复原力的均值为3.215，落在"一般"区间；标准差为0.667。由此可知，应用型本科院校学生的英语学业复原力处于一般水平，个体差异比心理资本和英语学习投入明显，但较英语学习倦怠逊色。测量英语课程感知师生支持，依次由1分至5分，分值越高表明学生感知得到的师生支持水平越高。由表5-15可以发现：感知师生支持的均值为3.532，落在次高档；标准差为0.623，个体差异水平高于心理资本和英语学习投入，低于英语学业复原力和英语学习倦怠。具体比较四个维度的均值，可以发现：均值由低至高依次为同伴学术支持（2.905）、同伴情感支持（3.405）、教师学术支持（3.875）教师情感支持（3.890）；其中除了同伴学术支持落在"一般"区间，其余三个维度落在次高区间；标准差由低至高依次为教师学术支持（.735）、教师情感支持（.787）、同伴情感支持（.818）、同伴学术支持（.855）。由此可知，学生感知的师生支持水平较高，其中以教师情感支持为最，而学生在同伴学术支持维度感知差异最大。

表5-15　研究变量描述性分析结果（N=1934）

变量	均值 ± 标准差	维度	均值 ± 标准差
心理资本	3.338 ± 0.508	自我效能	3.413 ± 0.575
		希望	3.332 ± 0.569
		乐观	3.330 ± 0.596
		韧性	3.276 ± 0.571
英语学习倦怠	2.497 ± 0.815	情绪耗竭	2.469 ± 0.944
		疏离	2.591 ± 0.958
		低效能	2.441 ± 0.848
英语学习投入	2.888 ± 0.608	认知投入	2.985 ± 0.657
		情感投入	2.927 ± 0.659
		行为投入	2.709 ± 0.705
英语学业复原力	3.215 ± 0.667		
感知师生支持	3.532 ± 0.623	教师学术支持	3.875 ± 0.735
		教师情感支持	3.890 ± 0.787
		同伴学术支持	2.905 ± 0.855
		同伴情感支持	3.405 ± 0.818

总而言之，通过对纳入本研究的主要变量进行描述性分析可以发现：应用型本科院校英语学习者感知到的英语课程师生支持水平最高且处于次高档，比较理想。英语学习倦怠处于次低档，初看没有前人研究提及的程度高，但以疏离维度为最高，说明英语学习倦怠问题不容小觑。英语学业复原力、心理资本和英语学习投入三者由高至低依次落在"一般"区间，可见三者均具有进一步提升的较大空间。

第七节　结构模型

一、模型拟合指数

模型拟合指数是PLS-SEM评估模型拟合程度的第一个重要指标，反映了既定模型与样本数据匹配的质量，从而帮助研究者确定所建模型是否能够为后续的假设检验提供有效保障（Kock & Lynn，2012）[17]。WarpPLS7.0提供了十个模型拟合指数来衡量研究模型的质量。这十个指数包括：平均路径系数（Average Path Coefficient）、平均R平方（Average R-squared）、平均调整R平方（Average Adjusted R-squared）、平均块方差膨胀系数（Average Block VIF）、平均完整方差膨胀系数（Average Full Collinearity VIF）、Tenenhaus模型优度拟合指数（Goodness of Fit）、辛普森悖论比值（Simpson's Paradox Ratior）、R平方贡献比值（R-squared Contribution Ration）、统计抑制比值（Statistical Suppression Ration）和非线性双变量因果方向比值（Nonlinear Bivariate Causality Direction Ration）。具体分析结果见表5-16。

（一）平均路径系数

平均路径系数（Average Path Coefficient，简称APC）是PLS-SEM评估模型质量的第一个重要指数。它是模型中所有指定路径系数（即直接效应）的算术平均值，用于评估模型中各路径的平均效应强度与方向，快速了解模型的整体解释力。评估平均路径系数时，还需要考虑路径系数的显著性水平。Kock（2011）[18]建议当APC的P值小于或等于0.05意味着所建模型具有统计显著性。从表5-16中可以看到，模型A的APC值为0.202，模型B的APC值为0.183，且其P值均低于0.001，由此可以推断本研究所建模型A和模型B的平均路径系数具有统计显著性。换言之，本研究模型A和模型B中的路径关系并非由随机误差导致，而是反映了实际存在的关联。本研究所构建的两个模型路径均可以进一步用于预测和解释研究变量之间的关系。

（二）平均R平方

平均R平方（Average R-squared，简称ARS）是PLS-SEM评估模型质量的第二个重要指数。该指标评估整体模型对数据的解释程度，特别适用于模型选择和验证过程。R平方是回归分析中一个重要的评估指标，用于衡量模型解释的变异量占总变异量的比例。R平方值越接近1，表示模型对数据的拟合程度越好，解释力越强。在多个不同的数据或多次模型验证过程中计算R平方，然后取其均值，即得到平均R平方。评估平均R平方时，也需要考虑P值。从表5-16中可以看到，本研究模型A和模型B的ARS值分别为0.306和0.259，且其P值均低于0.001，由此可以推断本模型的ARS值具有统计显著性。意味着本研究构建的模型A和模型B皆分别能够解释样本数据中约30.6%和25.9%的变异，而且其解释力不是由随机误差得来。平均P平方值确认了本研究构建的两个模型对样本数据的拟合程度较好，为进行后续假设验证提供了又一指标支撑。

（三）平均调整R平方

平均调整R平方（Average Adjusted R-squared，简称AARS）是PLS-SEM评估建模质量的第三个重要指数。平均调整R平方（AARS）与平均R平方（ARS）略有不同。AARS考虑了模型中变量的数量，是在ARS的基础上进行了平均处理。因为校正了因添加对每个潜变量块没有解释价值的预测变量可能导致的R平方系数的虚假增加（Kock，2017；Wooldrige，1991）[19][20]，AARS能够更准确地反映模型拟合效果。也因为计算方法的差异，既定模型的AARS一般都会低于ARS。根据Kock（2011）[18]提出的建议，只有当P值等于或小于0.05时，才表明既定模型具有统计显著性。从表5-16中可以看到，模型A和模型B的AARS值分别为0.304和0.258，且其P值皆低于0.001，由此可以推断AARS具有统计显著性。意味着即使校正了由于无关预测变量可能产生的R平方虚增，经校正调整后的模型解释力仍然具有显著性意义。AARS达标，为本研究进一步进行后续假设验证提供了又一指标支撑。

（四）平均块方差膨胀系数

平均块方差膨胀系数（Average Block VIF，简称AVIF）是PLS-SEM评估

建模质量的第四个重要指数。AVIF旨在衡量整体模型的垂直共线性，即变量之间的相关性。WarpPLS 7.0建议，理想情况下AVIF系数应等于或低于3.3（Kock，2017）[19]。从表5-16给出的结果来看，模型A和模型B的AVIF系数分别为1.297和1.404，表明本研究构建的两个模型中的垂直共线性问题是可以接受的。AVIF系数达标意味着模型A和模型B中变量之间的相关性不会导致模型的估算失真，为本研究进行后续假设验证和分析解释提供了又一指标支撑。

（五）平均完整方差膨胀系数

平均完整方差膨胀系数（Average Full Collinearity VIF，简称AFVIF）是PLS-SEM评估模型质量的第五个重要指数。AFVIF被用来同时衡量整体模型的垂直和水平共线性，对潜在的多重共线性问题做进一步的评估，以确保所建模型的稳定性和可靠性。由于使用了非线性算法，AFVIF对共线性的变量没有AVIF敏感。Kock（2017）[19]建议理想情况下，AFVIF系数应等于或低于3.3。从表5-16给出的结果来看，本研究模型A和模型B的AFVIF指数均为1.618，表明本研究构建的两个模型的多重共线性问题是理想的、可接受的。为本研究继续进行后续验证分析提供了又一指标支撑。

（六）Tenenhaus模型优度拟合指数

Tenenhaus模型优度拟合指数（Goodness of Fit，简称GoF）是PLS-SEM测试模型质量的第六个重要指数。GoF指数被定位为平均共同性指数与ARS之间乘积的平方根。它是一个综合指标，结合了模型的多个方面来评估模型拟合优度。因此，GoF指数旨在衡量整体模型的解释能力。当GoF指数等于或大于0.1时，表明模型的解释能力较小。当GoF指数等于或大于0.25，表明模型的解释能力中等。当GoF指数等于或大于0.36，表明模型的解释能力较大（Kock，2017）[19]。从表5-16给出的结果来看，模型A和模型B的GoF指数分别为0.472和0.434，均大于0.36，说明本研究构建的两个模型的解释能力处于较大水平。该指数进一步证明了本研究模型与样本数据的拟合程度良好，能够有效地解释变量之间的关系。该指数达标为本研究进一步开展后续验证分析提供了又一指标支撑。

（七）辛普森悖论比值

辛普森悖论比值（Simpson's Paradox Ratior，简称SPR）是PLS-SEM测量模型质量的第七个重要指数。

SPR用来检测模型中可能不存在辛普森悖论现象的程度（Kock & Gaskins，2016；Pearl，2009）[21][22]。辛普森悖论现象的出现意味着既定模型中可能存在潜在的因果关系问题。理想情况下，SPR比值应该等于1，表示不存在辛普森悖论现象。SPR的门槛值为0.7，表明既定模型中至少有70%的路径没有受到辛普森悖论的影响（Kock，2017）[19]。从表5-16给出的结果来看，模型A和模型B的SPR比值皆为0.786，高于门槛值0.7，说明本研究构建的两个模型中78.6%的路径不存在辛普森悖论现象。由此可以断定，本研究模型A和模型B的SPR都是可以接受的。SPR比值达标允许笔者更放心地使用既定模型进行后续的分析和解释。

（八）R平方贡献比值

R平方贡献比值（R-squared Contribution Ration，简称RSCR）是PLS-SEM检测模型质量的第八个重要指数。RSCR旨在评估模型中每个块对整体R平方的贡献，用于衡量负R平方贡献的可能性，一种与辛普森悖论现象同时出现的问题（Kock，2015；Pearl，2009）[23][22]。理想情况下，RSCR比值应该等于1，意味着既定模型中不存在负R平方贡献。RSCR的门槛值为0.9，即既定模型中正R平方贡献的综合至少覆盖了总绝对R平方贡献的90%（Kock，2017）[19]。从表5-16给出的结果来看，模型A和模型B的RSCR比值均为0.998，说明本研究模型中99.8%的绝对R平方贡献是正的，即本研究构建的两个模型的RSCR比值都是可接受的。RSCR比值的达标一方面避免了因辛普森悖论可能导致的负R平方贡献问题，另一方面也为进一步验证本研究模型的质量提供了新的指数支撑。

（九）统计抑制比值

统计抑制比值（Statistical Suppression Ration，简称SSR）是PLS-SEM检测模型质量的第九个重要指数。在多元回归分析中，如果控制了一个或多个变量后,原先显著的预测变量的回归系数变得更大或更显著,那么这个控制变量被认定具有抑制效应。SSR用来量化模型中可能不存在抑制效应问题的程度(Kock & Gaskins,2016)[21]。与辛普森悖论问题类似,SSR的出现也暗示着模型有潜在的因果关系问题(Kock,2015)[23]。SSR的计算有助于更全面地理解多元回归模型中变量之间的关系。理想情况下,SPR比值应该等于1,意味着模型不存在统计抑制问题。建议的SSR门槛值为0.7,意味着模型中至少有70%的路径不受抑制效应的影响(Kock,2017)[19]。如表5-16所示,模型A和模型B的SSR比值皆为0.929,表明本研究模型中92.9%的路径没有受到抑制效应的影响,即本研究构建的两个模型的SSR比值是可以接受的。SSR比值的达标为本研究的继续进行提供了又一指数支撑。

(十)非线性双变量因果方向比值

非线性双变量因果方向比值(Nonlinear Bivariate Causality Direction Ration,简称NLBCDR)是PLS-SEM检测模型质量的第十个重要指数。NCLBCDR用来衡量模型中非线性关系的因果方向得到支持的程度。NLBCDR的可接受值要求等于或大于0.7,意味着在模型中至少70%的相关路径中,对相反假设方向的支持微弱或不存在(Kock,2017)[19]。从表5-16中的结果可以看到,模型A和模型B的NLBCDR比值皆为1,表明本研究构建的两个模型中100%的相关路径中,对相反方向因果关系的假设支持不存在。由于本研究模型是基于线性关系构建的,尽管NLBCDR的值较高,并不是评估本研究模型的关键因素。

表5-16 模型拟合度检验结果

模型拟合指标	系数 模型 A	系数 模型 B	检验结果
平均路径系数(APC)	0.202	0.183	P<0.001
平均R平方(ARS)	0.306	0.259	P<0.001
平均调整R平方(AARS)	0.304	0.258	P<0.001
平均块方差膨胀系数(AVIF)	1.297	1.404	理想(≤3.3)
平均完整方差膨胀系数(AFVIF)	1.618	1.618	理想(≤3.3)

续表

模型拟合指标	系数 模型 A	系数 模型 B	检验结果
Tenenhaus模型优度指数（GoF）	0.472	0.434	大（≥0.36）
辛普森悖论比值（SPR）	0.786	0.786	可接受（≥0.7）
R平方贡献比值（RSCR）	0.998	0.998	理想（=1）
统计抑制比值（SSR）	0.929	0.929	可接受（≥0.7）
非线性双变量因果方向比值（NLBCDR）	1.000	1.000	可接受（≥0.7）

综上所述，十项模型拟合指数结果均满足建议的标准。这些结果从多角度评估了模型的拟合效果，不仅证实了本研究采用的数据统计分析工具是合适的，也确定了本研究模型的可靠性和稳定性（Brown & Cudeck，1992）[24]。尤其是，分析结果表明本研究构建的模型A和模型B均能够有效地捕捉数据中的关键关系；相较之下，模型A的拟合指标略优于模型B。以上分析结果为基于模型A和B的进一步探讨和推论提供了有力的支持。

二、研究假设检验

如第三章所述，本研究基于模型A和B分别提出了六个具有线性关系的假设，以及两个链式中介作用假设。本章节将报告通过偏最小二乘结构方程模型（PLS-SEM）进行多元回归分析的结果。在进行假设检验时，本研究采用了自助抽样（bootstrapping）重采样分析来执行假设验证。正如Henseler等（2009）[25]所述，"在偏最小二乘路径建模中，可使用自助抽样程序为所有参数评估提供置信区间，为统计推断构建基础"。自助抽样法通过使用"有放回的再抽样"来创建一个更大的数据集，用以代表总体。本研究按照Kock（2017）[19]提出的建议将重抽样次数设定为100次。

（一）假设检验测量指标

在执行自助抽样重采样分析的同时，本研究通过综合考虑路径Beta回归系数（β）、统计显著性P值（probability value）和效应量F平方（f^2）三类测量值进行假设检验。

第五章　数据分析与假设检验

第一，路径回归结果报告了路径分析中每个变量对因变量预测效应的强度和方向。在多元回归分析中，Beta回归系数（β）最常用于路径分析结果的测量值（Walpole & Raymond, 2002）[26]。Beta回归系数的值介于-1至+1之间。Beta回归系数绝对值的大小反映了变量对因变量预测效应的强度。Beta回归系数绝对值越大，变量对因变量的预测效应越大；否则，Beta回归系数绝对值越小，变量对因变量的预测效应越小。Beta回归系数的正负号反映了变量对因变量预测效应的方向，正号代表了正相关，负号代表了负相关。

第二，统计显著性报告了观测结果是否不太可能仅由随机变异产生，用以确定结果是否具有统计学上的意义。统计显著性是通过比较观测数据与待定数据之间的差异来检验零假设（null hypothesis，即通常是没有效应或差异的假设）来完成评估。统计显著性水平通常用P值（probability value）来表示。P值是在零假设成立的前提下，得到当前观测结果或更极端结果的概率。也就是说，P值显示了接受或拒绝零假设提供证据的强调（Dahiru, 2008）[27]。P值的范围是0至1，P值越小，拒绝零假设的证据越强，意味着观测结果越不可能仅由随机因素导致。为防止在随机性中迷失方向，0.05被设定了拒绝零假设满足统计显著性的P值门槛值，并成为科学研究中的常规程序和惯例（Benjamini, 2016; Kennedy-Shaffer, 2019）[28][29]。也就是说，当P值小于等于0.05，意味着为拒绝零假设提供了统计学意义上的显著性；换言之，提出的研究假设具有统计显著性。相反，P值大于0.05则消除了拒绝零假设的可能性；换言之，意味着提出的研究假设没有统计显著性（Rice, 1989）[30]。

第三，效应量报告了变量对因变量影响效应的结果是否具有实际（或实质）重要程度，是在统计显著性基础上进一步确定研究结果实际意义的一个指标。一个研究结果可能虽然具有统计显著性，但如果实际效应量很小，则意味着在实际应用中并无实用价值。因此，近些年美国心理协会（America Psychology Association，简称APA）提议同时考虑统计显著性和实际重要性来全面评估研究结果的意义（Fife, 2020）[31]。在偏最小二乘结构方程模型（PLS-SEM）分析中，采用F平方（f^2）来评估效应量。F平方值的大小可以指示变量的影响程度。通常认为，F平方值为0.02、0.15和0.35分别表示小、中、大的效应量。具体而言，当F平方值小于0.02，则表明变量对模型的贡献不具有实际意义上的显著性。当F平方值介于0.02至0.15之间，表明变量对模型解释的变异贡献较小，可能不是模型中关系的关键驱动因素。当F平方值介于0.15至0.035之间，表明变量提供了模型中客观的变异解释，是一个重要的影响因素。当F平方值大于0.035，表明变量对模型的贡献非常显著，是模型中一个核心驱动变量。

假设检验的结果详见表5-17，图5-1和图5-2。

（二）直接效应检验

在相关理论和文献综述的基础上，本研究基于模型A和竞争模型B分别提出了六个直接效应假设。

基于模型A的直接效应检验结果如下：第一，本研究提出假设1，即心理资本反向预测英语学习倦怠的假设。结果表明，心理资本与英语学习倦怠呈负相关，即心理资本水平较高的英语学习者往往体验到了较低程度的英语学习倦怠。这一结果不仅具有统计显著性，而且具有实际意义上的显著性（β=-0.268，P<0.001，f^2=0.110）。因此，假设1成立。第二，本研究提出假设2，即心理资本正向预测英语学习投入的假设。结果表明，心理资本与英语学习投入呈正相关，即心理资本水平较高的英语学习者往往体验到了较高水平的英语学习投入。这一结果不仅具有统计显著性，而且具有实际意义上的显著性（β=0.314，P<0.001，f^2=0.164）。因此，假设2成立。第三，本研究提出假设3，即心理资本正向预测英语学业复原力的假设。结果表明，心理资本与英语学业复原力呈正相关，即心理资本水平较高的英语学习者往往具有较高水平的英语学习复原力。这一结果不仅具有统计显著性，而且具有实际意义上的显著性（β=0.588，P<0.001，f^2=0.346）。因此，假设3成立。第四，本研究提出假设4，即英语学业复原力正向预测英语课程感知师生支持的假设。结果表明，英语学业复原力与感知师生支持呈正相关。也就是说，当英语学习者拥有较高水平的英语复原力时，他们在英语学习过程中也更易感知获得更多的师生支持。这一结果不仅具有统计显著性，而且具有实际意义上的显著性（β=0.367，P<0.001，f^2=0.135）。因此，假设4成立。第五，本研究提出假设5，即英语课程感知师生支持反向预测英语学习倦怠的假设。结果表明，感知师生支持与英语学习倦怠呈负相关。也就是说，感知获得较多师生支持的英语学习者往往体验到较低水平的英语学习倦怠。这一结果

第五章 数据分析与假设检验

不仅具有统计显著性，而且具有实际意义上的显著性（β=-0.209，P<0.001，f^2=0.076）。因此，假设5成立。第六，本研究提出假设6，即英语课程感知师生支持正向预测英语学习投入度的假设。结果表明，感知师生支持与英语学习投入呈正相关。也就是说，感知获得较多师生支持的英语学习者往往呈现出较高水平的英语学习投入。这一结果不仅具有统计显著性，而且具有实际意义上的显著性（β=0.263，P<0.001，f^2=0.123）。因此假设6成立。

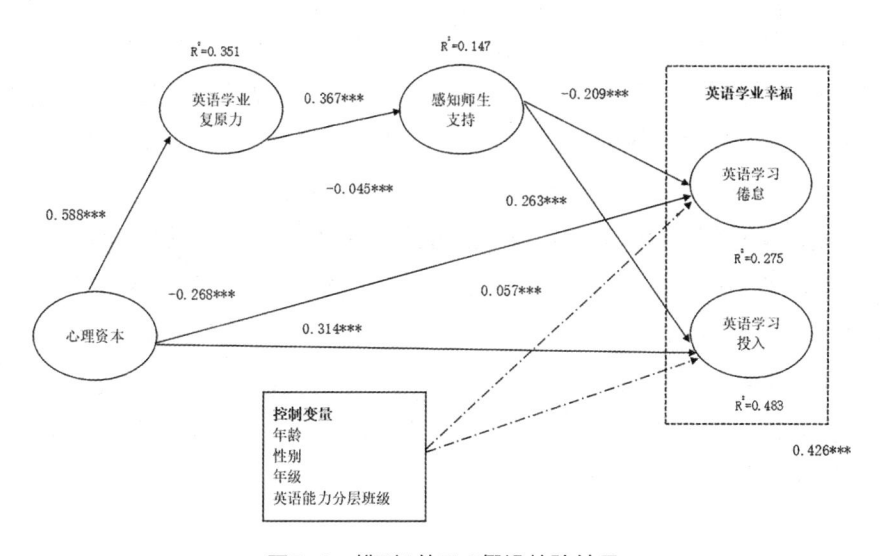

图5-1 模型A的PLS假设检验结果

基于模型B的直接效应检验结果如下：第一，本研究提出了假设1，即心理资本反向预测英语学习倦怠的假设。结果表明，心理资本与英语学习倦怠呈负相关，即心理资本水平较高的英语学习者往往体验到了较低程度的英语学习倦怠。这一结果不仅具有统计显著性，而且具有实际意义上的显著性（β=-0.210，P<0.001，f^2=0.086）。因此，假设1成立。第二，本研究提出假设2，即心理资本正向预测英语学习投入的假设。结果表明，心理资本与英语学习投入呈正相关，即心理资本水平较高的英语学习者往往体验到了较高水平的英语学习投入。这一结果不仅具有统计显著性，而且具有实际意义上的显著性（β=0.308，P<0.001，f^2=0.161）。因此，假设2成立。第三，本研究提出假设7，即心理资本正向预测英语课程感知师生支持的假设。结果表

明，心理资本与感知师生支持呈正相关，即心理资本水平较高的英语学习者往往得到或感知到更多来自老师和同学的支持。这一结果不仅具有统计显著性，而且具有实际意义上的显著性（$\beta=0.425$，$P<0.001$，$f^2=0.181$）。因此，假设7成立。第四，本研究提出假设4，英语课程感知师生支持正向预测英语学业复原力的假设。结果表明，感知师生支持与英语学业复原力呈正相关。也就是说，感知获得更多师生支持的英语学习者往往拥有更高水平的英语学业复原力。这一结果不仅具有统计显著性，而且具有实际意义上的显著性（$\beta=0.367$，$P<0.001$，$f^2=0.135$）。因此，假设4成立。第五，本研究提出假设8，即英语学业复原力反向预测英语学习倦怠的假设。结果表明，英语学业复原力与英语学习倦怠呈负相关。也就是说，具有较高水平英语复原力的学生体验了较低水平的英语学习倦怠。这一结果不仅具有统计显著性，而且具有实际意义上的显著性（$\beta=-0.259$，$P<0.001$，$f^2=0.111$）。因此，假设8成立。第六，本研究提出假设9，即英语学业复原力正向预测英语学习投入度的假设。结果表明，英语学业复原力与英语学习投入呈正相关。也就是说，具有较高水平英语学业复原力的学生呈现出了较高水平的英语学习投入。这一结果不仅具有统计显著性，而且具有实际意义上的显著性（$\beta=0.205$，$P<0.001$，$f^2=0.100$）。因此假设9成立。

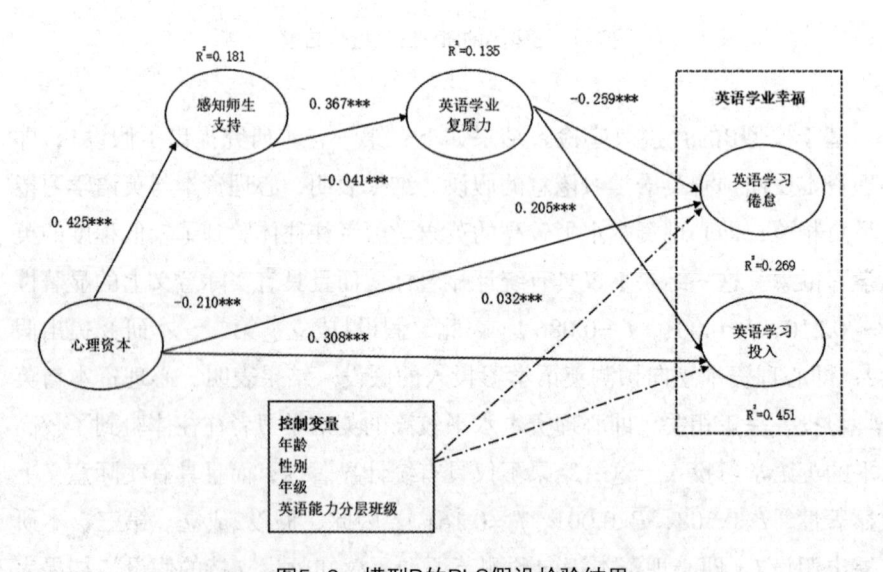

图5-2 模型B的PLS假设检验结果

第五章　数据分析与假设检验

综合以上分析结果，如表5-17所示基于模型A和模型B分别提出的六条直接效应假设均具有统计显著性和实际意义的显著性，即所有关于直接效应的假设皆获得本研究数据的支持。但相较路径系数β值和效应量f^2的数值大小可以发现，模型A的结果略优于模型B。

表5-17　两模型直接效应分析结果

假设	路径	模型	路径系数(β)	P值	效应量(f^2)	检验结果
1	心理资本→英语学习倦怠	A	−0.268	<0.001	0.110	支持
		B	−0.210	<0.001	0.086	支持
2	心理资本→英语学习投入	A	0.314	<0.001	0.164	支持
		B	0.308	<0.001	0.161	支持
3	心理资本→英语学业复原力	A	0.588	<0.001	0.346	支持
4	英语学业复原力→感知师生支持	A	0.367	<0.001	0.135	支持
	感知师生支持→英语学业复原力	B	0.367	<0.001	0.135	支持
5	感知师生支持→英语学习倦怠	A	−0.209	<0.001	0.076	支持
6	感知师生支持→英语学习投入		0.263	<0.001	0.123	支持
7	心理资本→感知师生支持	B	0.425	<0.001	0.181	支持
8	英语学业复原力→英语学习倦怠		−0.259	<0.001	0.111	支持
9	英语学业复原力→英语学习投入		0.205	<0.001	0.100	支持

（三）链式中介效应检验

在相关理论和文献综述的基础上，本研究基于模型A和模型B分别提出了两个链式中介效应假设。所谓中介效应是指一个变量（X）对另一个变量（Y）的效应部分或完全通过第三个变量（M）来实现。其中，第三个变量（M）被称作中介变量。这就意味着X通过影响M进而间接影响Y。如果X对Y的影响完全通过M才能得以实现，那么，M被视为完全中介变量，这种中介效应被称作完全中介效应。也就是说，X不能直接对Y产生影响，只能通过M作为桥梁对Y产生间接影响。如果X对Y的影响部分通过M得以实现，那么M被视为部分中介变量，这种中介效应被称作部分中介效应。也就是说，X不仅能直接对Y产生影响，而且还能通过M作为桥梁对Y产生间接影响。而链式中介效应则涉及两个或更多中介变量（M_1, M_2, …, M_n）按特定顺序串联起来，以完成传递X对Y的间接效应。链式中介效应有助于揭示变量之间的内在机制和过程，从而深入地理解和揭示变量间的复杂关系。对于偏最小二乘结构方程模型（PLS-SEM），中介效应的检验采用了Preacher & Hayes（2004）[32]提出的方法。该方法利用路径系数的标准误差来计算中介效应值并检验中介效应的显著性水平。PLS-SEM会自动生成中介效应的路径系数及相应的P值（Kock，2014）[33]。本研究链式中介效应检验结果见表5-18。

基于模型A的链式中介效应检验结果如下：第一，本研究提出假设10，即英语学业复原力和英语课程感知师生支持通过心理资本反向预测英语学习倦怠。如表5-18所示，从心理资本经过英语学业复原力和感知师生支持到达英语学习倦怠的路径系数（β）为-0.045，表明心理资本通过英语学业复原力和感知师生支持依次把反向预测效应传递给英语学习倦怠。该路径系数的P值小于0.001，表明这一结果具有统计显著性；但是该路径系数的效应量（f^2）为0.018，小于最低门槛值0.02，表明这一结果无实际意义上的显著性。因此，假设10不成立。第二，本研究提出假设11，即英语学业复原力和感知师生支持通过心理资本正向预测英语学习投入。如表5-18所示，从心理资本经过英语学业复原力和感知师生支持到达英语学习投入的路径系数（β）为0.057，表明心理资本通过英语学业复原力和感知师生支持依次将正向预测效应传递给英语学习投入。该路径系数的P值小于0.001，表明这一结果具有统计显著性；而且该路径系数的效应量（f^2）为0.030介于0.02~0.15的小效应量区间，表明这一结果也具有实际意义上的显著性。因此，假设11成立。

基于模型B的链式中介效应检验结果如下：第一，本研究提出假设12，即师生支持和英语学业复原力通过心理资本反向预测英语学习倦怠。如表5-18所示，从心理资本经过英语学业复原力和师生支持到达英语学习倦怠的路径系数（β）为-0.041，表明心理资本通过师生支持和英语学业复原力依次将反向预测效应传递给英语学习倦怠。该路径系数的P值小于0.001，表明这一结果具有统计显著性；但是该路径系数的效应量（f^2）为0.017，小于最低门槛值0.02，表明这一结果无实际意义上的显著性。因此，假设7不成立。第二，本研究提出假设13，即师生支持和英语学业复原力通过心理资本正向预测英语学习投入。如表5-18所示，从心理资本经过英语学业复原力

第五章 数据分析与假设检验

和师生支持到达英语学习投入的路径系数（β）为0.032，表明心理资本通过师生支持和英语学业复原力依次将正向预测效应传递给英语学习投入。该路径系数的P值小于0.001，表明这一结果具有统计显著性；但是该路径系数的效应量（f^2）同样为0.017，小于最低门槛值0.02，表明这一结果无实际意义上的显著性。因此，假设13亦不成立。

表5-18 链式中介效应检验结果

模型	假设	路径	路径系数（β）	P值	效应量（f^2）	检验结果
A	10	心理资本→英语学业复原力→感知师生支持→英语学习倦怠	−0.045	<0.001	0.018	不支持
A	11	心理资本→英语学业复原力→感知师生支持→英语学习投入	0.057	<0.001	0.030	支持
B	12	心理资本→感知师生支持→英语学业复原力→英语学习倦怠	−0.041	<0.001	0.017	不支持
B	13	心理资本→感知师生支持→英语学业复原力→英语学习投入	0.032	<0.001	0.017	不支持

三、控制变量检验

如前文所述，本研究将英语学习者的年龄、性别、年级和英语能力分层班级设定为控制变量。本研究通过最小二乘结构方程（PLS-SEM）检验了控制变量对因变量英语学业幸福（即英语学习倦怠和英语学习投入）的影响。如表5-19所示，就控制变量年龄而言，基于模型A，年龄到英语学习倦怠的路径系数（β）为0.055，表明年龄与英语学习倦怠呈正相关，即年龄较长的英语学习者往往体验了较高水平的英语学习倦怠。该路径系数的P值为0.019，小于门槛值0.05，表明该结果具有统计显著性；但是该路径系数的效应量（f^2）为0.004，小于最低阈值0.02，表明该结果无实际意义上的显著性。年龄到英语学习投入的路径系数（β）为−0.031，表明年龄与英语学习投入呈负相关，即年龄较长的英语学习者往往呈现出较低水平的英语学习投入。该路径系数的P值为0.073，大于门槛值0.05，表明该结果不具有统计显著性。该路径系数的效应量（f^2）为0.001，小于最低阈值0.02，表明该结果也无实际意义上的显著性。基于模型B，年龄到英语学习倦怠的路径系数（β）为0.057，表明年龄与英语学习倦怠呈正相关，即年龄较长的英语学习者往往体验了较高水平的英语学习倦怠。该路径系数的P值为0.013，小于门槛值0.05，表明该结果具有统计显著性；但是该路径系数的效应量（f^2）为0.005，小于最低阈值0.02，表明该结果无实际意义上的显著性。年龄到英语学习投入的路径系数（β）为-0.033，表明年龄与英语学习投入呈负相关，即年龄较长的英语学习者往往呈现出较低水平的英语学习投入。该路径系数的P值为0.060，大于门槛值0.05，表明该结果不具有统计显著性。该路径系数的效应量（f^2）为0.002，小于最低阈值0.02，表明该结果也无实际意义上的显著性。综上所述，无论是基于模型A还是模型B，年龄都不是显著的控制变量。

表5-19 两模型控制变量检验结果

模型	控制变量	因变量	路径系数（β）	P值	效应量（f^2）	检验结果
A	年龄	英语学习倦怠	0.055	**0.019**	0.004	不支持
		英语学习投入	-0.031	**0.073**	0.001	不支持
	性别	英语学习倦怠	-0.026	0.084	0.000	不支持
		英语学习投入	-0.054	**<0.001**	0.006	不支持
	年级	英语学习倦怠	-0.010	0.355	0.001	不支持
		英语学习投入	0.042	**0.028**	0.002	不支持
	分层班级	英语学习倦怠	-0.221	**<0.001**	**0.072**	支持
		英语学习投入	0.375	**<0.001**	**0.187**	支持
B	年龄	英语学习倦怠	0.057	**0.013**	0.005	不支持
		英语学习投入	-0.033	0.060	0.002	不支持
	性别	英语学习倦怠	-0.046	**0.008**	0.001	不支持
		英语学习投入	-0.038	**0.011**	0.004	不支持
	年级	英语学习倦怠	-0.004	0.443	0.000	不支持
		英语学习投入	0.032	0.081	0.001	不支持
	分层班级	英语学习倦怠	-0.207	**<0.001**	**0.068**	支持
		英语学习投入	0.372	**<0.001**	**0.186**	支持

第五章 数据分析与假设检验

就控制变量性别而言，基于模型A，性别到英语学习倦怠的路径系数（β）为-0.026，表明性别与英语学习倦怠呈负相关。因为测量性别时，本研究将男生设为数值1，女生设为数值2，表明女生易于体验到较高水平的英语学习倦怠。该路径系数的P值为0.084，大于门槛值0.05，表明该结果不具有统计显著性。同时，该路径系数的效应量（f^2）为0.000，小于最低阈值0.02，表明这一结果也不具有实际意义上的显著性。性别到英语学习投入的路径系数（β）为-0.054，表明性别与英语学习投入呈负相关。因为测量性别时，男生被设为数值1，女生被设为数值2，表明女生易于呈现较高水平的英语学习投入。该路径系数的P值小于0.001，远远满足了门槛值0.05，表明该结果具有统计显著性。但是，该路径系数的效应量（f^2）为0.006，小于最低阈值0.02，表明这一结果无实际意义上的显著性。基于模型B，性别到英语学习倦怠的路径系数（β）为-0.046，表明性别与英语学习倦怠呈负相关。因为测量性别时，本研究将男生设为数值1，女生设为数值2，表明女生易于体验到较高水平的英语学习倦怠。该路径系数的P值为0.008，小于门槛值0.05，表明该结果具有统计显著性。但是，该路径系数的效应量（f^2）为0.001，小于最低阈值0.02，表明这一结果不具有实际意义上的显著性。性别到英语学习投入的路径系数（β）为-0.038，表明性别与英语学习投入呈负相关。因为测量性别时，男生被设为数值1，女生被设为数值2，表明女生易于呈现较高水平的英语学习投入。该路径系数的P值为0.011，小于门槛值0.05，表明该结果具有统计显著性。但是，该路径系数的效应量（f^2）为0.004，小于最低阈值0.02，表明这一结果并无实际意义上的显著性。综上所述，无论是基于模型A还是基于模型B，性别都不是显著的控制变量。

就控制变量年级而言，基于模型A，年级到英语学习倦怠的路径系数（β）为-0.010，表明年级与英语学习倦怠呈负相关。换言之，处于较高年级的英语学习者往往报告了较低水平的英语学习倦怠。但该路径系数的P值为0.355，大于门槛值0.05，表明该结果不具有统计显著性。而且，该路径系数的效应量（f^2）为0.001，小于最低阈值0.02，表明这一结果也无实际意义上的显著性。年级到英语学习投入的路径系数（β）为0.042，表明年级与英语学习投入呈正相关。换言之，处于较高年级的英语学习者往往报告了较高水平的英语学习投入。该路径系数的P值为0.028，小于门槛值0.05，表明这一结果具有统计显著性。但是，该路径系数的效应量（f^2）为0.002，小于最低阈值0.02，表明该结果亦无实际意义上的显著性。基于模型B，年级到英语学习倦怠的路径系数（β）为-0.004，表明年级与英语学习倦怠呈负相关。换言之，处于较高年级的英语学习者往往报告了较低水平的英语学习倦怠。但是，该路径系数的P值为0.443，大于门槛值0.05，表明该结果不具有统计显著性。此外，该路径系数的效应量（f^2）为0.000，小于最低阈值0.02，表明这一结果也无实际意义上的显著性。年级到英语学习投入的路径系数（β）为0.032，表明年级与英语学习投入呈正相关。也就是说，处于较高年级的英语学习者往往呈现了较高水平的英语学习投入。该路径系数的P值为0.081，大于门槛值0.05，表明这一结果不具有统计显著性。同时，该路径系数的效应量（f^2）为0.001，小于最低阈值0.02，表明该结果亦无实际意义上的显著性。综上所述，无论基于模型A还是模型B，年级都不是显著的控制变量。

就英语能力分层班级而言，基于模型A，分层班级到英语学习倦怠的路径系数（β）为-0.221，表明英语能力分层班级与英语学习倦怠呈负相关。因为本研究将分层班级根据英语能力水平自低向高分别设为数值1、2、3，这一结果表明处于英语能力水平较高班级的英语学习者报告了较低水平的英语学习倦怠。该路径系数的P值为小于0.001，远远满足了门槛值0.05，表明该结果具有统计显著性。该路径系数的效应量（f^2）为0.072，处于0.02～0.15的小效应量区间，表明该结果也具有实际意义上的显著性。分层班级到英语学习投入的路径系数（β）为0.375，表明英语能力分层班级与英语学习投入呈正相关。换言之，该结果表明处于英语能力水平较高班级的英语学习者呈现了较高水平的英语学习投入。该路径系数的P值为小于0.001，远远满足了门槛值0.05，表明这一结果具有统计显著性。该路径系数的效应量（f^2）为0.187，处于0.15～0.35的中效应量区间，表明该结果也具有实际意义上的显著性。基于模型B，控制变量分层班级到英语学习倦怠的路径系数（β）为-0.207，表明英语能力分层班级与英语学习倦怠呈负相关。因为分层班级根据英语能力水平自低向高分别被设为数值1、2、3，这一结果表明处于英语能力水平较高班级的英语学习者体验了较低水平的英语学习倦怠。该路径系数的P值为小于0.001，大大地满足了门槛值0.05，表明该结果具有统计显著性。而且，该路径系数的效应量（f^2）为0.068，处于0.02~0.15的小效应量区间，表明该结果也具有实际意义上的显著性。控制变量分层班级到英语学习投入的路径系数（β）为0.372，表明英语能力分层班级与英语学习投入呈正相关。在本研究中，该结果表明处于英语能力水平较高班级的英语学习者呈现了较高水平的英语学习投入。该路径系数的P值为小于0.001，满足了门槛值0.05，表明这一结果具有统计显著性。同时，该路径系数的效应量（f^2）为0.186，处于0.15~0.35的中效应量区间，表明该结果也具有实际意义上的显著性。综上所述，无论是基于模型A还是基于模型B，英语能力分层班级皆为显著的控制变量。

概而述之，PLS-SEM对本研究设定的控制变量进行检验的结果表明：只有英语能力分层班级是显著的控制变量。

四、R平方系数检验

R平方系数也被称作多元决定系数，用于衡量模型对观测变量变异性的解释程度（Chatterjee & Hadi, 2015）[34]。换言之，R平方是用来反映自变量（解释变量）对因变量（被解释变量）的拟合程度好坏的指标。R平方的取值范围在0到1之间，可以解释为模型能够解释的数据变异性的百分比。当R平方等于1，意味着模型完美地拟合数据，所有观测点都精确地落在预测的回归线上。当R平方等于0，意味着模型完全无法解释因变量的变异性。Hair等（2019）[10]建议，将R平方系数分为0.25、0.50和0.75三个节点，用于划分低、中、高三个解释强度区间。简言之，R平方系数越高，意味着数据拟合回归线的效果越好，自变量对因变量的解释能力越强（Saunders, 2011）[35]。

除了R平方系数以外，在偏最小二乘结构方程（PLS-SEM）分析中，还会考虑与其对应的调整R平方系数。调整R平方通过考虑模型中自变量的数量对R平方进行调整，只有当模型中新加入的自变量具有显著解释能力时，调整R平方系数才会增加，从而防止因增加对预测因变量没有实际帮助的自变量而虚假提升模型解释度的问题（Wooldridge, 1991）[20]。本研究模型中的R平方系数和调整R平方系数参见表5-20和表5-21，具体检验结果报告如下。

基于模型A，如表5-20所示，英语学业复原力的R平方系数和调整R平方系数均为0.346，这一结果意味着模型分析中的自变量（心理资本）能够解释或预测英语学业复原力发生的34.6%，剩余的65.4%可能由未纳入本研究模型的其他变量来解释或预测。英语课程感知师生支持的R平方系数为0.135，调整R平方系数为0.134。考虑到调整R平方的纠正功能，本研究以调整R平方系数0.134为准。这一结果意味着模型分析中的自变量（心理资本和英语学业复原力）能够解释或预测感知师生支持发生的13.4%，剩余的86.6%可能由未纳入本研究模型的其他变量来解释或预测。英语学习倦怠的R平方系数为0.262，调整R平方系数为0.259。考虑到调整R平方能够防止因变量数增加而导致的虚假增值，本研究以调整R平方系数0.259为准。这一结果表明纳入本模型的三个自变量（心理资本、英语学业复原力和感知师生支持）能够解释或预测英语学习倦怠发生的25.9%，剩余的74.1%可能由未纳入本研究模型的其他变量来解释或预测。英语学习投入的R平方系数为0.480，调整R平方系数均为0.478。同理，本研究以调节R平方系数0.478为准。这一结果说明纳入模型A的三个自变量（心理资本、英语学业复原力和感知师生支持）能够解释或预测英语学习投入发生的47.8%，剩余的52.2%可能由未纳入本研究模型的其他变量来解释或预测。

表5-20　模型A的R平方系数检验结果

	英语学业复原力	感知师生支持	英语学习倦怠	英语学习投入
R平方系数	0.346	0.135	0.262	0.480
调整R平方系数	0.346	0.134	0.259	0.478
因变量	1.心理资本	1.心理资本 2.英语学业复原力	1.心理资本 2.英语学业复原力 3.感知师生支持	1.心理资本 2.英语学业复原力 3.感知师生支持

第五章 数据分析与假设检验

基于模型B，如表5-21所示，英语课程感知师生支持的R平方系数和调整R平方系数均为0.181，这一结果意味着模型B分析中的自变量（心理资本）能够解释或预测感知师生支持发生的18.1%，剩余的71.9%可能由未纳入本研究模型的其他变量来解释或预测。英语学业复原力的R平方系数为0.135，调整R平方系数为0.134。考虑到调整R平方的纠正功能，本研究以调整R平方系数0.134为准。这一结果意味着模型分析中的自变量（心理资本和英语学业复原力）能够解释或预测感知师生支持发生的13.4%，剩余的86.6%可能由未纳入本研究模型的其他变量来解释或预测。英语学习倦怠的R平方系数为0.269，调整R平方系数为0.267。考虑到调整R平方能够防止因变量数增加而导致的虚假增值，本研究以调整R平方系数0.267为准。这一结果表明纳入本模型的三个自变量（心理资本、感知师生支持和英语学业复原力）能够解释或预测英语学习倦怠发生的26.7%，剩余的73.3%可能由未纳入本研究模型的其他变量来解释或预测。英语学习投入的R平方系数为0.451，调整R平方系数均为0.449。同理，本研究以调节R平方系数0.449为准。这一结果说明纳入模型B的三个自变量（心理资本、感知师生支持和英语学业复原力）能够解释或预测英语学习投入发生的44.9%，剩余的55.1%可能由未纳入本研究模型的其他变量来解释或预测。

表5-21 模型B的R平方系数检验结果

模型		感知师生支持	英语学业复原力	英语学习倦怠	英语学习投入
B	R平方系数	0.181	0.135	0.269	0.451
	调整R平方系数	0.181	0.134	0.267	0.449
	因变量	1.心理资本	1.心理资本 2.感知师生支持	1.心理资本 2.感知师生支持 3.英语学业复原力	1.心理资本 2.感知师生支持 3.英语学业复原力

相较于模型A和模型B的R平方系数检验结果，可以发现：模型B中除了英语学习倦怠的R平方检验结果略高于模型A，其余均明显低于模型A。

本章小结

本章第一步介绍了数据收集的具体过程，对样本基本人口信息进行了描述。第二步，对样本数据进行正态分析，发现样本数据中并非所有变量都呈正态分布；对使用量表进行信度和效度检验，确定了测量工具的信度和效度；进行多重共线性检验，排除了关于多重共线性和共同方法偏差的隐忧。第三步，对纳入本研究模型的主要变量，即应用型本科院校英语学习者的心理资本、英语学业幸福（包括英语学习倦怠和英语学习投入）、英语学业复原力和英语课程感知师生支持的现状通过SPSS软件均值比较进行了描述性分析。第四步，通过偏最小二乘结构方程模型（PLS-SEM）的十大模型拟合指数对本研究建立的模型A和竞争模型B进行了模型拟合检验，发现模型A的质量略优于模型B。第五步，本研究进一步对两个模型进行了直接效应假设检验、链式中介效应检验、控制变量检验和R平方系数检验。综合比较两个模型的其他检验结果，详见图5-1和5-2，进一步确认模型A的质量和解释力都明显强于模型B。本研究将在下一章对相关结果展开讨论。

本章参考文献

[1] Ho Andrew D. & Yu Carol C. Descriptive statistics for modern test score distributions: Skewness, kurtosis, discreteness, and ceiling effects[J]. Educational and Psychological Measurement, 2015, 75（3）: 365-388.

[2] Kim Hae-Young. Statistical notes for clinical researchers: assessing normal distribution（2）using skewness and kurtosis[J]. Restorative dentistry & endodontics, 2013, 38（1）: 52-54.

[3] West Stephen G., Finch John F. & Curran Patrick J. Structural equation models with nonnormal variables: Problems and remedies. In R. H. Hoyle (Ed.), Structural equation modeling: Concepts, issues, and applications.Sage Publications, Inc, 1995.

[4] Hair Joe F., Sarstedt Marko, Ringle Christian M. & Mena Jeannette A.An assessment of the use of partial least squares structural equation modeling in

marketing research[J]. Journal of the Academy of Marketing Science, 2012, 40 (3): 414-433.

[5] Nitzl Christian. The use of partial least squares structural equation modelling (PLS-SEM) in management accounting research: Directions for future theory development[J]. Journal of Accounting Literature, 2016, 37 (1): 19-35.

[6] Kock Ned. PLS-based SEM algorithms: The good neighbor assumption, collinearity, and nonlinearity[J]. Information Management and Business Review, 2015, 7 (3): 113-130.

[7] Nunnally Jum C. Psychometric methods[M]. New York: McGraw-Hill, 1978.

[8] Fornell Claes & Larcker David F. Evaluating structural equation models with unobservable variables and measurement error[J]. Journal of marketing research, 1981, 18 (1): 39-50.

[9] Peterson Robert A. & Kim Yeolib. On the relationship between coefficient alpha and composite reliability[J]. Journal of applied psychology, 2013, 98 (1): 194-198.

[10] Hair Joseph F., Risher Jeffrey J., Sarstedt Marko & Ringle Christian M. When to use and how to report the results of PLS-SEM[J]. European Business Review, 2019, 31 (1): 2-24.

[11] Hair Joe F., Ringle Christian M. & Sarstedt Marko. PLS-SEM: Indeed a silver bullet[J]. Journal of Marketing theory and Practice, 2011, 19 (2): 139-152.

[12] Farrell Andrew M. Insufficient discriminant validity: A comment on Bove, Pervan, Beatty, and Shiu (2009)[J]. Journal of Business Research, 2010, 63 (3): 324-327.

[13] Donthu Naveen & Yoo Boonghee. Cultural influences on service quality expectations[J]. Journal of service research, 1998, 1 (2): 178-186.

[14] Kline Rex. B. Principles and practice of structural equation modeling (4th ed.)[M]. New York: Guilford press, 2015.

[15] Henseler Jorg, Ringle Christian M. & Sarstedt Marko. (2015). A new

criterion for assessing discriminant validity in variance-based structural equation modeling. Journal of the academy of marketing science, 2015, 43 (1): 115-135.

[16] Farrar Donald E. & Glauber Robert R. Multicollinearity in regression analysis: the problem revisited[J]. The Review of Economic and Statistics, 1967, 49 (1): 92-107.

[17] Kock Ned & Lynn Gary. Lateral collinearity and misleading results in variance-based SEM: An illustration and recommendations[J]. Journal of the Association for information Systems, 2012, 13 (7).

[18] Kock Ned. Using WarpPLS in e-collaboration studies: Descriptive statistics, settings, and key analysis results[J]. International Journal of e-Collaboration (ijec), 2011, 7 (2): 1-18.

[19] Kock Ned. WarpPLS user manual: Version 6.0[M]. ScriptWarp Systems: Laredo, TX, USA, 2017.

[20] Wooldridge Jeffery M. A note on computing r-squared and adjusted r-squared for trending and seasonal data[J]. Economics Letters, 1991, 36 (1): 49-54.

[21] Kock Nock & Gaskins Leebrian. Simpson's paradox, moderation, and the emergence of quadratic relationships in path models: An information systems illustration[J]. International Journal of Applied Nonlinear Science, 2016, 2 (3): 200-234.

[22] Pearl Judea. Causality: Models, reasoning and inference (2nd edition)[M]. New York: Cambridge university press, 2009.

[23] Kock Ned. How Likely is Simpson's Paradox in Path Models? [J] International Journal of e-Collaboration (ijec), 2015, 11 (1): 1-7.

[24] Browne Michael & Cudeck Robert. Alternative ways of assessing model fit[J]. Sociological Methods & Research, 1992, 21 (2): 230-258.

[25] Henseler Jorg, Ringle Christian M. & Sinkovics Rudolf R. The use of partial least squares path modeling in international marketing. In New Challenges to international marketing[M]. Emerald Group Publishing Limited, 2009.

[26] Walpole Ronald E., Myers Raymond H., Myers Sharon L. & Ye Keying.

Probability and Statistics for Engineers & Scientists (8th edition) [M]. London: Pearson Education International, 2002.

[27] Dahiru Tukur. P-value, a true test of statistical significance? A cautionary note [J]. Annals of Ibadan postgraduate medicine, 2008, 6 (1): 21-26.

[28] Benjamini Yoav. It's not the P-values' fault [J]. The American Statistician, 2016, 70 (2).

[29] Kennedy-Shaffer Lee. Before p< 0.05 to beyond p< 0.05: Using history to contextualize p-values and significance testing[J]. The American Statistician, 2019, 73 (sup1): 82-90.

[30] Rice William R. Analyzing tables of statistical tests[J]. Evolution, 1989, 43 (1): 223-225.

[31] Fife Dustin. The eight steps of data analysis: A graphical framework to promote sound statistical analysis[J]. Perspectives on Psychological Science, 2020, 15 (4): 1054-1075.

[32] Preacher Kristopher J. & Hayes Andrew F. SPSS and SAS procedures for estimating indirect effects in simple mediation models[J]. Behavior Research Methods, Instruments & Computers, 2004, 36 (4): 717-731.

[33] Kock Ned. Advanced mediating effects tests, multi-group analyses, and measurement model assessments in PLS-based SEM[J]. International Journal of e-Collaboration (ijec), 2014, 10 (1): 1-13.

[34] Chatterjee Samprit & Hadi Ali S. Regression analysis by example (5th edition) [M].New Jersey: John Wiley & Sons, 2015.

[35] Saunders Mark, Lewis Philip & Thornhill Adrian. N. Research methods for business students (5th edition) [M]. Pearson Education India, 2011.

第六章 讨论与启示

第一节 研究结果讨论

在控制了年龄、性别、年级和英语能力分层班级因素后，本研究通过偏最小二乘结构方程模型（PLS-SEM）对模型A和竞争模型B进行了直接效应检验和链式中介效应检验。假设检验首先根据路径回归系数的P值确定检验结果是否具有统计意义上的显著性，然后根据效应量的f^2值进一步确定检验结果是否具有实际意义上的显著性。只有当检验结果满足了双重意义上的门槛值后，方可得出本研究提出的假设是否得到样本数据支持的结论。若假设验证结果为支持，本研究可进一步通过路径系数（β）绝对值的大小，进一步解读因变量对自变量作用的强弱程度。

基于模型A和竞争模型B的PLS-SEM假设检验结果汇总为表6-1，从表中可以发现：本研究提出的9个有关直接效应的假设均成立；本研究提出的4个有关链式中介效应的假设，一项成立，而另三项仅具有统计意义上的显著性。

表6-1 研究假设汇总

假设	模型	PLS-SEM分析结果	效应量（f^2）	结论
H1 心理资本反向预测英语学习倦怠	A	−0.268***	0.107	支持
	B	−0.210***	0.086	
H2 心理资本正向预测英语学习投入	A	0.314***	0.164	支持
	B	0.308***	0.161	

第六章　讨论与启示

续表

假设	模型	PLS-SEM分析结果	效应量(f^2)	结论
H3 心理资本正向预测英语学原力	A	0.588***	0.351	支持
H4 英语学业复原力与感知师生支持正相关	A	0.367***	0.147	支持
	B	0.367***	0.135	
H5 感知师生支持反向预测英语学习倦怠	A	−0.209***	0.089	支持
H6 感知师生支持正向预测英语学习投入		0.263***	0.125	支持
H7 心理资本正向预测感知师生支持		0.425***	0.181	支持
H8 英语学业复原力反向预测英语学习倦怠	B	−0.259***	0.111	支持
H9 英语学业复原力正向预测英语学习投入		0.205***	0.100	支持
H10 英语学业复原力和感知师生支持通过心理资本反向预测英语学习倦怠	A	−0.045***	0.018	不支持
H12 英语学业复原力和感知师生支持通过心理资本正向预测英语学习投入		0.057***	0.030	支持
H11 感知师生支持和英语学业复原力通过心理资本反向预测英语学习倦怠	B	−0.041***	0.017	不支持
H13 感知师生支持和英语学业复原力通过心理资本正向预测英语学习投入		0.032***	0.017	不支持

针对每一条假设检验结果具体讨论如下：

第一，基于模型A和竞争模型B本研究提出假设1，即心理资本反向预测英语学习倦怠。通过PLS-SEM检验结果可知，虽然基于模型A的路径系数（β）的绝对值0.268大于模型B的0.210，但基于两个模型的假设1皆成立。这一研究发现表明，在应用型本科院校中，拥有较高水平心理资本的英语学习者体验到了较低水平的英语学习倦怠。本研究这一发现与高等教育领域中的相关研究结果一致。例如，Vîrgă等（2022）[1]以242名印度大学生和178名罗马尼亚大学生为样本，探究心理资本与学习倦怠和无聊等负面态度和情绪的关系时，报告了心理资本与学习倦怠的显著负相关。同样，Wang等（2021）[2]于疫情期间，在我国某中医药大学对733名护理专业大学生展开横断界面研究，报告了心理资本显著负向预测学习倦怠。尽管前人研究鲜少汇报心理资本负向预测英语学习倦怠，但最新研究报告了心理资本与源于压力理论框架的英语学习焦虑之间的负相关。例如，Wu和Kang（2023）[3]以我国1396名中学生为被试，确认了心理资本与英语学习焦虑之间的负相关。本研究这一发现在Wu和Wang的研究发现基础上，丰富了英语学习者的教育层次；与Wu和Wang的研究一同拓展了心理资本在英语教育教学领域中的应对负面情绪、态度的积极作用。

第二，基于模型A和竞争模型B本研究提出假设2，即心理资本正向预测英语学习投入。通过PLS-SEM检验结果可知，基于模型A的路径系数（β）的绝对值0.314大于模型B的0.308，但基于模型A和B的假设2皆成立。这一研究发现表明，英语学习者拥有越高水平的心理资本，在英语学习过程中呈现的投入程度越高。本研究这一结果尽管与前人在英语教育教学领域中的研究发现并不完全一致：Lin（2020）[4]以我国台湾大学生为被试进行的横断界面研究发现，心理资本并未对英语学习投入发挥直接效应，而是通过正念学习（mindful learning）的完全中介作用得以实现。但是，本研究的这一发现与高等教育领域中的若干研究结果一致。具体而言，Barratt和Duran（2021）[5]以工作—需求资源模型（JD-R）为理论基础，于疫情期间在英国中部某一大学的465名学生中展开远程学习研究发现，心理资本显著正向预测学习投入。Siu等（2014）[6]以资源保存理论（COR）为理论框架，在我国香港分别以103名和100名学生进行间隔4个月的历时研究，确认了心理资本不仅与学习投入呈正相关，而且两者之间存在互惠作用关系。因此，本研究的这一发现在高等教育领域研究基础上，与Lin（2020）[4]的研究一起将心理资本的概念拓展至高等英语教育教学领域，确认了心理资本的强大优势有利于促进高校英语学习者的学习投入。

第三，基于模型A本研究提出假设3，即心理资本正向预测英语学业复原力。通过PLS-SEM检验结果可知，该假设成立。这一研究发现说明，英语学习者拥有的心理资本水平越高，对英语学习过程中遇到的失意和挫折表现出了越强的复原力。尽管本研究属于第一个确认了心理资本与英语学业复原力正向关联的研究案例，但从一定程度而言，这一发现与前人报告心理资本的组成维度与学业复原力相关性的结果一致。例如，Lei等（2021）[7]对我国560位高中生进行调查研究，发现自我效能与学业复原力之间有正向关联。Azadianbojnordi等（2022）[8]以353名伊朗高中生为样本，通过结构方程分析

第六章 讨论与启示

发现希望与学业复原力之间存在显著的正向关联。本研究的这一发现将引起高等英语教育教学领域学者及教师对心理资本和英语学业复原力的关注，了解心理资本对促进英语学业复原力培育作用的重要性。

第四，基于模型A和竞争模型B本研究提出假设4，即英语学业复原力与英语课程感知师生支持正相关。通过PLS-SEM检验结果可知，基于两个模型的路径系数（β）皆为0.367，基于模型A的效应量f^2（=0.147）略大于模型B的f^2（=0.135），但基于模型A和B的假设4皆成立。这一研究结果表明，具有较高水平英语学业复原力的学生感知得到的师生支持越多；反之，感知得到更多师生支持的学生拥有更高水平的英语学业复原力。本研究这一发现与前人在其他学科中的相关研究结果大体一致。例如，Martin和Marsh（2008）[9]在澳大利亚以598名中学生为样本，聚焦学生的数学复原力，通过历时性研究发现师生互动质量有效预测学生的学业复原力，因而得出结论：融洽的师生关系是学业复原力的近端指标。Lei等（2021）[7]以我国某省来自4所中学的560名学生为被试，发现同伴支持正向预测学业复原力。本研究这一结果更验证了Yun等（2018）[10]在英语教育教学领域中的发现：在韩国大学787名英语学习者中探究英语学业复原力，确认良好的师生关系有助于提升英语学业复原力。本研究在前人研究的基础上，将师生关系进一步深化为英语课堂上的师生支持，将前人研究推进一步：确认了师生支持与英语学业复原力的正相关性。

第五，基于模型A本研究提出了假设5，即高校英语课程感知师生支持反向预测英语学习倦怠。通过PLS-SEM检验结果可知，该假设成立。这一发现说明，感知获得师生支持越多的英语学习者体验了越低水平的英语学习倦怠。这一结果与前人聚焦大学生的研究发现一致。例如，Zhang等（2021）[11]在疫情期间对684名医学院学生中间进行横断界面调查，发现社会支持在降低学习倦怠方面发挥了保护作用。同样，Li等（2018）[12]对我国东部某一所大学的216名学生展开研究，报告了社会支持与学习倦怠的负向关联。从某种程度而言，这一结果更与前人在英语教育教学领域中的相关研究发现一致。例如，早在2010年，Huang等（2010）[13]在我国台湾以158名英语学习者为研究对象，探究师生支持与英语学习焦虑的关系，就得出了师生提供的学术支持有利于减轻英语学习焦虑，一种基于压力框架理论构建的由英语学习情景触发的情绪体验。另外，Liu等（2023）[14]以我国3高校352名非英语专业学生为样本，报告了英语课程感知师生支持与英语学业倦怠的显著负相关。本研究以来自11个不同专业的公共英语大学生为样本，确认了刘晓红等人的发现，丰富了被试英语学习者的多样性。

第六，基于模型A本研究提出了假设6，即高校英语课程感知师生支持正向预测英语学习投入。通过PLS-SEM检验结果可知，该假设成立。这一发现表明，感知获得师生支持越多的高校英语学习者表现出更高水平的英语学习投入。这一结果与教育领域中的相关研究结果既存在相通的一面，但也存在部分差异。例如，以403名芬兰小学生为研究对象探究学习投入，af Ursin等（2021）[15]发现由教师、同学和家人构成的社会支持系统显著正向预测了学生的学习投入。对119名澳大利亚小学生和2510名新加坡中学生中进行了历时性研究，Granziera等（2022）[16]验证了教师学术支持与学习投入正相关，但是情感支持在促进学习投入方面作用并不显著。在233名包含不同种族（白种人、亚洲人、拉丁美洲人、非裔美国人等）的高中生中进行调查，Strati等（2017）[17]发现教师提供的学术支持是学习投入的有效前置变量。以306名美国农学院大学生为样本进行定量研究，Estepp等（2015）[18]发现教师与同伴的情感支持显著正向预测学习投入。本研究的这一发现不仅验证了教师提供的学术支持和情感支持有助于促进学习投入，而且确认了由同学提供的学术支持和情感支持发挥了同等重要的作用。尽管在外语教育教学领域中，报告师生支持与英语学习正相关的研究并不多见，但本研究的这一发现与最近Xie和Guo的研究存在相通之处。Xie和Guo（2022）[19]在我国以299名公共英语大学生为样本，发现由教师和同学提供的学术支持和情感支持正向预测了与英语学习相关的积极情绪体验。因此，本研究的这一发现不仅突出了师生支持对于英语学习投入的积极作用，而且强调了有利于促进应用型本科院校大学生英语学习投入的社会支持的提供方及内容构成。

第七，基于模型B本研究提出了假设7，即心理资本正向预测英语课程感知师生支持。通过PLS-SEM的检验结果可知，该假设成立。这一研究结果表明，感知拥有较高水平心理资本的英语学习者得到或感知到了更多的师生支持。这一发现与部分前人研究的部分结果一致。例如，朱阳莉和陶云（2022）[20]在我国云南某高校以1318名大学生为样本，探究付出—回报失衡、

第六章　讨论与启示

社会支持和心理资本之间的作用机制时，发现社会支持与心理资本存在显著的正向关联。张静怡（2021）[21]在过我以601名大学生为被试，寻找社会支持、心理资本、学习投入和学业成就之间的关系时，得到同样的结论，即社会支持与心理资本呈正相关。同时，Xu等（2022）[22]以我国江苏省13个城市的抑郁症患者为被试，发现心理资本的水平显著正向预测感知社会支持的水平。虽然本研究这一结果首次验证了心理资本与高校英语课程感知师生支持存在正向关联，具体分析两者之间的关系存在一定的底层逻辑：心理资本的各组成维度有利于个体获得或感知高水平的社会支持。例如，Xanthopoulou等（2007，2009）[23-24]以荷兰员工为被试展开的历时性研究中，反复验证社会支持与个体自我效能和乐观水平存在互惠关系。Higgnins等（2010）[25]的研究发现高乐观个体相较于高悲观个体更易得到来自不同提供方的社会支持；同时，Reivinch和Shatte（2002）[26]的研究报告了高韧性个体具备与他人建立深度关系的能力。借此分析本研究的这一发现：拥有高水平心理资本的英语学习者勇于主动寻求帮助。在英语学习过程中遇到困难和挑战的时候，高心理资本的学生能够进行客观、乐观的归因，一方面对自己保持较高水平的自我效能，一方面正视学习过程中的困难和挫败，采取主动和积极的行为模式动用身边的资源以求战胜困难。高自我效能帮助他们勇于求助，希望帮助他们主动求助，因而会得到更多的师生支持。本研究这一结果突出了心理资本在英语学习过程中的又一重要作用。

第八，基于模型B本研究提出了假设8，即英语学业复原力反向预测英语学习倦怠。根据PLS-SEM的检验结果可知，该假设成立。这一结果说明，拥有更高水平的英语学业复原力，应用型本科院校的英语学习者报告了更低水平的英语学习倦怠。这一发现与前人相关研究结果一致。例如，Vinter（2019）[27]聚焦148名爱沙尼亚中学生，发现学业复原力是最重要的减缓学习倦怠的重要变量。Nejatifar等（2023）[28]在伊朗一所小学以30位有阅读障碍的女生作为被试，实行学业复原力干预实验，干预实验单次时长为70分钟，在连续经过12次的干预实验后，实验组女生的学习倦怠显著下降。该研究通过干预实验验证了学业复原力与学习倦怠的负相关。这一发现与前人研究报告的学业复原力与其他负面学习情绪和行为体验殊途同归。具体而言，Martin和Marsh[9]在598名澳大利亚中学生进行研究，发现学业复原力与学习焦虑负相关。Martin（2013）[29]聚焦918名澳大利亚中学生，发现学业复原力反向预测学生的失败逃避行为。Martin等（2013）[30]在澳大利亚2971名初、高中学生中开展历时性研究，发现学业复原力与自我设限和情绪不稳定等消极学习情绪和消极行为呈负相关。本研究这一发现拓展了学业复原力的作用范围，首度确认了英语学习复原力在削减英语学习倦怠方面的保护性作用。

第九，基于模型B本研究提出了假设9，即英语学业复原力正向预测英语学习投入。根据PLS-SEM的检验结果可知，该假设成立。这一结果表明，拥有更高水平的英语学业复原力，应用型本科院校的英语学习者呈现了更高水平的英语学习投入。这一发现与若干前人的相关研究结果一致。例如，聚焦义务教育阶段，Chahardeh（2020）[31]以50名伊朗中学生为被试进行的学业复原力干预实验，证实了学业复原力的提高有助于促进学生的学习投入度；Bostwick等（2022）[32]对澳大利亚292所中学的71681名学生展开横断界面研究，验证了学业复原力正向预测学生的学习投入度；Martin等（2016）[33]聚焦来自中、美、英三国的中学生（其中中国学生3617人，美国学生989人，英国学生1182人），在三类样本中皆得出了学业复原力与学习投入正相关的结论。聚焦高等教育阶段，Thomas和Allen（2021）[34]在美国西南部一所公立大学的253名大学生和研究生中进行调查研究，发现学业复原力与学习投入中的情感投入和行为投入两个维度呈正相关。本研究聚焦学业复原力在二语习得领域中的作用，验证了英语学业复原力促进英语学习投入的积极作用，拓展了学业复原力理论的适用范围。

第十，基于模型A本研究提出了假设10，即心理资本依次通过英语学业复原力和英语课程感知师生支持反向预测英语学习倦怠。根据PLS-SEM检验结果可知，该假设具有统计意义上的显著性，但不具有实际意义上的显著性，因此本研究得出的结论为假设10不成立。考虑到虽然近几年同时参考两种显著性指标的呼声渐高，但将其付诸实践尚未普及（Fife，2020）[35]，本研究关于中介效应的讨论基于统计意义的显著性与前人研究进行对话。首先，基于本假设链式中介效应第一段而言，英语学业复原力是心理资本与英语学习倦怠之间的部分中介变量，这一结论与部分前人的发现大体一致。例如，Ding等（2015）[36]以我国大庆市1496名护士为研究对象，发现积极的应对风格在心理资本的希望和乐观两个维度与倦怠的情绪耗竭维度之间发挥部

第六章　讨论与启示

分中介作用；还发现积极的应对风格在心理资本的自我效能和乐观两个维度与倦怠的低效能维度之间发挥了部分中介作用。因学业复原力可被视为个体面对压力时的积极应对方式之一，因此假设10第一段的结论与Ding等的研究结果基本一致。此外，从某种程度上这一结果也支持Li等（2021）[7]的研究；他们以我国山西省四所高中的560名学生为样本发现学业复原力在心理资本之自我效能与压力理论架构下的焦虑之间承担了部分中介作用。其次，基于本假设链式中介效应第二部分而言，感知师生支持是心理资本与英语学习倦怠之间的部分中介变量，这一结论与笔者之前的研究发现大体一致。Fu & Charoensukmongkol（2022）[37]基于资源保存理论，对前赴泰国的15家中国公司的413名外派人员展开调查，发现由泰国同事提供的社会支持在心理资本与工作倦怠之间发挥了部分中介作用。最后，基于本假设链式中介效应双中介变量的作用顺序，心理资本对英语学习倦怠的保护性作用是依次通过英语学业复原力和感知师生支持的中介效应得以发挥。尽管这一结论本研究首度得出，但资源保护理论（COR）能够提供理论支撑。正如在文献综述部分介绍的，资源保存理论的创建者Hobfoll（1989）[38]将资源分为四种不同类型：物质资源（如智慧教室），条件资源（如年级），个体特征资源（如心理资本及其四个维度，如英语学业复原力），能量资源（如时间、精力）。ten Brummelhuis & Bakker（2012）[39]则在Hobfoll的资源分类基础上提出来通过来源和短暂性双轴对资源进行分类。就来源而言，资源分为内部资源和外部资源，本研究中的心理资本和英语学业复原力是内部资源，感知师生支持是外部资源。就短暂性而言，资源分为结构性资源和易变性资源。结构性资源具有稳定性，可以随时且重复性利用，如物品和个人技能；易变性资源具有短暂性或一次性，如针对某一特定任务的社会支持。因此，本研究中的心理资本和英语学业复原力是结构性资源，而感知师生支持则为易变性资源。此外，基于来源和短暂性的双轴资源分类网格，ten Brummelhuis & Bakker（2012）凸显了Hobfoll（2002）[40]提出的关键资源，即那些能够帮助个体管理其他资源的资源，如乐观。因为关键资源比其他个体特质（如经验和知识）更具稳定性，而被置于其他内部资源上。据此分类，本研究中的心理资本和英语学业复原力都是关键资源。正是因为心理资本和英语学业复原力的内部性和稳定性，以及感知师生支持的外部性和短暂性，本研究推断心理资本对英语学习倦怠的保护作用会首先通过英语学业复原力，再通过师生支持的中介作用予以发挥。关于该假设的检验结果证明了基于资源保护理论（COR）的强大解释力和预力。

与此同时，假设10具有统计显著性而不具实际意义的显著性这一结论从工作要求资源理论（JDR）上或可找到解释。正如文献综述部分介绍，JDR理论将工作环境诸多因素分为工作要求和工作资源两大类（Bakker & Demerouti，2007）[41]。工作要求指工作环境对个体身心、情感、认知和技能等方面的需求，长期过高的工作要求会严重消耗个体的身心资源，损耗健康。工作资源指工作环境帮助个体满足工作要求、达成工作目标、促进个体成长和发展的各种资源，工作资源有助于启动个体自我激励系统。JDR理论认为当工作要求长期大于工作资源，则有可能导致倦怠的发生；反之，则可能激发投入的增长（Hodges，2018）[42]。在本研究中，心理资本、英语学业复原力和感知师生支持都是工作资源。在应对英语学习倦怠时，学生首先需要消耗足量的这些工作资源来应对英语课程学习要求，最终才有可能减缓英语学习倦怠。在前人研究中，如Schaufeli和Bakker（2004）[43]以来自荷兰四家服务型行业公司的1698名员工为样本，发现工作资源匮乏导致员工倦怠。本研究的这一结论为工作要求资源理论提供了又一实证支撑。

第十一，基于竞争模型B本研究提出了假设11，即心理资本依次通过感知师生支持和英语学业复原力反向预测英语学习倦怠。根据PLS-SEM检验结果可知，假设11具有统计意义上的显著性，但不具有实际意义上的显著性，因此本研究得出的结论为假设11不成立。正如前文所言，鉴于同时考虑两种显著性指标的研究实践尚未普及，本研究关于中介效应的讨论基于统计意义的显著性与前人研究进行对话。由于基于本假设链式中介效应的第一段，感知师生支持是心理资本与英语学习倦怠的部分中介变量，与假设10第二段的讨论重合；基于本假设链式中介效应的第二段，即英语学业复原力是心理资本与英语学习倦怠的部分中介变量，与假设10第一段的讨论重合，因此不再赘述。关于假设11和假设10的不同之处在于：感知师生支持和英语学业复原力在心理资本与英语学习倦怠的关系上作用顺序的不同。如果说假设10的论证是基于心理资本、英语学业复原力的稳定性和内部性，基于师生支持的短暂性和外部性，那么构建假设12的目的旨在证伪。由于COR理论中提

第六章 讨论与启示

到个体为了应对压力，一方面会通过投入现有资源以获取新资源或减少资源的净损失，另一方面会积极维护已有资源、主动获取多种新资源应对不测。此外，资源富足者往往会吸引到更多资源，资源匮乏者往往会流失更多资源。基于这样的思路，拥有高水平心理资本的英语学习者既可吸引英语学业复原力也可吸引感知师生支持。也就是说，就发挥中介作用的前后顺序而言，如果存在路径一：英语学业复原力和感知师生支持依次在心理资本与英语学习倦怠之间发挥中介作用；那么就可能存在路径二：感知师生支持和英语学业复原力依次在心理资本与英语学习倦怠之间发挥中介作用。本研究通过模型A和模型B的建立，一来检验两种路径是否皆可走通，二来检验在都可走通的情形下，孰优孰劣。由PLS-SEM检验结果得知，假设10和假设11都只有统计意义上的显著性。这一结论再次说明工作资源在减缓倦怠方面的优势稍逊于在促进投入方面的作用，这一发现与JDR理论相符。

第十二，基于模型A本研究提出了假设12，即心理资本依次通过英语学业复原力和英语课程感知师生支持正向预测英语学习投入。根据PLS-SEM检验结果可知，该假设不仅具有统计意义上的显著性，而且具有实际意义上的显著性，因此本研究得出的结论是假设12成立。首先，基于本假设链式中介效应第一部分而言，英语学业复原力是心理资本与英语学习投入之间的部分中介变量，本研究首度同时聚焦心理资本和英语学业复原力，基于COR理论论证了英语学业复原力在心理资本与英语学习投入之间的中介作用。这一发现不仅再次强调了心理资本是关键资源，而且凸显了对英语学习者而言至关重要的关键资源：英语学业复原力。这一发现提供了心理资本助力英语学习投入的一条可能有效的路径。其次，基于本假设链式中介效应第二部分而言，感知师生支持在心理资本和英语学习投入之间的部分中介变量，这一结论可为前人的相关研究提供新的佐证。例如，Barratt和Duran（2021）[5]以465名硕士研究生为样本，发现心理资本对学习投入的积极作用通过教师支持得以放大。Sultana（2023）[44]以孟加拉242名大学生为样本，发现由自我效能和韧性两维度构成的心理资本不仅正向预测学习投入，而且通过教师支持的部分中介效应发挥作用，即由教师提供的社会支持是心理资本与学习投入之间的部分中介变量。最后，基于本假设链式中介效应中双变量的作用顺序，心理资本对英语学习投入的积极作用是依次通过英语学业复原力和感知师生支持的中介作用得以实现。这一先后作用顺序源于英语学业复原力的内部性和稳定性、感知师生支持的外部性和短暂性，相关讨论本文已在假设10部分展开，在此不再赘述。值得一提的是，这一作用顺序与Jia和Cheng（2022）[45]针对高校英语教育提出的构想逻辑一致，即英语学业复原力和感知师生支持联手激活英语学习者的学习动机，使学习投入成为可能。

假设12不仅具有统计显著性而且具有实际意义的显著性，这一结论证实了COR理论和JDR模型的解释力。一方面，关键资源心理资本和英语学业复原力的联手更易得到丰富的外部短暂性资源——感知师生支持，形成富足的"资源大篷车"；另一方面，富足的"资源大篷车"作为工作资源在开启英语学习自我激励系统上大展身手，帮助英语学习者呈现了高水平的英语学习投入。这一发现与Kakanen等（2008）[46]以2555名芬兰牙医为样本的研究结果一致，即工作资源正向预测投入。本研究的这一发现通过微观及线性的视角解释了心理资本促进英语学习投入的内在作用机制。

第十三，基于竞争模型B本研究提出了假设13，即心理资本依次通过感知师生支持和英语学业复原力正向预测英语学习投入。依照PLS-SEM检验结果，假设13具有统计意义上的显著性，但不具有实际意义上的显著性，因此本研究得出的结论为假设13不成立。鉴于假设13的第一段与假设12第二部分讨论重合，假设13的第二段与假设12的第一部分讨论重合，因此不再赘述。同理，假设13和假设12的不同还是在于：感知师生支持与学业复原力在心理资本与英语学习投入之间发挥中介作用的顺序问题。正是基于COR理论关于资源的分类，本研究认为有必要仔细分辨师生支持与学业复原力在心理资本促进英语学习投入方面的不同作用，同时也因为前人的相关研究为假设13这一路径提供了可能性。例如，Granziera等（2022）[16]进行的有关澳大利亚小学生和新加坡中学生的历时研究报告了教师的学术支持恰恰是通过学业复原力的中介作用促进了学生的学习投入。然而，假设13实际意义上的不显著则说明：尽管存在师生支持先于英语学业复原力在心理资本与英语学习投入之间发挥中介作用，但该路径的作用不如英语学业复原力先于师生支持的路径。

第六章 讨论与启示

第二节 研究启示

本研究通过系统的文献梳理，基于幸福感理论、资源保存理论、工作要求—资源理论及前人相关研究，旨在探究心理资本对应用型本科院校英语学习者学业幸福（由英语学习倦怠和英语学习投入组成）的内在作用机制，寻找促进高校英语学习者学业幸福和英语教育教学高质量发展的可能路径。为了达成研究目的，本书对纳入模型的主要变量进行了描述性分析，构建了由心理资本通向学业幸福的两个链式中介路径，通过PLS-SEM逐个进行了直接效应和链式中介效应检验。根据描述性分析和检验结果得出的相关启示如下：

一、英语学业幸福

本研究在第五章对构成应用型本科院校学生英语学业幸福的两个变量进行了描述性分析，对与英语学业幸福相关的控制变量、直接效应和链式中介效应进行了假设检验。

（一）英语学习倦怠

根据英语学习倦怠的描述性分析和控制变量检验结果可知：应用型本科院校的英语学习倦怠总体水平看似不高，但值得引起注意的是，英语学习倦怠的个体差异在纳入本研究的主要变量中位居榜首。考虑到控制变量检验结果显示英语水平分层班级与英语学习倦怠呈负相关，且具有统计意义显著性，可见处于较高英语水平分层的班级学生（例如C级班）报告了较低的英语学习倦怠。换言之，尽管英语学习倦怠的总体水平看似不高，最高的个体差异及英语水平分层班级是具有统计显著性的控制变量的结果都表明有可能是位于英语分层发展级（C级）的学生英语学习倦怠水平部分遮掩了位于英语分层基础级（A级）的学生的英语学习倦怠水平，这也解释了为什么在英语学习倦怠三个维度中疏离位居第一的现状。因此，作为英语学业幸福的重要变量，英语学习倦怠需引起高校外语教育教学领域学者及教师的重视。特别是在实行英语分层教学的应用型本科院校，针对不同分层班级，减缓英语学习倦怠的方法及策略需有针对性。

根据直接效应和链式中介效应检验结果可知：（1）心理资本对英语学习者而言，是重要的个人资源，能够直接有效地缓解英语学习倦怠，为提升英语学习者的学业幸福做出有益贡献。（2）英语学业复原力作为帮助英语学习者应对英语学习过程中遭遇的失败与挫折的关键资源，能够直接且有效地降低英语学习倦怠。（3）英语课程感知师生支持作为重要的外部资源，能够帮助英语学习者应对英语学习要求，降低英语学习倦怠。（4）除了心理资本对英语学习投入的直接效应，心理资本还可通过英语学业复原力和感知师生支持的部分链式中介效应对英语学习倦怠发挥保护作用。心理资本至英语学习倦怠的链式中介路径可以是英语学业复原力较感知师生支持先行发挥中介作用，也可以是感知师生支持较英语学业复原力先行发挥中介作用；相较之下，英语学业复原力在先感知师生支持在后的路径作用较大。尽管两种链式中介路径都不具有实际意义的显著性，但统计意义显著性结果依然值得引起关注。

（二）英语学习投入

根据英语学习投入描述性分析和控制变量结果可知：一方面，控制变量检验结果显示英语水平分层班级与英语学习投入呈正相关，该正相关不仅具有统计意义显著性，而且具有实际意义显著性。换言之，英语水平较低班级呈现了较低水平的英语学习投入；英语水平较高班级呈现了较高水平的英语学习投入。另一方面，英语学习投入的描述性分析结果表明应用型本科院校学生的英语学习投入总体水平一般。尤其值得注意的是，英语学习投入的均值在纳入本研究的主要变量中居于末位，且英语学习投入的个体差异远没有英语学习倦怠的个体差异大。两方面结果表明，应用型本科院校学生的英语学习投入的提升空间大，这一点适用于所有英语分层班级学生。

根据直接效应和链式中介效应检验结果可知：（1）心理资本是重要且强大的内部和关键资源，能够直接且有效地提升英语学习投入水平。（2）英语学业复原力对英语学习者而言，是重要的内部资源和工作资源，能够帮助英语学习者应对英语学习要求，启动英语学习自我激励系统，直接并且显著地

第六章 讨论与启示

促进英语学习投入的提高。（3）英语课程感知师生支持是重要的外部资源和工作资源，能够从学术支持和情感支持两个方面帮助英语学习者满足英语学习要求，助力英语学习动机系统，显著并且直接地提升英语学习投入。（4）除了心理资本对英语学习投入的直接作用，心理资本还可通过英语学业复原力和感知师生支持的部分链式中介效应间接促进英语学习投入的提升。心理资本至英语学习投入的链式中介路径有二：其一是感知师生支持在前英语学业复原力在后，该路径仅具有统计显著性；其二是英语学业复原力在先感知师生支持在后，该路径不仅具有统计显著性而且具有实际意义上的显著性。

概述之，组成英语学业幸福的英语学习倦怠和英语学习投入在应用性本科院校英语学习者中皆具有提升空间。在减缓英语学习倦怠时，需针对英语水平分层班级的具体状况量身定制不同策略；相较于英语学习倦怠，促进英语学习投入空间更大，且适用于各英语水平分层班级。在本研究纳入的所有因变量中，心理资本、英语学业复原力和英语课程感知师生支持都可以对英语学业幸福发生直接作用。

二、心理资本的作用

响应高校外语教育教学高质量发展之时代需求，顺应外语教育教学领域之积极转向，弥补当前外语教育教学研究与积极心理学融合之不足，本研究基于应用型本科院校的宏观学习生活场景，界定了心理资本，检验了心理资本对英语学业幸福的积极作用。

首先，本研究确认了心理资本对英语学业幸福（即英语学习倦怠和英语学习投入）的直接促进作用。随着积极心理学被引入外语教育教学领域，国内外相关研究由大量聚焦语言学习者情绪研究（如焦虑、愉悦、快乐、感激、宁静、兴趣、自豪、愤怒、鄙视、恶心、尴尬、愧疚、悲伤、害怕）（李成陈，2020；MacIntyre & Vincze，2017；李成陈，2020）[47-49]，向关注学习者积极个体品质发展（如外语积极自我、坚毅）（Lake，2016；韦晓保等，2024）[50-51]，本研究与近几年涌现的为数不多的研究携手将个体积极品质——心理资本——引入英语教育教学领域，通过实证研究结果强调心理资本对促进英语学习者积极情绪、化解消极情绪、提升英语学业成绩的显著作用（Wu & Kang, 2023；解倩, 2019）[3][52]。具体而言，解倩等人（2019）[52]以我国286名初中英语学习者为样本展开研究，发现心理资本与考试焦虑负相关，与英语学业成绩正相关。Wu等（2023）[3]以我国云南省三所中学的1396名初中英语学习者（平均年龄13.46，标准差0.75）为被试，发现心理资本正向预测英语乐趣、英语学习行为投入和英语学业成绩，反向预测英语学习无聊和焦虑。尤其值得注意的是，本研究以高校英语学习者而不是中学英语学习者为样本，同时探究了心理资本对英语学习倦怠和英语学习投入的积极作用，丰富和拓展了心理资本在英语教育教学领域中的应用范围。

其次，本研究确认了心理资本通过英语学业复原力和感知师生支持的中介效应促进英语学业幸福。如此一来进一步突出和放大了心理资本在增强高校英语学习者的积极体验、培育高校英语学习者个体积极品质、建设具有积极属性的高校英语组织支持系统三方面的强大作用。

三、英语学业复原力的作用

本研究将复原力限定在高校英语教育教学领域中，验证了英语学业复原力对英语学业幸福的显著直接作用，以及在心理资本与英语学业幸福之间的部分中介作用。如果说心理资本帮助高校英语学习者在宏观的高校英语学习生活中获得了极具竞争性的优势，英语学业复原力则充当管道将这一竞争优势引流至英语学习中，助力英语学习者应对英语学习中的挑战与挫败，获得学业幸福感。作为积极的个人品质，在国外，韩国学者Yun等（2018）[10]首度将学业复原力引入英语教学领域；在国内，学者刘宏刚（2022）[53]首度引入了英语学业复原力概念，王幼琨（2024）[54]作为国内唯一实证研究确认了英语学业复原力为学业坚毅与英语学习投入之间的部分中介变量。本研究与国内前述几位学者一同凸显了英语学业复原力对高校英语学习者的强大有益作用，为积极心理学与英语教育教学领域的有机融合提供了新的切入点。

四、感知师生支持的作用

本研究考虑到英语课程学习的高互动、多评价特点，通过感知师生支持界定了构成高校英语教育教学的重要环境变量，验证了感知师生支持对英语学业幸福的显著直接作用，以及在心理资本与英语学业幸福之间的部分中介作用。本研究与我国学者郭继东等人（2017）[55]、刘晓红等人（2020）[56]的相关研究携手确定了师生支持是英语课程支持系统的主力军，帮助高校英语学习者提升了学业成绩、增强个体积极体验，携手为任庆梅（2018）[57]对高校英语课堂环境的调查与分析提供了部分实证支持，为促进英语教育教学的积极转向揭示了重要的环境变量。

五、相关理论

（一）幸福感理论

积极心理学提出将积极的主观体验、积极的个体特征和积极的组织环境设定为积极心理学的三大支柱（Seligman，2000）[58]；随后又提出了积极情感体验、投入、关系、意义和成就是促进个体积极发展、构成幸福感的关键因素，即PERMA幸福感理论（Seligman，2011）[59]。该理论整合并超越了主观幸福理论、心理幸福感理论和社会幸福感理论，推动幸福感理论迈进更加深入、全面且又立体的场景。本研究顺应外语教育教学领域之积极转向，将英语学业幸福设定了结果变量，突出强调语言结果和非语言结果之"双聚焦"；同时围绕积极心理学的三大支柱锁定变量，即英语学习倦怠和英语学习投入（积极的主观体验）、心理资本和英语学业复原力（积极的个体特征）和英语课程感知师生支持（积极的组织环境），构建研究模型。通过假设验证，从高校英语课程微观组织环境，进行了积极心理学PERMA幸福感理论框架的部分检验。本研究的整体设计与开展跟随Oxford（2014，2016）[60-61]在外语教育教学领域对学习者幸福感研究的步伐，与（徐锦芬、杨嘉琪，2023）徐锦芬和杨嘉琪（2023）[62]的研究一起再次强调在语言学习过程中关注学习者幸福感的重要性和必要性。本研究结果从某种程度上，也为徐锦芬（2024）[63]构建的中国高校英语学习者幸福感模型的提供了实证案例。

（二）资源保存理论

本研究将广泛运用于组织行为学中的资源保存理论作为锁定变量、构建模型、探究英语学业幸福（英语学习倦怠和英语学习投入）的重要理论基础之一。研究结果确认了心理资本和英语学业复原力是帮助高校英语学习者缓解英语学习倦怠、促进英语学习投入的重要个人资源，确认了英语课程感知师生支持是帮助高校英语学习者体验学业幸福的关键外部资源。通过模型A和竞争模型B的比较，更加突出了个人资源（英语学业复原力）相较于外部资源（英语课程感知师生支持）的稳定性和更为明显的助益作用。本研究模型和假设检验结果拓展了资源保存理论的适用性，凸显了资源保存理论对于不同类型资源的解释力。近年来，随着积极心理学与外语教育教学研究的融合发展，部分学者开始运用资源保存理论进行语言教学研究。例如，Liu等（2023）[64]在我国640名中学英语学习者中展开调查，基于资源保存理论构建模型，验证了韧性和动机在英语学习倦怠和英语学习投入之间的中介作用。本研究聚焦高校英语学习者，为解读多个积极心理学变量与英语学业幸福的作用机制提供了坚实且新颖的理论视角。

（三）工作要求—资源理论

本研究将组织行为学中的工作要求—资源理论作为解释英语学业幸福（即英语学习倦怠和英语学习投入）、选择预测变量、构建模型的理论基础之一。通过模型和假设检验结果，验证了心理资本、英语学业复原力和英语课程感知师生支持是帮助高校英语学习者应对英语学习压力和挑战、满足英语课程学习要求、促进英语学习动力和发展的重要资源，三者因而在减缓英语学习倦怠、提升英语学习投入方面发挥了基于该理论预期的效应。随着外语教育教学的积极转向，国内外相关研究大多从情绪相关理论视角，如情绪拓展—构建理论视角（Dewaele，2014）[65]、情绪调节理论视角（薛荷仙、王亚冰，2022）[66]、理性—情绪理论视角（马利红等，2023）[67]）等予以展开。随着大文科的融合发展，Wu等（2024）[68]基于工作要求资源理论，以我国多个省份的1234名中学英语学习者为样本，进行了英语学习倦怠和英语学习投入三类群体画像勾勒：高倦怠—低投入、中倦怠—中投入、低倦怠—高投入。本研究与Wu等以管理学理论为基础为解读英语学业幸福提供了新的视角。

总之，本研究基于幸福感理论、资源保存理论和工作要求资源理论，构建了研究模型，回答了研究问题。细究三大理论对于本研究的作用，幸福感理论为本研究提供了总体理论框架，本研究锁定的研究变量涵盖了幸福感理论的三大支柱；资源保存理论和工作要求—资源理论则通过相互合作，合理、动态且细致地解释了心理资本、英语学业复原力和感知师生支持促进英语学业幸福的内在作用机制。

本章小结

本章首先对基于本研究构建的模型A和竞争模型B的9个直接效应假设和4个链式中介效应假设的检验结果进行总结。其中9个直接效应皆具有统计显著性和实际意义显著性，9个假设全部获得数据支持。4个链式中介效应皆具有统计显著性，但只有心理资本—英语学业复原力—感知师生支持—英语学习投入一条路径具有实际意义显著性。本章基于假设检验结果展开了相关讨论，与国内外相关研究进行对话，同时基于这些检验结果点明本研究在国内外相关研究中所处的地位。其次，本研究就检验结果，针对纳入的每个研究变量和理论基础，报告本研究所获得的启示。本研究将在下一章介绍基于相关启示而开展的干预实验及其结果。

本章参考文献

[1] Vîrgă, D., Pattusamy, M. & Kumar, D.P. How psychological capital is related to academic performance, burnout, and boredom? The mediating role of study engagement[J]. Current Psychology, 2022, 41（11）：6731-6743.

[2] Wang, J., Bu, L., Li, Y., Song, J. & Li, N. The mediating effect of academic engagement between psychological capital and academic burnout among nursing students during the COVID-19 pandemic: A cross-sectional study[J]. Nurse Education Today, 2021,（102）：104938.

[3] Wu, Y. & Kang, X. Conceptualisation, measurement, and prediction of foreign language learning psychological capital among Chinese EFL students[J]. Journal of Multilingual and Multicultural Development, 2023（18）.

[4] Lin, Y. The interrelationship among psychological capital, mindful learning, and English learning engagement of university students in Taiwan[J]. Sage Open, 2020（7）.

[5] Barratt, J. M. & Duran, F. Does psychological capital and social support impact engagement and burnout in online distance learning students? [J]. The Internet and Higher Education, 2021（51）: 100821.

[6] Siu, O. L., Bakker, A. B. & Jiang, X. Psychological capital among university students: Relationships with study engagement and intrinsic motivation[J]. Journal of Happiness Studies, 2014,（15）: 979-994.

[7] Lei, W., Zhang, H., Deng, W., Wang, H. & Shao, F. Academic self-efficacy and test anxiety in high school students: A conditional process model of academic buoyancy and peer support[J]. School Psychology International, 2021, 42（6）: 616-637.

[8] Azadianbojnordi, M., Bakhtiarpour, S., Makvandi, B. & Ehteshamizadeh, P. Can academic hope increase academic engagement in Iranian students who are university applicants? Investigating academic buoyancy as a mediator[J]. Journal of Psychologists and Counsellors in Schools, 2022, 32（2）.

[9] Martin, A. J. & Marsh, H.W. Academic buoyancy: Towards an understanding of students' everyday academic resilience[J]. Journal of school psychology, 2008, 46（1）: 53-83.

[10] Yun, S., Hiver, P. & Al-Hoorie, A.H. Academic buoyancy: exploring learners' everyday resilience in the language classroom[J]. Studies in Second Language Acquisition, 2018, 40（4）: 805-830.

[11] Zhang, J. Y., Shu, T., Xiang, M. & Feng, Z. C. Learning burnout: Evaluating the role of social support in medical students[J]. Frontiers in Psychology, 2021（21）.

[12] Li, J., Han, X., Wang, W., Sun, G. & Cheng, Z. How social

support influences university students' academic achievement and emotional exhaustion: The mediating role of self-esteem[J]. Learning and Individual Differences, 2018, (61): 120-126.

[13] Huang, S., Eslami, Z. & Hu, R.J.S. The Relationship between teacher and peer support and English-language learners' anxiety[J]. English Language Teaching, 2010, 3(1): 32-40.

[14] Liu, X., Zhou, M. & Guo, J. Effects of EFL learners' perceived social support on academic burnout: The mediating role of interaction engagement[J]. SAGE Open, 2023, 13(4): 215.

[15] af Ursin, P., Jarvinen, T. & Pihlaja, P. The role of academic buoyancy and social support in mediating associations between academic stress and school engagement in Finnish primary school children [J]. Scandinavian journal of educational research, 2021, 65(4): 661-675.

[16] Granziera, H., Liem, G. A. D., Chong, W. H., Martin, A. J., Collie, R. J., Bishop, M. & Tynan, L. The role of teachers' instrumental and emotional support in students' academic buoyancy, engagement, and academic skills: A study of high school and elementary school students in different national contexts[J]. Learning and Instruction, 2022 (80), 101619.

[17] Strati, A. D., Schmidt, J. A. & Maier, K. S. Perceived challenge, teacher support, and teacher obstruction as predictors of student engagement[J]. Journal of Educational Psychology, 2017, 109(1): 131-147.

[18] Estepp, C. M. & Roberts, T. G. Teacher immediacy and professor/student rapport as predictors of motivation and engagement [J]. NACTA Journal, 2015(7) June.

[19] Xie, X. & Guo, J. Influence of teacher-and-peer support on positive academic emotions in EFL learning: the mediating role of mindfulness[J]. The Asia-Pacific Education Researcher, 2022(32): 439-447.

[20]朱阳莉, 陶云.大学生付出-回报失衡与积极心理资本的关系：社会支持的中介作用[J].华南师范大学学报（自然科学版）, 2022, 54(2): 120-128.

[21]张静怡.社会支持与大学生学业成就的关系：心理资本和学习投入的作用[D].青海师范大学，2021.

[22]Xu, H., Liu, X. & Zeng, P. The Mediating role of social support in the relationship between psychological capital and depression among Chinese emergency physicians[J].Psychology research and behavior management，2022（15）：977-990.

[23] Xanthopoulou, D., Bakker, A. B., Demerouti, E. & Schaufeli, W.B.The role of personal resources in the job demands-resources model[J]. International Journal of stress management，2007，14（2）：121-141.

[24] Xanthopoulou, D., Bakker, A. B., Demerouti, E. & Schaufeli, W.B.Reciprocal relationships between job resources, personal resources, and work engagement[J]. Journal of Vocational Behavior，2009，74（3）：235-244.

[25] Higgins, M., Dobrow, S. R. & Roloff, K. S. Optimism and the boundaryless career: The role of developmental relationships[J]. Journal of Organizational Behavior，2010，31（5）：749-769.

[26] Reivich, K. & Shatté, A. The resilience factor: 7 essential skills for overcoming life's inevitable obstacles[M]. Broadway books，2002.

[27] Vinter, K.Examing academic burnout: profiles and coping patterns among Estonia middle school students[J].Educational Studies，2021，47（1）：1-18.

[28]Nejatifar, S., Ghasemi, M. R., Sarami, P. & Abedi, A. Effectiveness of intervention based on academic buoyancy on academic burnout and academic engagement of students'with learning learning disorder[J]. Health Nexus，2023，1（2）.

[29] Martin, A. J. Academic buoyancy and academic resilience: Exploring 'everyday' and 'classic' resilience in the face of academic adversity[J]. School Psychology International，2013，34（5）：488-500.

[30] Martin, A.J., Ginns, P., Brackett, M. A., Malmberg, L. E. & Hall, J. Academic buoyancy and psychological risk: Exploring reciprocal relationships[J]. Learning and Individual Differences，2013（27）：128-133.

[31]Chahardeh, S.E. Effectiveness of academic buoyancy training on academic

engagement and adjustment to school in Firth high school students[J]. Iranian Journal of Educational Sociology, 2020, 3 (2): 11-19.

[32] Bostwick, K. C. P., Martin, A. J., Collie, R. J., Burns, E. C., Hare, N., Cox, S., Flesken, A. & McCarthy, I. Academic buoyancy in high schools: a cross-lagged multilevel approach exploring reciprocal effects with perceived school motivation, and engagement[J]. Journal of Educational Psychology, 2022, 114 (8): 1931-1949.

[33] Martin, A. J., Yu, K,, Ginns, P. & Papworth, B. Young people's academic buoyancy and adaptability: A cross-cultural comparison of China with North America and the United Kingdom [J]. Educational Psychology, 2017, 37 (8): 930-946.

[34] Thomas, C. L. & Allen, K. Driving engagement: investigating the influence of emotional intelligence and academic buoyancy on student engagement[J]. Journal of Further and Higher Education, 2021, 45 (1): 107-119.

[35] Fife, D. The eight steps of data analysis: A graphical framework to promote sound statistical analysis[J]. Perspectives on Psychological Science, 2020, 15 (4): 1054-1075.

[36] Ding, Y., Yang, Y., Yang, X., Zhang, T., Qiu, X., He, X., Wang, W., Wang, L. & Sui , H. The mediating role of coping style in the relationship between psychological capital and burnout among Chinese nurses[J]. PloS one, 2015 (6): .

[37] Fu, L. & Charoensukmongkol, P. Benefits of Psychological Capital on Host Country Nationals' Support and Burnout of Chinese Expatriates in Thailand: Moderating Effect of Personal Characteristics[J].Asia-Pacific Journal of Business Administration, 2022, 14 (3): 265-284.

[38] Hobfoll, S. E. Conservation of resources: a new attempt at conceptualizing stress[J]. American psychologist, 1989, 44 (3): 513-524.

[39] ten Brummelhuis, L. L. & Bakker, A. B. A resource perspective on the work-home interface: The work-home resources model[J]. American Psychologist,

2012, 67 (7): 545-556.

[40] Hobfoll, S.E. Social and psychological resources and adaptation[J]. Review of general psychology, 2002, 6 (4): 307-324.

[41] Bakker, A. B. & Demerouti, E. The job demands-resources model: State of the art[J]. Journal of Managerial Psychology, 2007, 22 (3): 309-328.

[42] Hodges, J. Employee Engagement for Organizational Change: The Theory and Practice of Stakeholder Engagement[M]. London: Routledge, 2018.

[43] Schaufeli, W. B. & Bakker, A.B. Job demands, job resources, and their relationship with burnout and engagement: A multi-sample study[J]. Journal of Organizational Behavior, 2004, 25 (3): 293-315.

[44] Sultana, Z. Exploring the impact of academic psychological capital resources on student engagement at undergraduate level: The mediating role of faculty support[J]. Participatory Educational Research, 2023, 10 (6): 58-83.

[45] Jia, Y. & Cheng, L. The Role of academic buoyancy and social support on English as a foreign language learners' motivation in higher education[J]. Frontiers, 2022 (13).

[46] Hakanen, J. J., Schaufeli, W. B. & Ahola, K. The Job Demands-Resources model: A three-year cross-lagged study of burnout, depression, commitment, and work engagement[J]. Work & Stress, 2008, 22 (3): 224-241.

[47] 李成陈. 情绪智力与英语学业成绩的关系探究——愉悦、焦虑及倦怠的多重中介作用[J]. 外语界, 2020 (1): 69-78.

[48] MacIntyre, P. D. & Vincze, L. Positive and negative emotions underlie motivation for L2 learning [J]. Studies in Second Language Learning and Teaching, 2017 (1): 61-88.

[49] 李成陈, Dewaele Jean-Marc. 特质情绪智力及线上学习收获感对外语课堂无聊的预测作用[J]. 外语与外语教学, 2020 (5): 33-44+148-149.

[50] Lake, J. Accentuate the positive: conceptual and empirical development of the positive L2 self and its relationship to L2 proficiency In Positive psychology in SLA. eds. P. D. MacIntyre, T. Gregersen, and S. Mercer (Bristol: Multilingual

第六章　讨论与启示

Matters），2016：237-257.

[51] 韦晓保，彭剑娥，秦丽莉，杨连瑞.课堂环境、二语坚毅与英语学业成绩的关系——学业情绪的中介作用[J].现代外语，2024，47（1）：89-100.

[52] 解倩，樊云，马媛媛.初中生心理资本与考试焦虑、英语学业成绩的相关分析[J].心理月刊，2019，14（18）：10-11.

[53] 刘宏刚.学习者浮力：二语习得个体差异研究的新议题[J].山东外语教学，2022，43（1）：47-55.

[54] 王幼琨.二语坚毅与学业浮力对学习投入的影响[J].现代外语，2024，47（3）：370-382.

[55] 郭继东，牛睿欣.英语学习中的师生支持及其与学习成绩的关系研究[J].外语与翻译，2017，24（1）：67-71+98.

[56] 刘晓红，牛睿欣，郭继东.英语学习师生支持及其与学习倦怠的关系[J].江西师范大学学报（哲学社会科学版），2020，53（5）：138-144.

[57] 任庆梅.大学英语课堂环境构建及评价的现状调查与分析[J].外语界，2018，（6）：44-52.

[58] Seligman Martin E. P. & Csikszentmihalyi Mihaly. Positive psychology: An introduction[J]. American Psychologist, 2000, 55（1）：5-14.

[59] Seligman, M. E. P. Flourish: A Visionary New Understanding of Happiness and Well-Being[M]. New York: Free Press, 2011.

[60] Oxford, R. & Cuéllar, L. Positive psychology in cross-cultural narratives: Mexican students discover themselves while learning Chinese [J]. Studies in Second Language Learning and Teaching, 2014,（2）：173-203.

[61] 徐锦芬，杨嘉琪.双语者及其幸福感提升：二语学习研究新动态[J].外语教学理论与实践，2023，（2）：54-61.

[62] 徐锦芬.英语学习者幸福感模型建构——基于中国学生英语学习经历的质性研究[J].外语导刊，2024，47（1）：56-66+159.

[63] Liu, H., Zhong, Y., Chen, H. The mediating roles of resilience and motivation in the relationship between students' English learning burnout and engagement: a conservation-of-resources perspective[J]. International Review of

Applied Linguistics in Language Teaching, 2023（21）.

[64] Dewaele, J.M. & MacIntyre, P.D. The two faces of Janus? Anxiety and enjoyment in the foreign language classroom[J]. Studies in Second Language Learning and Teaching, 2014,（2）: 237-274.

[65] 薛荷仙, 王亚冰. 外语情绪调节策略与外语情绪：基于潜在剖面分析[J].外语教学, 2022, 43（4）: 62-68.

[66] 马利红, 李斑斑, 焦雨虹, 刘坚.思辨能力与外语愉悦对外语成绩的影响路径研究[J].现代外语, 2023, 46（5）: 676-687.

[67] Wu, H., Zeng, Y., Fan, Z. Unveiling Chinese senior high school EFL students' burnout and engagement: Profiles and antecedents[J]. Acta Psychologica, 2024（243）.

第七章 心理资本干预实验

本研究以1934名应用型本科院校英语学习者为样本展开的调查研究确定了心理资本对英语学业幸福的积极作用。本研究直接效应和链式中介效应检验结果均表明，相较于英语学习倦怠，心理资本对英语学习投入的作用更加强大。因此，本研究决定以英语学习投入为起点，设计心理资本干预模型。

第一节 干预实验模型

由于本研究采用了Luthans对心理资本的界定进行了前期的调查研究，基于系统的文献梳理和研究设计的连贯性，本研究决定通过使用Luthans等（2006）[1]的心理资本干预模型，进行促进应用型本科院校学生英语学习投入的干预实验。具体而言，Luthans等，认为心理资本由自我效能、希望、乐观和韧性四个维度组成，四个维度既彼此独立又相互协同，即可通过促进各维度的提升达成心理资本干预的目的。换言之，本研究决定基于Luthans等（2006）[1]心理资本干预模型通过提升心理资本效能、希望、乐观和韧性完成心理资本开发，进而促进英语学习投入水平的提升（图7-1）。

本次干预实验之前，本研究团队成员之一基于Luthans等，的心理资本干预模型，以应用型本科院校144名大学生为被试进行了心理资本对大学生就业力影响的干预实验，验证了心理资本干预的有效性（李春花，2018）[2]。该成员于2019年创建了《大学生心理资本提升课程》在线课程。如表7-1所示，该课程由心理资本总论干预、心理资本四个维度干预五个模块组成，总计24节。其中，第一模块心理资本概述（2节）。主要介绍心理资本的概念及开发心理资本的意义。第二模块希望开发（6节），主要包括心理资本希望的定义；开发希望的四个方法：目标牵引法、截断资源法、路径选择法和积极行动法；视频赏析。第三模块乐观开发（7节），主要包括乐观的定义，乐观的解释风格测试方法及案例分析，悲观与抑郁，乐观ABCDE，视频赏析。其中，乐观ABCDE是基于埃利斯ABC模式发展而来的乐观开发技术，A为引发压力和情绪的事件（adversity），B为信念或对事件的价值诠释（belief），C为对事件解读的结果，即正面或负面的压力和情绪体验（consequence），D是反驳（disputation），E是激发（energization）。第四模块韧性开发（5节），包括韧性的定义，对个体的健康和幸福保持乐观的态度，巧妙地解决问题，强化三种内在自我发展高层次的复原技能，视频赏析。其中三种内在自我为自信、自尊和自我认同。第五模块自我效能开发（4节），包括自信的定义，美德与性格优势，自信的五个发现与开发，视频赏析。其中自信的五个发现为：第一，自我效能与具体领域有关；第二，自我效能建立在练习或熟练掌握的基础之上；第三，自我效能总有提升的空间；第四，自我效能受他人影响；第五，自我效能是变化的。

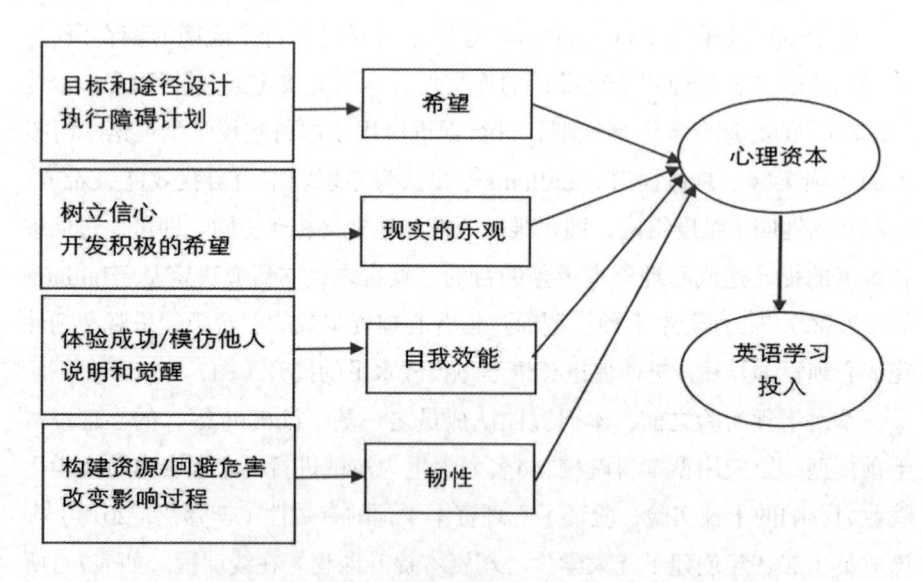

图7-1 心理资本干预提升英语学习投入模型

第七章 心理资本干预实验

表7-1 团队成员《大学生心理资本提升》在线课程模块

模块	模块名称	具体内容	干预次数
1	心理资本概述	概念及开发的意义	2
2	希望开发	定义	6
		目标牵引法	
		电影赏析	
3	乐观开发	定义	7
		测试与分析	
		悲观与抑郁	
		乐观ABCDE	
		电影赏析	
4	韧性开发	定义	5
		对你的健康和幸福保持乐观的态度	
		巧妙地解决问题	
		强化三种内在自我，发展高层次的复原技能	
		电影赏析	
5	自我效能开发	定义	4
		美德与性格优势	
		自信的五个发现与开发	
		视频赏析	
总计		24	

通过向心理学专业的团队成员咨询，该团队成员将其《大学生心理资本提升课程》向笔者开放，作为本研究心理资本促进英语学习投入干预实验的主要工具。

第二节 干预实验设计

心理资本促进英语学习投入干预实验设计为实验组和对照组前后测对比，自变量为心理资本干预课程，因变量为实验组和对照组两组被试的心理资本与英语学习投入水平。本干预实验采用自然实验法，实验周期为12周。

干预对象为笔者授课的两个自然班学生。在实验班，笔者将《大学生心理资本提升课程》作为课后作业布置给学生观看、学习，并作为课后书面作业及课堂口语值日的部分内容。每周全班学生课后完成2节的观看任务并在作业本上予以归纳复盘，每周有2名学生就观看内容设定主题进行英语口语指导，然后笔者就学生的英语口语输出予以反馈、矫正和延伸。

第三节　干预实验实施

心理资本促进英语学习投入干预实验的研究对象为笔者讲授的英语课程的两个自然班的学生。一个班为37人，随机定为对照组；其中，男生3人（占比8.1%），女生34人（占比91.9%）。另一个班为40人，随机定为实验组；其中，男生1人（占比2.5%），女生39人（占比97.5%）。对照组学生平均年龄为20.22，标准差为0.92；实验组学生平均年龄为21.88，标准差为0.97。

心理资本促进英语学习投入的干预实验分为几个步骤依次进行。第一步，对37名对照组学生和40名实验组学生进行了心理资本和英语学习投入水平的前测，并进行了组间差异性检测，为干预实验做好准备工作。第二步，在对照组班级按照常规进行英语课程教学；在实验组，将心理资本干预课程融入常规英语课程教学中。第三步，在12周干预实验结束之际，对两组学生进行心理资本和英语学习投入后测；然后，通过组内差异性检测检验干预实验效果。

第四节　干预实验结果评估

心理资本促进英语学习投入的干预实验结果评估包括对测量工具的评估，对无关变量的控制。本干预实验研究采用IBM SPSS 20进行数据处理与分析。

一、测量工具的评估

本干预实验心理资本的测量仍然采用了由李超平修订的Luthans等学者开发的心理资本量表，以李克特5点等级计分。该量表共24个题，包括自我效能（6题）、希望（6题）、乐观（6题）、韧性（6题）；其中，第16、18和22题为反向计分。如表7-2所示，基于本干预实验样本数据进行的信度检验结果为：心理资本的Cronbach系数为0.936；其各维度的Cronbach系数为：自我效能0.869，希望0.878，乐观0.774，韧性0.734。

英语学习投入度的测量采用基于Handelsman等研究者改编的高校课程学习投入量表，以李克特5点等级计分。该量表共20题，包括认知投入（9题）、情感投入（5题）、行为投入（6题）。前人研究已使用该量表测量中国学生的英语学习投入，具有良好的信效度。如表7-2所示，基于本干预实验样本数据进行的信度检验结果为：英语学习投入度的Cronbach系数为0.917；其各维度的Cronbach系数为：认知投入0.821，情感投入0.835，行为投入0.869。

表7-2 心理资本与英语学习投入测量工具信度检验结果

变量	维度	Cronbach 系数	
心理资本	自我效能	0.869	0.936
	希望	0.878	
	乐观	0.774	
	韧性	0.734	
英语学习投入	认知投入	0.821	0.917
	情感投入	0.835	
	行为投入	0.869	

二、无关变量的控制

除了确定实验组与对照组学生在人口基本信息和英语学业背景的大体相似用以消除组别差异之外，本研究还尽力排除无关变量对干预实验结果可能造成的影响。例如，英语课程的正常教学秩序、正常教学程序及课程评价标准等。干预实验全程严格执行实验方案，尽力使无关变量恒定化，减少因此而可能导致的实验结果偏差。

第五节　干预实验结果

本研究采用独立样本T检验、配对样本T检验、实验组后测数据的心理资本与英语学习投入线性回归分析来检验干预实验是否有效。

一、独立样本T检验结果

独立样本T检验通过计算两组样本的均值和方差来检验两组样本的均值是否存在显著差异。差异是否显著的标准由P值决定。如果P值大于0.5，表明无显著差异；如果P值小于或等于0.5，表明存在显著差异。如表7-3所示，在前测中，实验组与对照组的心理资本与英语学习投入及其各维度的得分均无显著差异，表明实验组与对照组的心理资本与英语学习投入水平在进行干预实验之前处于同一程度，可以进行课程干预后的差异检测。在后测中，实验组的心理资本及其自我效能、希望、乐观、韧性四个维度的得分相较对照组的得分存在显著性差异；实验组的英语学习投入及其行为投入维度的得分相较对照组也存在显著性差异。该结果表明：心理资本干预方案的实施与按常规讲授的英语课程相比，有助于提升英语学习者的心理资本水平，进而提高学生的英语学习投入水平。

表7-3　独立样本T检验结果

	变量	实验组	对照组	t	P值
前测	心理资本	3.30 ± 0.47	3.39 ± 0.47	0.47	0.640
	自我效能	3.35 ± 0.58	3.44 ± 0.55	1.41	0.162
	希望	3.28 ± 0.60	3.30 ± 0.48	1.46	0.151
	乐观	3.27 ± 0.57	3.26 ± 0.52	1.84	0.069

续表

变量		实验组	对照组	t	P值
前测	韧性	3.22 ± 0.47	3.32 ± 0.47	1.19	0.238
	英语教学投入	3.07 ± 0.39	3.14 ± 0.50	1.31	0.194
	认知投入	3.38 ± 0.64	3.08 ± 0.48	−0.05	0.957
	情感投入	3.39 ± 0.65	3.16 ± 0.50	0.44	0.662
	行为投入	3.28 ± 0.52	2.94 ± 0.50	1.97	0.053
后测	心理资本	3.51 ± 0.45	3.56 ± 0.55	2.97	**0.004**
	自我效能	3.59 ± 0.57	3.59 ± 0.61	2.38	**0.020**
	希望	3.61 ± 0.57	3.42 ± 0.46	3.03	**0.003**
	乐观	3.58 ± 0.57	3.48 ± 0.54	2.53	**0.014**
	韧性	3.48 ± 0.44	3.49 ± 0.59	2.28	**0.025**
	英语教学投入	3.44 ± 0.46	3.30 ± 0.54	4.04	**0.000**
	认知投入	3.43 ± 0.70	3.05 ± 0.45	0.30	0.764
	情感投入	3.46 ± 0.64	3.22 ± 0.57	0.33	0.741
	行为投入	3.60 ± 0.58	3.15 ± 0.60	2.73	**0.008**

二、配对样本T检验结果

配对样本T检验通过比较实验组和对照组的组内前后测均分，进行纵向历时差异性检测。差异是否显著的标准依然由P值决定。如果P值大于0.5，表明无显著差异；如果P值小于等于0.5，表明存在显著差异。如表7-4所示，经过12周的干预实验，实验组的心理资本及其自我效能、希望、乐观、韧性四个维度出现了显著性差异；实验组的英语学习投入及其行为投入维度也出现了显著性差异。相较于实验组，对照组的心理资本和英语学习投入及其各维度均无出现显著性差异。该结果进一步表明：心理资本干预实验是有效的。

表7-4　配对样本T检验结果

变量	实验组			
	前测	后测	t	P值
心理资本	3.30 ± 0.47	3.51 ± 0.45	−2.39	0.022
自我效能	3.35 ± 0.58	3.59 ± 0.57	−2.26	0.030
希望	3.28 ± 0.60	3.61 ± 0.57	−2.52	0.016
乐观	3.27 ± 0.57	3.58 ± 0.57	−2.43	0.020
韧性	3.22 ± 0.47	3.48 ± 0.44	−2.19*	0.034
学习投入	3.07 ± 0.39	3.44 ± 0.46	−3.92	0.000
认知投入	3.38 ± 0.64	3.43 ± 0.70	−0.33	0.745
情感投入	3.39 ± 0.65	3.46 ± 0.64	−0.41	0.685
行为投入	3.28 ± 0.52	3.60 ± 0.58	−2.79	0.008

变量	对照组			
	前测	后测	t	P值
心理资本	3.39 ± 0.47	3.56 ± 0.55	−1.44	0.158
自我效能	3.44 ± 0.55	3.59 ± 0.61	−1.21	0.225
希望	3.30 ± 0.48	3.42 ± 0.46	−1.25	0.219
乐观	3.26 ± 0.52	3.48 ± 0.54	−1.95	0.059
韧性	3.32 ± 0.47	3.49 ± 0.59	−1.51	0.141
学习投入	3.14 ± 0.50	3.30 ± 0.54	−1.38	0.178
认知投入	3.08 ± 0.48	3.05 ± 0.45	0.26	0.797
情感投入	3.16 ± 0.50	3.22 ± 0.57	−0.39	0.698
行为投入	2.94 ± 0.50	3.15 ± 0.60	−1.81	0.078

三、实验组被试后测数据的线性回归分析

本研究以被试心理资本为自变量，英语学习投入为因变量进行一元线性回归分析，结果如表7-5所示：由多元相关系数（R）可知，心理资本与英语学习投入的相关系数为0.67；由调整决定系数（R^2）可知，提高心理资本水平可以解释英语学习投入提高变异的43%；同时，F检验结果P值为0.000，表明该模型具有统计显著性，即模型拟合情况良好。由回归分析可知，该一

第七章　心理资本干预实验

元线性回归方程的截距为1.06，回归斜率为0.68，P值为0.000，具有统计显著性。因此，以实验组被试后测数据进行检验，再度证实了心理资本的提升正向预测了英语学习投入水平的提高。

表7-5　一元线性回归分析结果

	模型汇总			F检验		回归分析		
	多元相关系数（R）	决定系数（R^2）	调整R^2	F值	P	截距	B	P
心理资本	0.67	0.45	0.43	30.95	0.000	1.06	0.68	0.000

本研究以被试心理资本的四个子维度为自变量，以英语学习投入为因变量，进行多元线性回归分析，结果如表7-6所示：由多元相关系数（R）可知，心理资本四个维度与英语学习投入度的相关为0.59；由调整决定系数（R^2）可知，提高心理资本四个维度的水平能够解释英语学习投入变异的33%。同时，F检验结果的P值为0.000，表明该模型具有显著性，即模型拟合情况良好。由多元线性回归分析结果可知，该回归方程的截距为0.049，自我效能、希望、乐观和韧性四个维度的斜率分别为0.13，0.23，0.08和0.52，但只有韧性维度的P值小于0.05，具有显著性。因此，以实验组后测数据进行检验发现，只有韧性维度的提升显著正向预测了英语学习投入度。

表7-6　多元线性回归分析结果

	模型汇总			F检验		回归分析		
	多元相关系数（R）	决定系数（R^2）	调整R^2	F值	P	截距	B	P
	0.59	0.35	0.33	16.48	0.000	0.049		
自我效能							0.13	0.307
希望							0.23	0.055
乐观							0.08	0.333
韧性							0.52	**0.000**

第六节　干预实验结论

根据心理资本促进英语学习投入的干预实验分析结果可知，通过12周在常规英语课程教学中融入心理资本干预元素显著促进了英语学习者的心理资本及其四个维度水平的提升，随之促进了英语学习投入的提升。基于实验组后测数据，以心理资本为自变量进行的一元线性方程回归分析，再度确认了心理资本与英语学习投入度呈正相关。该实验结果为Luthans等，提出的心理资本干预模型的有效性提供了又一实证案例。

但是，以心理资本四个维度进行的多元线性回归分析，仅确认了韧性维度对提升英语学习投入度水平发挥了显著性作用。这一结果表明对于应用型本科院校的英语学习者，心理资本主要通过韧性维度来帮助英语学习者化解语言学习过程中的坎坷与挑战进而拉动心理资本其他维度的互惠作用实现心理资本的整体提升。此外，通过对实验组前后测数据的历时分析，也发现尽管英语学习投入度发生了显著性的提高，但其三个维度中只有行为投入维度的提升具有显著性。这一实验结果表明作为工作资源的心理资本首先推动了英语学习者的行为投入的提升，进而促进了由认知投入、情感投入和行为投入组成的英语学习投入有机体的提升。该实验结果与前人的相关研究结果一致。例如，Luan等（2023）[3]于疫情期间以我国某高校的615名大学一年级英语学习者为样本，调查师生支持对学习投入的作用时发现，作为工作资源的师生支持首先对学生的行为投入发挥积极作用，然后通过行为投入的中介作用进而带动学习投入其他维度的提升。

进一步追问仅仅行为投入提升显著的原因，或许说明本干预实验的强度或周期不够。本团队成员运用《大学生心理资本提升》课程进行干预学生就业力时实行了14周，每周一次，每次90分钟。然而，为了保证常规的英语教学和尽力控制无关变量对干预实验的影响，本干预实验将干预课程的内容主要通过学生课后学习、完成作业，以及每周两位同学的英语口语值日和教师讲评来实现。因此，本干预实验结果带来的启示：为了实现英语学习投入每个维度的显著提升，为了达成干预实验后心理资本各维度均显著促进英语学习投入，重复本干预实验时可能需要延长干预周期，或者需要单独开发新的

第七章 心理资本干预实验

课程、新的教材将英语教学与心理资本干预有机融合。诸多疑问需要后续的不断探索与实践检验。

此外，值得注意的是，本研究的心理资本干预实验仅仅在小样本的英语学习者被试群体中展开，而且被试群体中女生占了绝对比例；因此，实验结果有待在更大的样本群体中再次确认。

本章小结

基于前期定量研究结果，本章汇报了本研究进行心理资本干预提升英语学习投入实验的模型，汇报了相关实验设计、实验的具体实施过程、实验结果的检验方法及检验结果，以及依此得出的心理资本促进英语学习投入的干预实验结论：心理资本干预实验有效，而且通过心理资本干预随之促进了英语学习投入的提升。最后，对该干预实验进行了反思。本研究将在下一章就整个研究予以总结和展望。

本章参考文献

[1] Luthans, F., Avey, J. B., Avolio, B. J., Norman, S. M. & Combs, G.M. Psychological capital development: toward a micro-intervention[J]. Journal of Organizational Behavior, 2006, 27（3）: 383-393.

[2]李春花. 心理资本干预对大学生就业力的影响[J]. 荆楚理工学院学报, 2018, 33（3）: 91-96.

[3]Luan, L., Hong, J. C., Cao, M., Dong, Y. & Hou, X. Exploring the role of online EFL learners' perceived social support in their learning engagement: a structural equation model[J]. Interactive Learning Environments, 2023, 31（3）: 1703-1714.

第八章 结论与展望

本章对前期聚焦应用型本科院校英语学习者开展的调查研究和心理资本干预实验的结果进行归纳总结，并对未来相关研究予以展望。

第一节 研究结论

基于幸福感理论、资源保存理论和工作要求—资源理论，本研究旨在考察心理资本是否是助力高校英语学习者体验学业幸福的重要资源，即心理资本是否能够帮助英语学习者减少英语学习倦怠，提升英语学习投入。为了进一步了解心理资本对英语学业幸福的作用机制，本研究锁定英语学业复原力和英语课程感知师生支持两个变量，探究其是否在心理资本与英语学业幸福之间发挥中介作用。以1934名应用型本科院校英语学习者为样本进行的调查，通过偏最小二乘结构方程检验发现，心理资本是英语学业幸福的显著前置变量，即心理资本直接反向预测了英语学习倦怠，直接正向预测了英语学习投入。除了心理资本对英语学业幸福的直接作用，本研究还发现英语学业复原力和感知师生支持在心理资本和英语学业幸福之间发挥链式中介作用。分析链式中介效应时，本研究根据英语学业复原力和英语感知师生支持的不同先后顺序，构建了竞争模型，发现两个模型的四条链式中介效应均具有统计显著性，即心理资本—英语学业复原力—感知师生支持—英语学习倦怠，心理资本—英语学业复原力—感知师生支持—英语学习投入，心理资本—感知师生支持—英语学业复原力—英语学习倦怠，心理资本—感知师生支持—英语学业复原力—英语学习投入四条路径均具有统计显著性。但实际意义显

第八章　结论与展望

著性的分析结果发现，只有心理资本—英语学业复原力—感知师生支持—英语学习投入这一条路径显著。

在此基础上，本研究以来自两个自然班的77名学生为被试，依据Luthans等的心理资本干预模型，将本研究团队成员创建的《大学生心理资本提升课程》在线课程融入日常英语课程教学中，进行了为期12周的心理资本干预实验。实验结果表明，通过12周的干预实验不仅有效地提升了心理资本的整体水平，而且有效地提升了心理资本四个维度（即自我效能、希望、乐观、韧性）的水平；随着心理资本的提升，英语学习投入也随之得以提升。

第二节　理论价值

本研究通过构建心理资本与英语学业幸福的理论模型，确认了心理资本对英语学业幸福的直接与间接作用，其理论价值主要体现在以下几个方面：

首先，本研究将心理资本概念及理论引入高校英语教育教学领域，揭示了心理资本对英语学业幸福的直接有益作用，即心理资本是英语学习倦怠和英语学习投入的显著前置变量。本研究强调了心理资本促进英语学业幸福的重要作用，为理解和提升高校英语学习者学业幸福提供了新的视角，拓展了心理资本理论的应用范围。

其次，本研究顺应外语教育教学中的积极转向（徐锦芬，2021）[1]，锁定了英语学业复原力和英语课程师生支持来解释心理资本对英语学业幸福的潜在变量。与此同时，本研究通过幸福感理论、资源保存理论和工作需要资源理论揭示了心理资本通过英语学业复原力和感知师生支持对英语学业幸福发挥间接作用的内在机制。本研究构建的这一理论模型融合了心理学、教育学、语言学、管理学等多个学科的理论和方法，为揭示心理资本对英语学业幸福的作用机制提供了新的研究范式和思路，为促进跨学科式的"大文科"研究进行了一定程度的尝试。基于这一尝试结论，本研究可以提出一系列旨在培育和促进高校英语学习者学业幸福的教育教学策略，有助于高校英语教育从业者及教师制定个性化的教育教学方案，为促进高校英语教育方法策略的改进和创新贡献绵薄之力。

再则，本研究通过心理资本干预实验，纵向历时地验证了心理资本的开放性及可开发性，验证了心理资本与英语学习投入的因果关系，为深化心理资本理论在高校英语教育领域中的应用提供了实证案例，为促进积极心理学与高等英语教育的有机融合提供了以应用型本科院校英语学习者为样本的又一案例。

最后，本研究揭示了英语分层班级是英语学业幸福的显著控制变量。这一研究结果为我国高校大学英语教学分层教学的教改实践提供了实证案例。再次表明在我国高校教育由精英教育转为大众教育背景下，基于孔子的"因材施教"、Krashen的"语言输入假说"、Tarone和Yule的以语言学习者为中心为理论基础而实行的英语分层教学具有实际指导意义（柯应根，2016）[2]。

第三节 对高校英语教育的建议

基于假设检验结果及干预实验结果，本研究对高校英语教育提出相关建议，该建议尤其适用于应用型本科院校的英语教育教学实践。

一、开发心理资本的建议

鉴于心理资本对促进英语学业幸福发挥着重要的作用，本研究建议在高校英语教育教学中需重视对学生心理资本的开发。具体建议如下：

鉴于心理资本自我效能、希望、乐观、韧性四个维度之间的协同作用，以心理资本每个维度为焦点的干预有助于促进心理资本的发展。这一建议不仅在Luthans等提出的心理资本干预模型中得到体现，而且本研究进行的心理资本干预实验也验证了该干预模型的可行性和有效性。根据Luthans和Youssef-Morgan（2017）[3]的观点，心理资本开发大体需要包含四个方面。第一，心理资本开发应当以对心理资本自我效能、希望、乐观和韧性每个维

第八章 结论与展望

度的核心本质的准确理解为基础，以过程为导向。第二，心理资本开发的内容和方法应当基于不同的开发目的，选择、整合和使用与开发目的相匹配的，并且经过反复验证确实有效的开发工具。第三，必要的后续辅导和相关电子技术应用是确保心理资本可持续性发展的关键。第四，定期进行心理资本评估是检测开发是否取得预期成果的必要手段。一旦发现预期成果不尽理想，有针对性地补救或循环启动心理资本开发是非常必要的。

具体而言，建议心理资本的开发从进行心理资本自我评估开始。通过心理资本自我评估，可以帮助英语学习者认识和理解心理资本概念和理论，准确理解心理资本自我效能、希望、乐观和韧性每个维度的本质内涵，从而有助于英语学习者进行有效的自我反思。通过心理资本自我评估，学生能够明确了解自身积极心理力量的初步状态，有利于激发英语学习者积极参与心理资本干预的动机水平。心理资本干预起步之后，建议采取针对每个心理资本维度提升的"短平快"的有效方法。

发展心理资本效能，建议关注影响自我效能感的主要因素，包括英语学习者的熟练掌握性经验、多样的替代性经验或模仿、鼓励劝导性言语、身心唤醒、自我情感和情绪认知调节（Bandura，1997；多召军，2019）[4-5]。其中，采用能够帮助英语学习者构建熟练掌握性经验的方法尤其值得推荐。例如，可以将学生分成若干小组，分配训练任务，并指导学生将任务予以进一步的分解，设定SMART的子目标，即具体的（specific）、可以衡量的（measurable）、能够实现的（attainable）、与总体目标相关的（relevant）、能够在预期时间内完成的（timebound）子目标（O'Neill，2000）[6]。这样的设计方法有助于增加英语学习者体验一系列"小成功"的机会和频率，如此体验能够让学生可视化自己的努力和进步是如何转化为实际成果的全过程，积极的循环反馈有助于学生形成积极归因和乐观态度（崔雨、孟亚茹，2023）[7]。即使面临挑战或逆境，这种逐步成功的方法也有助于学生培养坚持不懈的品质和韧性，从而有助于学生克服困难取得更大的成功。因此，通过构建掌握经验的方法，例如分解任务、设定具体目标以及提供频繁的成功体验，可以有效地发展心理资本效能，帮助英语学习者在个人成长和学业进步中取得更好的成果。此外，教师亦可根据不同学生的具体情况针对其他因素发展心理资本效能。

发展心理资本希望，建议鼓励英语学习者设定具有逻辑挑战性的子目标，列出实现每个子目标的可能路径，以及面对障碍时可能采取的替代计划。通过设定具有挑战性的目标和实施设定的路径，有助于学生培养心理资本希望中的意志力。同时，制定应急计划更有助于学生发展心理资本希望中的路径力。采用这种方法的目的不仅能够帮助学生具有明确的目标和行动方向，而且能够帮助学生具备应对突发情况和挑战的能力。挑战性的子目标能够激发学生的积极性和动机，多种实现路径有助于培养学生的灵活性和适应性，使学生能够根据实际情况进行适时的调整（Luthans & Jensen，2002）[8]。更为重要的是，通过制定替代计划，英语学习者能够学会在面对障碍和困难时如何快速应对，这样一来增强了他们的心理韧性和应对能力。这种全面的准备和规划不仅有助于学生实现短期目标，而且有助于为他们在未来面对更大的挑战时奠定坚实的基础。与此同时，引导学生通过"心理演练"对实现设定目标所走的每一步进行彩排，生动地想象出遇到的每一个障碍，应对的每一个备选路径，有助于帮助学生做好更充分的准备，是有效发展心理资本希望的关键步骤，有助于提升他们在学业及个人发展上取得成功的概率（Feldman等，2015）[9]。

发展心理资本乐观，首先建议教师引导英语学习者通过理性分析和逻辑思辨的方法改变认知，避免只看不利的一面，徒增烦恼与负担，而要学会转念即可见生机的思维模式去解释自己和周围环境（谢龙华等，2013）[10]。例如，运用"半杯水是满的"而非"只剩下半杯水"的思维方式看待自身经历及周遭际遇、促进他们生成积极期望的心理力量。在达到每个子目标的时候，学生需要以现实且积极的方式归因自己的表现。此外，建议鼓励学生欣赏由干预教师精心挑选的励志视频和电影，例如TED演讲，来反复强化心理资本乐观。这种训练方法能够帮助学生树立机会与挑战并存的认知，看到问题和挑战积极的一面，从而能够更加乐观地面对困难。与此同时，通过积极且现实的归因训练，有助于学生学会以积极的方式看待自己的表现，增强自信和自我效能。观看励志视频和电影为学生提供了正面的榜样和激励，激发了他们追求更高目标的动力和决心，使得心理资本其他维度与心理资本乐观的协同发展成为可能。

发展心理资本韧性，建议教师采用Luthans等（2015）[11]建议的关注资产、关注风险、关注过程的"三关"策略，指导英语学习者学会识别他们已经拥有的以及打算构建的资产，以帮助他们实现子目标。与此同时，建议引导学生提前识别可能遇到的障碍，并制定积极的策略规避障碍。此外，建议引导学生树立"所有的经历都是有意义"的理念。通过训练英语学习者对资产、风险和过程价值的认识，为发展其心理资本韧性提供了极大的可能性。基于"三关"策略，晏波和龙维举（2021）[12]提出引导学生通过"我是""我有""我能"的"三我"心理暗示增强心理韧性。其中，通过"我是"的心理暗示帮助学生树立正确的价值观；通过"我有"的心理建设提升学生的自我认知和与外界互动交流时的安全感；通过"我能"的心理暗示促进自我积极心态的调整。此外，建议引导学生通过使用易于操作的方法来进一步培养心理资本韧性。例如，名为"SuperBetter"的成长游戏结合了游戏化元素和心理学理论，通过模拟现实生活中的挑战和障碍，能够帮助学生学习如何调整心态、制定策略，保持或增强心理资本韧性（McGonigal，2015）[13]。

除了心理资本干预之外，建议树立基于多种活动和实践，持续、有意识地发展积极心理力量的观念（Luthans & Youssef-Morgan，2017）[3]。建议定期向学生介绍一些知名的练习方法和工具，并鼓励他们积极参与练习。例如，每天记录三到十件值得感激的事情；使用智能手机应用程序，例如定期使用"Happify"和其他定制化的游戏化应用。基于积极心理学相关理论设计的、旨在训练大脑克服负面想法、进行正向思维的"Happify"活动和游戏，已被证明能够有效地帮助使用者减少压力、减缓焦虑和负面情绪，提升心理力量。此外，由于个人的心理、生理或情感状态可能会影响心理资本的效果，进而影响整体心理资本，建议学校及教师引导学生养成健康的生活方式，如定期慢跑、练习瑜伽和冥想，培养个人爱好、欣赏轻快愉悦的音乐、保持健康饮食等等，来保持和进一步促进心理资本的提升。

二、培育英语学业复原力的建议

鉴于英语学业复原力在心理资本与英语学业幸福之间的积极作用，本研究建议在进行高校英语教育教学时需重视对学生英语学业复原力的培育。融合前人关于学业复原力三种干预路径（过程法、"5C"因素、情境因素），本研究提出"六力过程"干预模型。

过程法路径基于韧性循环促进理论提出。其起点充满乐观主义，相信学生有能力从压力和风险中获得复原力。Morales（2000）[14]提出复原力循环提升四步法：第一步，引导学生学会辨别逆境与挫折；第二步，教会学生应对身处逆境与挫折的方式；第三步，引导学生运用所学的应对方式化解逆境与挫折；第四步，在随后面临的逆境与挫折中持续使用应对方式，并不断地予以完善。过程法路径强调了个体心理力量的发展并非一蹴而就，而是需要通过个体觉知挫折—学习应对方式—刻意训练—巩固完善的四个步骤不断循环来逐步获得、逐级提升。因此，本研究建议将四步过程法作为英语学业复原力干预的主线，贯穿始终。

"5C"因素路径概括了进行学业复原力干预的五个重要个体因素：自信（confidence）、协调（coordination）、控制（control）、承诺（commitment）和沉着（composure）。该路径首先由Martin和Marsh（2006）[15]提出。他们在402澳大利亚高中生中进行横断界面研究，发现学生学业自我效能、学习过程中计划协调能力、坚持不懈、拥抱不确定性和低焦虑是学业复原力的有效前置变量，因而提出了学业复原力的"5C"干预模型。Martin等（2010）[16]以来自澳大利亚六所中学的1866名学生为样本进行历时一年的纵向研究，验证了"5C"干预模型的有效性。Yun等（2018）[17]以787名韩国高校英语学习者为样本进行横断界面研究，确认英语自我效能、英语自我调节能力、坚持不懈、理想二语自我和低外语焦虑是英语学业复原力的有效前置变量，再次确定了"5C"干预模型对英语学习者的适用性。因此，本研究建议可将"5C"干预模型作为英语学业复原力干预方案的主体框架，即将提升学生对英语学习的自信心，降低英语学习焦虑感，清晰描绘英语理想自我画像，培养为完成理想自我画像所需的自律、不懈品质为干预的主要因素，将其归纳为自信力、淡定力、控制力、协调力和持久力。此外，情境因素路径强调了外部情境因素对学业复原力的作用。对于学生而言，外部情境因素主要体现为社会支持和良好的人际关系。Martin和Marsh（2008）[18]以598名澳大利亚中学生为样本进行历时半个学期的纵向研究，确定良好的师生关系正向预测学业复原力。Yun等（2018）[17]以韩国高校英语学习者为样本的研究报告了同样的结果。本研究确定感知来自英语教师和同学的学术支持和情感支持与英语学

第八章 结论与展望

业复原力正相关。因此,本研究建议将师生支持等情境因素作为"5C"干预模型的补充,即六力中的支持力。

概而言之,本研究建议在培育英语学业复原力时,在英语教育教学过程中沿着"觉知挫折—形成应对—刻意实施—重复完善"的循环途径,将提升学生对于英语学习的自信力、协调力、持久力、控制力和淡定力作为主要干预内容,依照个体以及班级学生的具体情况,"六力"培养可量身定制、因材而有所侧重。其中自信力、协调力、控制力和持久力的培养可通过心理资本干预将发展自我效能、希望、乐观和韧性心理力量迁移至英语学习过程中,同时在支持力的助攻下得以完成,淡定力也会随着其他"五力"的逐步强健,在"觉知挫折—形成应对—刻意实施—重复完善"的不断循环中得以发展。

三、提升感知师生支持的建议

鉴于英语课程感知师生支持对英语学业幸福的积极作用,本研究建议在高校英语教育教学中注意构建积极健康的英语课堂内外支持系统,为学生提供有效的感知师生支持。具体建议如下:

第一,聚焦教师支持,为提升英语课程感知师生支持提供主体保障。在高校英语教育教学中,教师不仅是英语教学活动的设计者、组织者和实施者,也是为英语学习者提供社会支持的重要来源,是构建富于支持力的高校学习成长环境的重要主体。因此,本研究建议英语教师应随着国内外外语教育教学的积极转向,及时更新高校英语教育教学理念,充分认识到为英语学习者提供学术支持、情感支持对于促进英语学业幸福、促进高校英语教育教学高质量发展的重要性,树立创建和营造学生可感知且强有力的英语课程支持网络的意识,并以此指导、设计、贯彻和实施英语教育教学活动。就学术支持而言,建议教师不断提升学科素养,不断更新教学内容和教学方法,指导学生了解个体英语学习能力的特点,介绍与个体语言学习特点匹配的英语策略和学习方法,制订合理的学习目标。教师还可针对英语课程教学中发现的问题,以及学生反映的困惑,根据不同阶段、不同主题,向学生推荐和提供相应的学习资源。

应用型本科院校英语学习者心理资本与学业幸福研究

就情感支持而言，本研究建议英语教师将自身定位为"导师型"语言教师，成为能够为英语学习者提供磅礴的情感支持的主要来源。Arnold（2000）[19]在《情感与语言学习》一书中就强调了情感对于语言学习的重要作用，并且对英语教师提出了要求。Arnold（2000）将语言教师划分为三种类型：讲师型、教师型、导师型。"讲师型"语言教师只具备英语专业知识，在语言教学中仅注重通过为学生提供接触和学习语言知识的机会，就好比渔夫将打好的鱼径直端到学生面前。"讲师型"语言教师不关心学生是否对语言学习感兴趣，不关心自身的语言教学是否能够满足学生的学习需求、是否与学生的学习风格相匹配。他们无法建立师生及生生链接，因而难以提供情感支持。"教师型"语言教师除了具备英语专业知识以外，还具有教育学素养。他们在传授语言知识的同时，懂得运用教育学知识进行有效的课程学习管理，能够敏锐地感知到语言教学质量的优劣，但无法准确解读学生的学习心理与情感需求，因而无法提供有效的情感支持。"导师型"语言教师除了具备英语语言和教育学相关知识，还拥有心理学相关知识，对学生的内在情绪和情感需求敏感，善于倾听并接纳学生提出的意见与建议，懂得和保护学生的自尊，善于通过积极正向的言语、态度、行为对学生的英语学习予以欣赏和肯定，创建和营造轻松、和谐、有利于促进语言学习的氛围。此外，"导师型"语言教师还可在英语课程学习活动设计中，关注和尊重学生的个体差异，增加学生在英语课程学习中的正向体验感，为每个学生提供展示自我的"高光时刻"，为英语学习者提供有效的情感支持。

第二，突出同伴支持，为提升英语课程感知师生支持提供协同助力。相较于许多课程，英语课程学习是一个需要频繁交流、注重互动的课程（Mercer & Dörnyei，2020）[20]；而且，高校的集体生活使英语学习者获得了更多相互学习、相互接触的时间与机会，同伴支持势必成为英语课程社会支持的另一重要来源。因此，本研究建议英语教师需有意识地引导学生学会向同伴求助，与教师支持联手打造立体、丰满的英语课程支持体系，提升英语课程感知师生支持。具体而言，最为学者推崇的方式就是为学生创造合作性学习环境。有研究表明，合作学习能够强化英语学习者相处的时间，面临的共同挑战、同学之间的平等地位增加了彼此之间互相施以援手的互惠性，从而有利于提供较高质量的情感支持（Lei等，2021）[21]。与此同时，同学之

第八章 结论与展望

间相互讨论问题、相互分享学习方法、策略和资源，是同伴学术支持的主要形式（刘晓红等，2020）[22]。在合作性学习中，建议教师鼓励英语学习者勇于表达负面英语学习体验，勇于主动向同学求助。通过合作性学习，英语学习者不仅体验助人，更学会求助，在互惠互利中构建具有张力的英语课程支持网络。

第三，建立定期师生交流互动制度，为提升英语课程感知师生支持提供稳固器。提升英语课程感知师生支持的前提是常态且有效的师生和生生交互沟通。由于繁重的课堂教学任务及有效的课堂教学时间，师生沟通与生生交流会受到严重限制。因此，本研究建议教师充分利用线上学习平台，如"学习通"等，增加师生和生生互动机会，及时了解学生在不同英语学习阶段面临的学业压力和学业挑战，通过教师与学生协同互助、群策群力、适时有效地疏解、鼓励和解惑答疑，稳固强有力的英语课程支持服务系统。此外，本研究还建议可以充分利用"学评教"和"教评学"等学期节点，扎实落地举行师生座谈会，为师生和生生深度交互提供机会。其间，教师可对学生在英语学习课堂内外的信念态度、行为表现予以阶段性的总结与评价，对下一阶段的英语学习提出希望、描绘愿景。学生可倾吐个体及同伴共同遭遇的学业困惑和迷惘，向教师寻求专业的指导和建议。

总而言之，本研究建议以教师支持为主导、以同伴支持为助攻、借定期师生互动以维稳，打造英语课堂内外支持体系，增强学生的英语课程感知师生支持水平。

四、整合建议

本研究已就心理资本、英语学业复原力和英语课程感知师生支持的开发、培养与提升逐一提出了建议，有助于同类院校从业者及教师进行局部、小范围地提升英语学业幸福的教改尝试。此外，基于本课题的理论基础和建模初衷，本研究在此进一步厘清开发上述三个变量的关系（如图8-1所示），以便同类院校进行覆盖范围更大、成本更低、效果更优的高校英语教育教学改革试点。

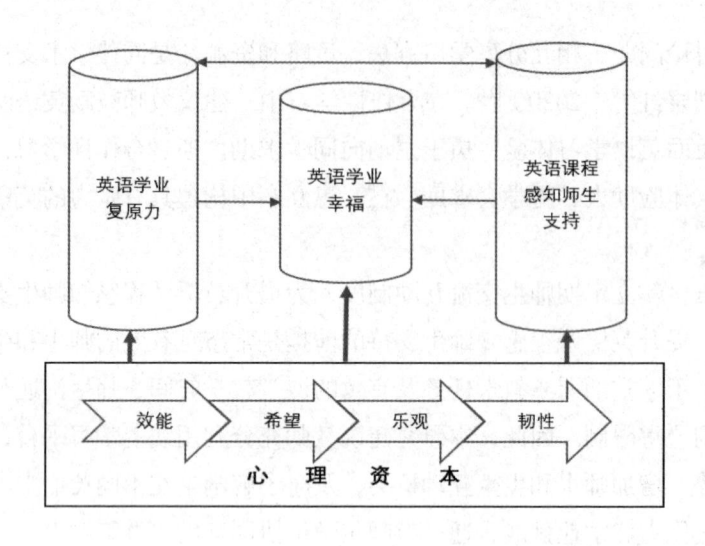

图8-1 三变量干预整合示意图

首先，心理资本开发是起点。本研究将心理资本界定为应用型本科院校宏观学习场景中的个体积极心理力量，因此对心理资本的开发不仅可以针对英语课程学习完成，也可以由心理学专业教师完成，也可以通过试点院校整合教育与教学管理的顶层设计和实践予以完成。如本研究结果所示，心理资本正向预测英语学业复原力、英语课程感知师生支持、促进英语学业幸福。因此，心理资本开发如位于多米诺骨牌首位，成功推倒一张即可发生连锁效应。鉴于此，本研究建议试点院校充分认识到促进英语学习者全面发展之于高质量发展的重要意义，认识到高校英语教育人才培养规格应当包括除了"知识""能力""素养"之外的第四维度——"人格"（张文忠，2020）[23]。同时，如许海元（2017）[24]所言，心理资本的开发一方面依赖于自我效能、希望、乐观和韧性四个维度的独立发展逻辑，另一方面依赖于四个维度的交互平衡发展。其中，自我效能主要解决个体能力提升问题，在心理资本中主要承担自我认知作用；希望主要解决个体发展的动力问题，为心理资本提升提供目标价值导向；乐观主要解决个体遭遇重大变故时的归因问题，为个体心理资本提升搭建一个积极、平衡的心理平台；韧性主要解决个体面临困境或挑战时的保障问题，在心理资本提升中担当"稳定器"，保证个体在重大变故面前能够迅速恢复常态或完成超越。鉴于此，本研究建议试点院校组织

第八章 结论与展望

各方资源重视心理资本开发方案的设计,力争心理资本干预内容的多样性、完整性和干预主题的系统性。

其次,心理资本开发是基础,在助力高校英语学习者应对新时代背景下的学业与就业压力,打造情绪自我调节能力、人际交往能力、创新能力,促进人格发展的同时(许海元,2017)[24],通过英语教师及相关从业者的刻意引流,在心理资本效能的基础上发展与英语专业知识、技能和素养相关领域的自我效能,在心理资本韧性的基础上发展英语学业复原力,借助心理资本希望的路径力、心理资本乐观的归因力积极、灵活地部署、调动英语学习者的个人力(自信力、协调力、持久力)和支持力,不断生成和强壮起其控制力和淡定力。在不同层次因素相互助力的上升螺旋循环中,心理资本开发为促进积极心理学与高校英语教育的融合发展,为促进个体积极品质(英语学业复原力)、个体积极体验(由英语学习倦怠和英语学习投入构成的英语学业幸福)和积极的社会组织(英语课程感知师生支持)三大核心内容的同步开发、健康可持续的循环发展提供了坚实的基础。

再次,根据社会认知理论和社会感染理论,社会组织内成员的个体心理资本会影响或促进集体心理资本的出现和发展(姚进等,2023)[25]。鉴于此,本研究建议试点院校在心理资本开发设计和实施上还要考虑到全员性。换言之,为了提升心理资本对学生的干预效果,更要重视对教职员工的心理资本开发,从而创设出有利于促进心理资本开发与不断提升的积极组织氛围、校园文化和整体精神风貌。短期而言,需要一次较大的变革;长期而言,积极螺旋发展的福利氛围有可能大幅降低心理资本干预成本,获得更大的成效。

最后,英语学业复原力与英语课程感知师生支持的开发相辅相成。本研究模型A和模型B揭示了英语学业复原力与英语课程感知师生支持在心理资本促进英语学业幸福之间的不同链式中介作用。尽管模型A的作用效果优于模型B,但英语学业复原力与英语课程感知师生支持之间存在互惠性。本研究在上文提出"六力过程"英语学业复原力开发中,支持力已被囊括其中。一方面,英语学业复原力得以培育的学生,能够正确看待向教师和同学寻求情感和学术帮助的行为,也能够欣然接受来自教师和同伴的帮助,而不会因此自惭形秽、自愧不如(Deelstra等,2003)[26]。另一方面,充沛的感知师生支持为学生提供了足够的安全感和力量感,英语学业复原力随之得以持续滋长。在此补充强调一点，本研究只聚焦了感知师生支持中的学术支持、情感支持两种类型的社会支持，而在前人研究中发现来自教师的评价支持也有助于促进学业复原力。例如，ahmed Shafi等学者（2018）[27]以91名大学生为样本，开展了探索教师反馈如何影响学业复原力的行动研究，发现有效的教师反馈能够促进学业复原力的发展。因此，建议教师在提供学术支持、情感支持的同时，还应该认识到教师反馈对学业复原力的作用，有意识地从认知、能力和情感态度三个维度提升外语教师反馈素养（许悦婷等，2023）[28]，以期携手学术支持和情感支持，助力英语学业复原力的培育和发展。

五、关于英语分层教学的建议

此外，鉴于英语分层班级是英语学业幸福的显著控制变量（即英语分层班级与英语学习倦怠呈显著负相关，与英语学习投入呈显著正相关），本研究建议在进行分层教学的教学设计、考核评价制定等方面需结合不同层次班级学生的语言基础、个体发展及职业规划具体情况采用不同的教育教学实践策略；但在师资配备和班额控制方面则建议无差别对待。

第四节　研究不足与展望

除了理论和实践贡献，本研究也难免存在一些不足之处，也为未来相关研究提供了一些思路。在探究心理资本与英语学业幸福的作用机制时，第一，本研究采用了横断截面问卷调查法。通过该方法得出的结论尽管确定了研究变量之间的相关性，但无法确定变量之间的因果关系。因此，建议未来研究可以考虑进行纵向历时研究，确定变量之间的因果关系或互惠关系。第二，尽管横断界面研究的样本量为1934名，但仅取自一所应用型本科院校，因此得出的结论可能仅限于同类院校的高校英语学习者。因此，建议未来研究可以考虑从不同层次、不同地域的高校中进行问卷搜集，从而扩大研究结果的普遍适用性。第三，本研究仅使用了自陈式量表，该测量方式可能导致

第八章 结论与展望

某些研究偏差，例如社会期望偏差、回忆的真实性和印象管理等问题。尽管Cohen和Wills（1985）[29]证实感知的社会支持是比实际得到的社会支持更稳健的指标，但基于多个采访者来源数据得出的研究结论可能更加稳健。因此建议未来研究可采用多种测量方式，例如同伴报告或教师报告量表，或者与定性调查研究相结合。第四，本研究将教师支持和同伴支持视为一个变量，如此无法揭示两者在促进学业幸福时发挥具体作用的细微差异，因此建议在未来的研究中能够进一步分别考察教师和同伴支持，深化对英语课程中可提供的社会支持的理解，从而更有效地利用来自教师、来自同伴的社会支持。

在进行心理资本干预促进英语学习投入的实验研究时，第一，本研究心理资本干预实验仅仅在小样本的英语专业被试群体中展开，而且被试群体中女生占据了绝对比例；因此，实验结果有待在更大样本的公共英语群体中再次确认。第二，本课题的干预实验仅仅检验了心理资本与英语学习投入之间的关系，并未检验心理资本与英语学习倦怠的关系，因此有待在未来的研究中完成对另一半的干预确认。第三，本课题干预实验未将本研究成果锁定的中介变量（英语学业复原力和感知英语课程师生支持）纳入干预方案中。如有可能未来研究可尝试在更大的范围内进行更大的高校英语教改实验，推动本研究成果的进一步落地和推广。

本章小结

本章首先对本研究基于大规模调查的定量分析以及基于小样本的干预实验的研究结果进行了全面总结，明确指出了本研究成果在国内外相关研究中的地位。然后基于研究发现，分别提出了针对开发各自变量（心理资本、英语学业复原力、感知师生支持）促进高校英语教育发展的建议和针对整合各自变量进行综合开发，进而更有效促进高校英语教育高质量发展的建议。与此同时，针对实施英语分层教学的应用型高校，基于本研究发现，对进行分层教学实践提出建议。最后，本章提出了本研究的设计和实施中存在的不足以及为了弥补这些不足未来可做的尝试和努力。

本章参考文献

[1] 徐锦芬，龙在波.英语教学新发展研究[M].北京：清华大学出版社，2021.

[2] 柯应根.大学英语分级教学改革历程及问题研究[J].江苏高教，2016，（4）：67-70.

[3] Luthans, F. & Youssef-Morgan, C.M. Psychological capital: An evidence-based positive approach[J]. Annual Review of Organizational Psychology and Organizational Behavior, 2017, (4): 339-366.

[4] Bandura, A. Self-efficacy: The exercise of contro[M]. New York: W.H.Freeman and Company, 1997.

[5] 多召军，赵蔚，任永功.移动网络学习社区构建新范式：大学生自我调节学习效能感培养视角[J].外语学刊，2019，（1）：10-17.

[6] O'Neill, J. SMART Goals, SMART Schools[J]. Educational Leadership, 2000, 57 (5): 46-50.

[7] 崔雨，孟亚茹.积极心理学视角下自我效能感、外语愉悦与英语水平的关系研究[J].外语研究，2023，40（1）：75-80.

[8] Luthans, F. & Jensen, S.M. Hope: A new positive strength for human resource development[J]. Human Resource Development Review, 2020, 1 (3): 304-322.

[9] Feldman, D. B., Davidson, O. B. & Margalit, M. Personal resources, hope, and achievement among college students: The conservation of resources perspective [J]. Journal of Happiness Studies, 2015, (16): 543-560.

[10] 谢龙华，钟贞.大学生"习得乐观"的教育模式探究[J].教育与职业，2013，（21）：90-92.

[11] Luthans, F., Youssef Carolyn, M. & Avolio, B.J. Psychological capital and beyond[M]. Oxford University Press, 2015.

[12] 晏波，龙维举.基于心理韧性干预的大学生心理危机干预机制研究[J].黑龙江教师发展学院学报，2021，40（7）：114-116.

[13] McGonigal, J. Super better: A revolutionary approach to getting stronger,

happier, braver and more resilient——powered by the science of games[M]. New York: Penguin Press, 2015.

[14] Morales, E. E. A contextual understanding of the process of educational resilience: High achieving dominican American students and the "resilience cycle"[J]. Innovative Higher Education, 2000, 25（1）: 7-22.

[15] Martin, A. J. & Marsh, H. W. Academic resilience and its psychological and educational correlates: A construct validity approach[J]. Psychology in the Schools, 2006, 43（3）: 267-282.

[16] Martin, A. J., Colmar, S. H., Davey, L. A. & Marsh, H.W. Longitudinal modeling of academic buoyancy and motivation: Do the '5Cs' hold up over time? [J] British Journal of Educational Psychology, 2010, 80（3）: 473-496.

[17] Yun, S., Hiver, P. & Al-Hoorie, A.H. Academic buoyancy: Exploring learners' everyday resilience in the language classroom[J]. Studies in Second Language Acquisition, 2018, 40（4）: 805-830.

[18] Martin, A. J. & Marsh, H. W. Academic buoyancy: towards an understanding of students' everyday academic resilience[J]. Journal of School Psychology, 2008, 46（1）: 53-83.

[19] Arnold, J. Affect in Language Learning[M].Cambridge: The Press of the University of Cambridge, 2000.

[20] Mercer, S. & Dornyei, Z. Engaging language learners in contemporary Classrooms[M]. Cambridge: Cambridge University Press, 2020.

[21] Lei, W., Zhang, H., Deng, W., Wang, H., Shao, F. & Hu, W. Academic self-efficacy and test anxiety in high school students: A conditional process model of academic buoyancy and peer support[J].School Psychology International, 2021, 42（6）: 616-637.

[22] 刘晓红、牛睿欣、郭继东.英语学习师生支持及其与学习倦怠的关系[J].江西师范大学生学报（哲学社会科学版）, 2020, 53（5）: 138-144.

[23] 张文忠.外语人才培养规格新议[J].山东外语教学, 2021, 42（1）: 49-58.

[24] 许海元.大学生心理资本积累及其教育管理对策研究[M].北京：人民出版社，2017.

[25] 姚进，杨莉萍.集体心理资本研究：回顾与展望[J].科技创业月刊，2023，36（7）：192-198.

[26] Deelstra, J. T., Peeters, M. C. W., Schaufei, W. B., Stroebe, W., Zijlstra, F. R. H. & van Doornen, L.P. Receiving instrumental support at work: When help is not welcome[J]. Journal of Applied Psychology, 2003, 88（2）: 324-331.

[27] Ahmed Shafi, A., Hatley, J., Middleton, T., Millican, R. & Templeton, S. The role of assessment feedback in developing academic buoyancy[J]. Assessment & Evaluation in Higher Education, 2018, 43（3）: 415-427.

[28] 许悦婷，刘呈呈，韩晔.基于文献回顾的教师反馈素养多维连续体框架[J].外语教学，2023，44（5）：60-66.

[29] Cohen, S. & Wills, T.A. Stress, social support, and the buffering hypothesis[J].Psychological Bulletin, 1985, 98（2）: 310-357.